我国博物馆藏品利用效率研究

李姣 ◈ 著

郑州大学出版社

图书在版编目(CIP)数据

我国博物馆藏品利用效率研究／李姣著. — 郑州：
郑州大学出版社,2024.8
ISBN 978-7-5773-0231-7

Ⅰ.①我… Ⅱ.①李… Ⅲ.①博物馆–藏品–介绍–
中国 Ⅳ.①G269.26

中国国家版本馆 CIP 数据核字(2024)第 055022 号

我国博物馆藏品利用效率研究

WOGUO BOWUGUAN CANGPIN LIYONG XIAOLÜ YANJIU

策划编辑	席静雅	封面设计	王　微
责任编辑	席静雅	版式设计	苏永生
责任校对	郜　静	责任监制	李瑞卿

出版发行	郑州大学出版社	地　　址	郑州市大学路 40 号(450052)
出 版 人	卢纪富	网　　址	http://www.zzup.cn
经　　销	全国新华书店	发行电话	0371-66966070
印　　刷	郑州市今日文教印制有限公司		
开　　本	710 mm×1 010 mm　1／16	彩　　页	8
印　　张	16	字　　数	262 千字
版　　次	2024 年 8 月第 1 版	印　　次	2024 年 8 月第 1 次印刷

| 书　　号 | ISBN 978-7-5773-0231-7 | 定　　价 | 82.00 元 |

本书如有印装质量问题,请与本社联系调换。

图 1 中国国家博物馆四羊方尊工艺品摆件

图 2 《故宫博物院藏品大系》部分书籍

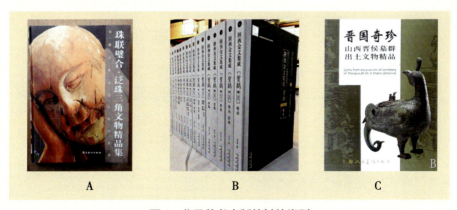

A   B   C

图 3 藏品著书出版的其他类别

1

图4 "越来粤幸福——广东省博物馆社区行"活动图片

图5 "百人篆刻"活动现场

图6 "奇特的千足百喙"探索课堂现场

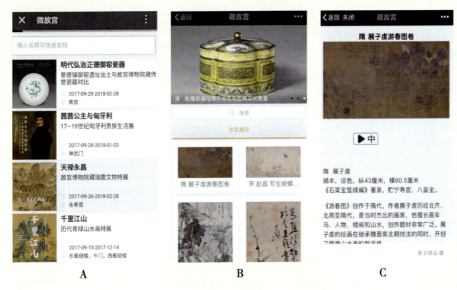

图7 "微故宫"微信公众号界面截图

图8 故宫博物院官方微博截图

图 9 每日故宫（手机 App 界面）

图 10 霁红釉观音瓶（应为"郎窑红釉"）

图 11 清·康熙摇铃尊（应为"双陆尊"）

图 12 路易斯套棋棋子

图 13 路易斯套棋书签

图 14　带有象形文字的古埃及猫雨伞　　　　图 15　古埃及猫手表

图 16　古埃及猫丝巾　　　　　图 17　古埃及猫雕塑复制品

图 18　梁家河数字博物馆

图 19 指尖粤博 App 界面

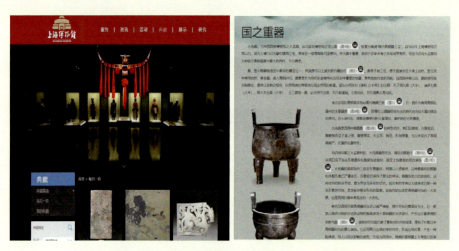

图 20 上海博物馆官网"每月一珍"界面截图

图 21 内蒙古博物院流动数字博物馆

图 22 金沙遗址博物馆的青少年教育实践网站

图 23 全球博物馆"集体上天猫潮"

图 24 讲解机器人"蓝蓝"和"艾米"

8

图 25 湖北省博物馆"国宝讲解机器人"

图 26 机器人员工"帕布里托"参与名画修复

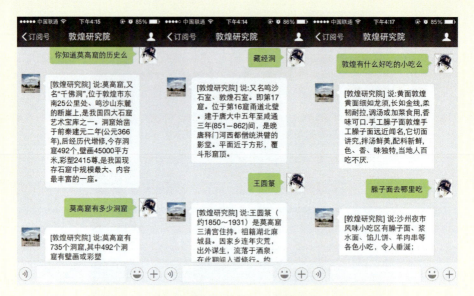

图 27 软件机器人——敦煌小冰

图 28 破损壁画

图 29 算法模拟破损壁画

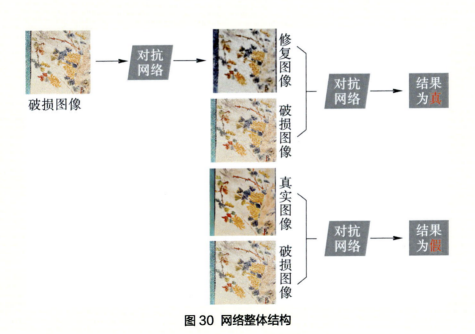

图 30 网络整体结构

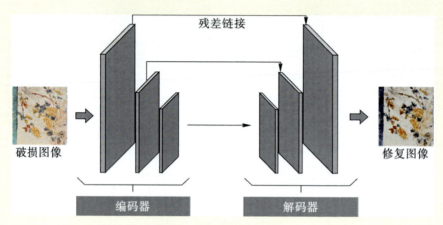

图 31 生成网络结构概览

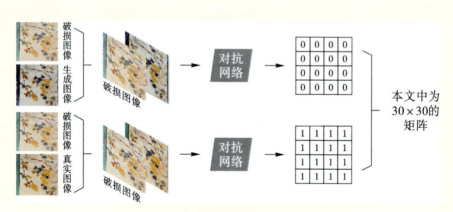

图 32 对抗网络流程概览

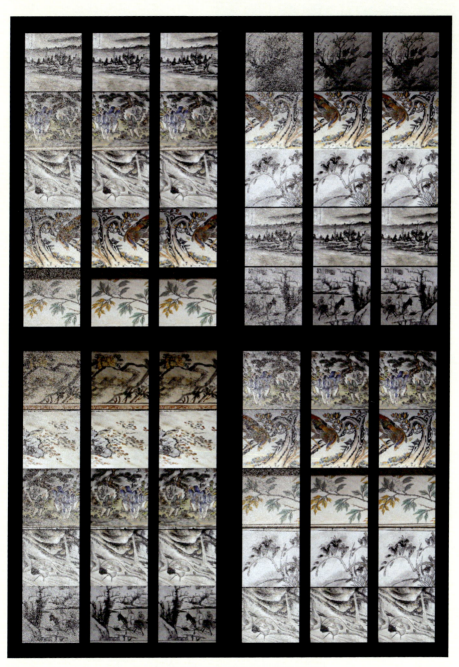

图 33　各种对抗网络分辨率下的效果展示

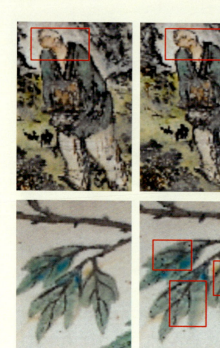

2 × 2   126 × 126

◀ 图 34 修复效果对比组效果

▼ 图 35 破损壁画图像的修复效果

前　言

　　博物馆是一座文化宝库,是源远流长的人类文明和历史传承的见证者。藏品是博物馆的核心,是博物馆的立馆之本。藏品利用在博物馆的工作中占有举足轻重的地位,是藏品保护与研究成果的体现,是实现博物馆文化价值和核心功能的途径。本书是作者的博士论文成果,通过对藏品利用方式、藏品利用基本情况、利用效率低的表现及原因等进行深入系统分析,以国际视野、科学视角和技术层面探讨提高藏品利用效率的策略,得出了一系列的结论和建议,是一本具有理论和实践价值的研究成果,为博物馆藏品利用研究抛砖引玉。

　　藏品资源丰富、文化需求高与藏品利用效率低,形成强烈反差,成为目前博物馆发挥效能的瓶颈,提高博物馆藏品利用效率是我国时代需求和历史必然。藏品利用的核心是实现藏品价值,从博物馆的功能出发,藏品价值可分为本体价值、情感价值和发展价值。其中,本体价值是价值的本源和基础,情感价值和发展价值是附属延伸价值。我国博物馆藏品利用效率低表现在广度、深度、频率和真实性问题四个方面,其原因表现在内部和外部两个方面。在现有条件下,我们无法立即解决存在的问题和消除造成藏品利用效率低的因素,笔者从藏品本体、场地、延伸利用及藏品利用保障措施等方面介绍国外博物馆的有益经验,在有限的人力、物力、场地等情况下,为化解我国博物馆藏品利用中面临的问题提供参考。在信息时代,我们应加强博物馆与科技的深度融合,引入"智慧"理念是很有必要的,本书立足于我国博物馆藏品利用的实际情况,从科学的视角出发,探索智慧型藏品利用方式。新时代,博物馆应构建智慧型藏品利用模式,为大众提供智能化的藏品研究、展示、传播。但是博物馆藏品利用工作的核心是对藏品蕴含价值的挖掘与传承,这一点并不会也不能因"智慧"而改变,我们应以现代科学技术为手段,最终以价值传承为目的,去推动我国的藏品利用改革之路,让藏品活起来。

本书资料翔实,在论述中实现了定量分析,突破以往研究主要是定性分析的局限。展出率是博物馆藏品利用最直观的体现,作者通过实地调研、博物馆官网、《中国文化文物统计年鉴》等获取详尽真实的第一手材料,利用数学建模和正态概率图、分位数—分位数图、Lasso 和 Logistics 回归、最小显著性差异法(LSD)、"Spearman"和"Pearson"相关系数等统计学方法估算了我国博物馆展出率和分析了影响博物馆展览数量的因素,显示 2018 年省级以上博物馆展出率低于 5%,全国平均展出率在 10.27% 左右,且 2009—2018 年展出率呈下降趋势,以此窥见我国博物馆藏品利用的基本情况。

本书具有一定的可读性,作者在研究中采用了具体、实证的数据和案例,并结合图表和解释进行详尽的论述,使读者能够更直观地理解其中的观点。此外,本书内容深入浅出,对相关领域的专业人员和科研工作者具有参考价值,也为广大读者提供了直观了解博物馆藏品利用效率的窗口。

学术研究无止境,"让文物活起来"是当下的研究热点,博物馆藏品利用效率有待进一步研究的问题其多。由于该问题涉及专业学科较多,作者能力和学术水平有限,书中不妥之处在所难免,敬请广大读者批评指正。希望以本书的出版为起点,本人持之以恒,做出新的研究成果。

目　录

1　绪论 …………………………………………………………… 001

　1.1　相关概念与研究范围界定 …………………………………… 001

　1.2　提高博物馆藏品利用效率的必要性与机遇 ………………… 006

　1.3　国内外研究述评 ……………………………………………… 016

2　藏品利用——藏品价值的实现 ………………………………… 028

　2.1　藏品价值体系 ………………………………………………… 029

　2.2　本体价值利用 ………………………………………………… 043

　2.3　情感价值利用 ………………………………………………… 057

　2.4　发展价值利用 ………………………………………………… 062

　2.5　本章小结 ……………………………………………………… 066

3　我国博物馆藏品利用基本情况研究——以陈列展览为例 ……

　　…………………………………………………………………… 067

　3.1　数据采集的基本情况 ………………………………………… 068

　3.2　估算全国博物馆藏品展出率 ………………………………… 072

　3.3　影响博物馆藏品展出相关因素的筛选建模

　　　和校正 ………………………………………………………… 082

　3.4　影响博物馆藏品展出的相关因素分析 ……………………… 088

　3.5　本章小结 ……………………………………………………… 096

4　我国博物馆藏品利用效率分析 ………………………………… 098

　4.1　藏品利用效率低的表现 ……………………………………… 098

　4.2　藏品利用效率低的内部原因 ………………………………… 109

4.3 藏品利用效率低的外部原因 ················ 124

4.4 本章小结 ························ 133

5 国外博物馆提高藏品利用效率的探索与实践 ········ 134

5.1 从藏品本体着手 ···················· 134

5.2 从场地方面着手 ···················· 143

5.3 从延伸利用着手 ···················· 151

5.4 藏品利用的保障措施 ················· 156

5.5 本章小结 ························ 163

6 智慧理念下博物馆提高藏品利用效率方式分析 ······· 165

6.1 智慧理念下的博物馆 ················· 166

6.2 人工智能时代的 AI 博物馆 ·············· 174

6.3 人工智能对博物馆藏品利用的影响 ·········· 183

6.4 人工智能给博物馆藏品利用带来的机遇分析 ····· 187

6.5 本章小结 ························ 189

7 人工智能技术在藏品利用方面的个案探索 ········· 191

7.1 一种基于人工智能的自动导览装置在藏品利用中的设计 ······ 192

7.2 一种基于 VR 技术的图像采集处理装置及其方法 ······ 196

7.3 一种基于人工智能技术的非结构性破损壁画修复方法 ······ 201

7.4 本章小结 ························ 207

8 结论与展望 ························· 208

参考文献 ··························· 214

附录一 彩页图说明 ····················· 230

附录二 ···························· 231

后记 ····························· 249

1

绪 论

1.1 相关概念与研究范围界定

1.1.1 藏品、展品、文物概念界定

本书涉及的相关概念包括藏品、展品、文物,它们既相互联系,又相互区别。其概念对比可见表1-1,不同类型的文献资料的叙述各有差异。

藏品是基于博物馆展出需求,是博物馆从自身的创馆性质出发,为了科学研究与社会教育,搜集、保存自然界以及人类社会物质文明、精神文明发展的见证物①。根据藏品的概念可知,藏品具有跨度时间长、种类广泛的特点。跨度时间长可以理解为在时间和空间维度上出现过、存在过的物品都可归入藏品;既可以是古代文物,也可以是近现代纪念品、生活用品、艺术品等。藏品囊括的种类广泛,如见证人类活动和自然环境的文物、标本、模型等,藏品种类还涵盖了非物质文化遗产。2000年北京市颁布《北京市博物馆条例》率先将博物馆收藏更改为"人类活动的见证物和自然科学标本",同时也将博物馆藏品进一步细分,分为文物与非文物两类②。2007年国际博协首

---

① 王宏钧.中国博物馆学基础[M].上海:上海古籍出版社,2016:133.

② 中国博物馆协会.博物馆法律法规文件选编:北京市文物局颁布北京市博物馆条例[M].北京:科学出版社,2010:106.

次修改 2001 年博物馆定义中的"人类及人类环境的物证"为"人类及人类环境的物质及非物质遗产",从而将博物馆藏品向非物质文化遗产进行涵盖①。然而,并非所有物品都能变成藏品。物品变成藏品,需要在明确的目的基础之上,制定合理的计划,广泛地搜寻物品,并精心地鉴别、科学地选择,博物馆的特色藏品要具备一定的历史价值、科学价值以及艺术价值。"展品"即展览品,博物馆的展品指的则是博物馆向观众展示的物品,其种类和范围与博物馆藏品一致,是向观众展示的文物、艺术作品、标本等。

"文物"一词在我国的历史源远流长,最初"文"和"物"是分开使用的,分别指代不同的意思。"文"是象形字,指纹饰、纹理、文字、文章、美德、才学、文献、文职等。"物"是形声字,本意指万物,又指牲畜的种类、物件、事物、他人、标记、记号社会环境等。"文物"一词最早在《左传》中出现,该文献所说的"文物"是基于其文化背景之下进行理解的,指的是礼乐典章制度的礼品与祭品,它与我们当代所说的"文物"有一定的关联,但区别于现在"文物"的内涵。唐代骆宾王在《夕次旧吴》中有"文物俄迁谢,英灵有盛衰"的诗句②,此处的"文物"所指的是前代遗物,开始接近现代"文物"的内涵。到了宋代,金石学兴起,以古代青铜、碑石等为研究和收藏对象,主要指古物、古器物。明清时期,随着考据学的发展,民间收藏盛行,收藏对象主要是古代书画、瓷器、玉器、竹木牙雕等,称为"骨董""古董"或"古玩"。由此可见,宋代至明清时期的"文物"主要是现代文物含义中的可移动文物,外延较小。1930 年颁布《古物保存法》,是我国首部文物法规,该法指出:本法所述之古物是指与考古学、历史学、古生物学及其他文化相关的所有古物。由此可知,古物已经不仅仅是明清所谓的"古董""古物",它的概念得到了极大的拓展。1935 年公布的《采掘古物规则》将古代建筑文化史迹纳入古物内涵,这是第一次在行政法规中将现代的可移动文物与一部分不可移动的文物用相同的词进行统称。新中国成立之后,"文物"一词在各种保护法规中开始被持续性地使用,涵盖内容逐渐广泛。1961 年的《文物保护管理暂行条例》主要包括不可移动文物,如建筑物、古建筑、古墓葬、古文化遗址、纪念物、石窟

---

① 徐玲.追求"广博":博物馆藏品概念的演变[J].东南文化,2011(6):96.
② 刘世锦.中国文化遗产事业发展报告[M].北京:社会科学文献出版社,2008:82.

寺、石刻等,以及可移动文物,如艺术品、工艺美术品、古旧图书资料、各类实物等。"历史文化名城"一词是在 1982 年的《中华人民共和国文物保护法》颁布新增的,"历史文化街区、村镇"则在 2002 年修订的《中华人民共和国文物保护法》增加的。实际上,"文物"涉及从古到今的各种可移动的、不可移动的历史与文化遗存。2007 年、2013 年、2015 年、2017 年修正的《中华人民共和国文物保护法》文物内涵基本沿袭了 2002 年的表述。

藏品、展品、文物三者范围有所不同。根据《博物馆条例》第二十二条规定,藏品是基本概念,而文物只是特殊的藏品①。藏品包括古代文物、近现代文物、自然标本、非物质文化遗产等;展品是指博物馆在展线上的藏品,是藏品的一部分;文物包括三类:可移动文物、不可移动文物,历史文化名城,历史文化街区、村庄及城镇。博物馆藏品与文物交叉的部分可称为"文物藏品",他们是可移动文物,二者外延有所不同,且目的与入藏标准也有所不同;文物更多地关注物品的过去及其所代表的含义,馆藏的社会功能是其最核心的价值,它可以满足社会的需求;文物和藏品具有一定的社会取向与自身价值,因此,会被博物馆进行收藏,但是藏品的收藏要与博物馆的性质及其实际创馆目的相契合。本书以博物馆藏品为研究对象,所涉及的数据与展品、文物、藏品有关系。(见表 1-1)

---

① 中华人民共和国国务院.博物馆条例[N].中国文物报,2015-03-03(2).《博物馆条例》第二十二条规定:"博物馆应当建立藏品账目及档案。藏品属于文物的,应当区分文物等级,单独设置文物档案,建立严格的管理制度,并报文物主管部门备案。"

表 1-1　藏品、文物、展品概念

	《中国大百科全书·文物博物馆卷》①	《现代汉语词典》	政策文件
藏品	博物馆依据自身性质、任务和社会需要搜集并经过鉴选符合入藏标准,完成登记、编目等入藏手续的文物和自然标本	收藏的物品	《博物馆藏品管理办法》(1986):博物馆藏品是国家宝贵的科学、文化财富,是博物馆业务活动的物质基础
展品	文物、标本、辅助陈列品等	展览的物品	《中华人民共和国海关对进口展览品监管办法》(1997)②:本办法所称进口展览品(以下简称展览品)包括下列货物,物品:(一)在展览会中展示或示范用的货物、物品。(二)为示范展出的机器或器具所需用的物品。(三)展览者设置临时展台的建筑材料及装饰材料。(四)供展览品做示范宣传用的电影片、幻灯片、录像带、录音带、说明书、广告等
文物	人类社会历史发展进程中遗留下来的,由人类创造的或者与人类活动有关的一切有价值的物质遗存的总称③	文物是历代遗留下来的在文化发展史上有价值的东西,如建筑、碑刻、工具、武器、生活器皿和各种工艺品等	《中华人民共和国文物保护法》(2017):历史上各时代重要实物、艺术品、文献、手稿、图书资料、代表性实物等可移动文物,古文化遗址、古墓葬、古建筑、石窟寺、石刻、壁画、近代现代重要史迹和代表性建筑等不可移动文物,历史文化名城和历史文化街区、村镇

---

① 中国大百科全书总编辑委员会.中国大百科全书·文物博物馆卷[M].北京:中国大百科全书出版社,2004:1,41,61.

② 未找到对博物馆展品进行说明的政策文件。

③ 此定义由文物界泰斗谢辰生给出。

1.1.2　研究范围

博物馆藏品利用效率是指博物馆通过各种形式对藏品进行利用,将馆内已经投入利用的藏品与存储的藏品对比,得出其比例,再与其利用的次数及其实际效果相结合,从而获取的最终结果。藏品利用形式包括但不限于:陈列展览、科学研究、文化创意、教育活动、数字化利用等①。可以认为博物馆藏品利用效率=各种利用方式的比例+次数+效果,利用率=各种利用方式的比例,展出率=陈列展览利用的藏品的比例。焦丽丹在《如何让馆藏文物"活起来"》②一文中设计了博物馆年度藏品综合利用频次的各项统计指标(见表1-2),理论上应以目前博物馆藏品各种利用形式所利用的藏品数量来计算藏品综合利用频次,但是科学研究、文化创意、教育活动、数字化利用等形式利用的藏品数量是无法量化的,且目前博物馆最主要的利用方式是陈列展览,博物馆藏品利用效率低亦是一个客观存在的问题,本书主要以展出率来体现利用效率,即展品与藏品之比例。且利用效率不只是用展出率来说明,本书从广度、深度、频率、真实性四个方面说明利用效率低的表现,因为展出率的定量分析不足以说明全部,所以又进行定性的阐述。藏品数据主要来源于历年《中国文化文物统计年鉴》与第一次可移动文物普查资料,展品数据采用从国家文物局网站、博物馆官网、网站新闻、《博物馆陈列展览通览(2016)》《中国博物馆重要陈列展览年度记录》等渠道随机收集的700个展览,通过数学建模方法和 LSD、Lasso、Logistics、Spearman 和 Pearson等统计学方法进行量化估算展出率和讨论影响博物馆展览数量的最相关因素及计算相关性系数,审视我国藏品展出的数量特征、数量关系和数量变化,以小见大,系统性综合性地对我国博物馆藏品利用的基本情况进行数据整理和分析。

本书数据统计的范围从 2008 年博物馆实行免费开放后至 2018 年年底,文中讨论的数据指标涉及全国 31 个省市各类型、各级别的博物馆数据,包括历年藏品数据、展览数据、博物馆出版的专著和图录数量、博物馆面积构成

---

① 单迢,黄洋.基于提高藏品利用率开放博物馆库房的探索[J].博物院,2018(1):21.
② 焦丽丹.如何让馆藏文物"活起来"[J].中国博物馆,2015(3):34.

数据、博物馆从业人员数据、博物馆经费数据、广东省博物馆 2017 年藏品外借数据等。

表 1-2　博物馆年度藏品综合利用频次统计指标

藏品利用手段	考察要点	年度藏品利用频次（藏品使用数/馆藏总量）
陈列展览	基本陈列	基本陈列中在展藏品数量/馆藏总量
	临时展览	用于临时展览的藏品数量/馆藏总量
	馆际交流展	用于馆际交流展的藏品数量/馆藏总量
	出境展览	用于出境展览的藏品数量/馆藏总量
	文物借展	用于借展的藏品数量/馆藏总量
科学研究	科学研究	用于学术研究的藏品数量/馆藏总量
	科技保护	用于科技保护的藏品数量/馆藏总量
数字化	数字化建档	实现数字化建档的藏品数量/馆藏总量
	藏品信息化服务	能够提供信息化检索的藏品数量/馆藏总量
文化衍生品开发	图书音像出版	图书音像出版物中使用的藏品数量/馆藏总量
	创意文化产品开发	文化产品开发中使用的藏品数量/馆藏总量
教育项目	从藏品到展览再到教育	展览配套教育活动中使用的藏品数量/馆藏总量
	从藏品到研究再到教育	研究性教育项目中使用的藏品数量/馆藏总量
	从藏品到数字化再到教育	在线教育中使用的藏品数量/馆藏总量
	从藏品到学校再到教育	学校教育项目中使用的藏品数量/馆藏总量
合计		以上项目之和

1.2　提高博物馆藏品利用效率的必要性与机遇

　　藏品是博物馆的立馆之本，对于博物馆发展具有举足轻重的作用。根据历年《中国文化文物统计年鉴》，全国博物馆藏品数在 2008 年是 1455.4 万件/套，至 2018 年底，全国博物馆的藏品数高达 3754.07 万件/套，显著增加了157.6%。随着社会经济的不断发展，国家、博物馆、公众各层面的文化需求日益增高，对博物馆的藏品利用提出了新的要求。而我国的博物馆藏品利用效率低是一个客观存在的问题，多见"死亡式收藏"现象，库房中保存着大量没有被利用的藏品。2013 年，国家文物局针对 8 个央地共建博物馆进行了调查，了解其当前的馆藏文物现状，统计其展出率，最终结果显示，其展出率普遍介于1.2%至5%,均值不足2.8%①。通过这次统计,可突出藏品的整体利用效率及其藏品的数量,由相应数据可知,目前藏品资源十分丰富,但是其综合利用率却非常低,而大众的文化需求又居高不下,这一反差困境也是当前博物馆效能无法充分体现出来的重要原因。所以,提升博物馆效能,是一个时代发展的需求,是社会文化发展的需求,同时也是历史发展的必然趋势。在信息技术的快速发展之下,"智慧"理念不断影响着人们的生活与工作,同时也为这一问题的解决提供了新的方向②。

1.2.1　国家层面的文化服务需求

进入21世纪,藏品合理利用越来越成为全社会的共识,提高博物馆藏品利用效率是国家层面文化服务需求的体现,近二十年来,国家密集地颁布、印发一系列法律法规、通知文件(详见表1-3),体现出政府强烈的文化服务需求。"合理利用"在2002年《中华人民共和国文物保护法》中被确立为文物工作十六字方针的内容之一,对博物馆的工作具有指导意义。2006年《国家文物事业"十一五"发展规划》、2011年《国家文物博物馆事业发展"十二五"规划》持续性将博物馆藏品利用作为重要内容。习近平总书记对于我国传统文化的传承与发扬十分重视,党的十八大以来,"让文物活起来"应时代发展需求,日渐成为一个响亮的口号。2013年12月30日,习近平总书记首次指出要对各类文物加强利用,让这些藏于深殿的文物、存在于各处的遗产、古籍中的文字,都体现出其价值。2014年3月27日,国家主席习近平在巴黎联合国教科文组织总部发表演讲,再次强调要让文物、遗产、文字"活"起来。2022年7月22日,全国文物工作会议提出了新时代文物工作方针,即"保护第一、加强管理、挖掘价值、有效利用、让文物活起来"。

另外,关于建立公共文化服务体系、重视文化保护与利用方面的政策越来越多,如《关于加强文物保护利用改革的若干意见》(2018)、《关于实施革命文物保护利用工程(2018—2022年)的意见》(2018)、《国家文物事业发展"十三五"规划》(2017)、《关于实施中华优秀传统文化传承发展工程的意

---

① 杨瑾.加快藏品的展品化[N].中国文物报,2017-12-19(6).
② 李姣,陈洪海."智慧"让文物活起来[N].光明日报,2019-01-14(12).

见》(2017)、《关于进一步加强文物工作的指导意见》(2016)、《中华人民共和国公共文化服务保障法》(2016)、《关于促进文物合理利用的若干意见》(2016)、《博物馆条例》(2015)、《关于加快构建现代公共文化服务体系的意见》(2015)等,大量文件的出台,也表明了目前国家对于文物合理利用的重视,探讨藏品资源共享。有的政策法规设有"多措并举让文物活起来"专章,并配套文物合理利用工程,可以看出加强博物馆藏品利用是我国公共文化服务的客观要求,在坚持合理、适度、科学利用的原则上,应拓展利用渠道,丰富利用形式,提高利用效率。

表1-3　21世纪博物馆藏品利用相关的政策文件

时间	文件	发布部门	相关内容
2002年10月28日	《文物保护法》	全国人民代表大会常务委员会	文物工作贯彻保护为主、抢救第一、合理利用、加强管理的方针
2005年12月22日	《关于加强文化遗产保护的通知》	国务院	从2006年起,每年六月的第二个星期六为我国的"文化遗产日";提高馆藏文物保护和展示水平
2006年6月24日	《国家文物事业"十一五"发展规划》	国家文物局	保护、管理、利用好祖国文物……具有重要作用;充分利用文物的宣传和教育优势……满足人民日益增长的精神文化需求
2011年6月27日	《国家文物博物馆事业发展"十二五"规划》	国家文物局	保护好、利用好、传承好文物……始终是全社会的共同义务;加快构建文物博物馆公共文化服务体系
2015年1月14日	《关于加快构建现代公共文化服务体系的意见》	中共中央办公厅、国务院办公厅	深入推进公共图书馆、博物馆、文化馆、纪念馆、美术馆等免费开放工作,逐步将民族博物馆、行业博物馆纳入免费开放范围
2015年2月9日	《博物馆条例》	国务院	国家鼓励博物馆挖掘藏品内涵,与文化创意、旅游等产业相结合,开发衍生产品,增强博物馆发展能力

续表 1-3

时间	文件	发布部门	相关内容
2016 年 3 月 4 日	《关于进一步加强文物工作的指导意见》	国务院	五、拓展利用文物:(一)为社会主义核心价值观的培养和促进服务。(二)大力发展文化创意产业。(三)服务于扩大中国文化的影响力。(四)维护人民的基本文化权益。(五)为促进经济社会发展服务
2016 年 10 月 11 日	《关于促进文物合理利用的若干意见》	国家文物局	一、充分认识文物合理利用的重要意义;二、准确把握文物利用的基本原则——坚持把社会效益放在首位、坚持依法合规、坚持合理适度;三、多措并举,切实让文物活起来:(一)扩大文物资源社会开放度,(二)促进馆际交流提高藏品利用率,(三)加强革命文物展示利用,(四)创新利用方式,(五)落实文化创意产品开发政策,(六)鼓励社会力量参与
2016 年 12 月 25 日	《中华人民共和国公共文化服务保障法》	全国人民代表大会常务委员会	建立完善公共文化服务网络,充分发挥统筹服务功能;向公众提供免费或者优惠的文艺演出、陈列展览、电影放映、广播电视节目收听收看、阅读服务、艺术培训等
2017 年 1 月 25 日	《关于实施中华优秀传统文化传承发展工程的意见》	中共中央办公厅、国务院办公厅	迫切需要深入挖掘中华优秀传统文化价值内涵。加强革命文物工作,实施革命文物保护利用工程,做好革命遗址、遗迹、烈士纪念设施的保护和利用
2017 年 2 月 14 日	《国家文物事业发展"十三五"规划》	国家文物局	四、多措并举让文物活起来:(一)发挥社会教育功能,弘扬中华优秀传统文化;(二)彰显文物资源优势,促进经济社会发展;(三)鼓励民间合法收藏文物,提升社会文物管理服务水平;(四)拓展文物对外交流合作,建设"一带一路"文化遗产长廊

续表 1-3

时间	文件	发布部门	相关内容
2018 年 7 月	《关于实施革命文物保护利用工程（2018—2022 年）的意见》	中共中央办公厅、国务院办公厅	三、主要任务:(一)夯实革命文物基础工作;(二)加大革命文物保护力度;(三)拓展革命文物利用途径;(四)提升革命文物展示水平;(五)创新革命文物传播方式。四、重点项目:(一)百年党史文物保护展示工程;(二)革命文物集中连片保护利用工程;(三)长征文化线路整体保护工程;(四)革命文物主题保护展示工程;(五)革命文物陈列展览精品工程;(六)革命文物宣传传播工程
2018 年 10 月	《关于加强文物保护利用改革的若干意见》	中共中央办公厅、国务院办公厅	(八)大力推进文物合理利用。充分认识利用文物资源对提高国民素质和社会文明程度、推动经济社会发展的重要作用

博物馆藏品是我国五千多年历史进程中留下的宝贵文化遗产,蕴含着民族文化、精神文脉。在新的理念下,采用先进技术使藏品利用更加丰富、立体、可视可观可感,让国外观众更加欣赏到中国特色藏品,让我国公众与博物馆的关系愈加紧密,让更多的人喜欢上博物馆,在此学知识、感受文化艺术的魅力,既提升我国博物馆形象和国际影响力,也扩大了博物馆的社会影响。

1.2.2 博物馆的自身发展需求

博物馆记录着文化发展的轨迹,它是一个国家和地区的文化象征,承载着文化传播的使命。众多城市将博物馆作为定位城市的"文化坐标"。截至2018 年年底,我国有博物馆 4918 家,其中免费开放的近九成,每年举办超过2 万个展览,并接待了超过 10 亿观众①。参观博物馆已成为海内外游客领

---

① 中华人民共和国旅游部.中国文化文物统计年鉴(2019)[M].北京:国家图书馆出版社,2019:286.

略、接收中华文明,欣赏中国文化的必要途径。而博物馆本身更是公众教育、科学研究以及休闲娱乐的重要场所。这使得博物馆的发展更加重要,要求更高。文化是博物馆的核心,如何从现有的藏品中挖掘更多的文化价值,是博物馆解决目前发展瓶颈的重要方向。博物馆的自身发展要求其树立良好的形象,保证其作用可以充分发挥出来,其价值全面互联起来,推动博物馆事业的有序发展,要实现这一目标,必须要加强对博物馆藏品等相关工作的改革。随着不断深入推进博物馆免费开放政策,博物馆需要提高藏品利用效率以满足新时代自身发展的需求。

博物馆一直存在藏品腐蚀受损问题,21 世纪初,国家文物局首次展开了专项调查,其中参与调查的有 1470 余万件(组)文物,涉及 2803 家国有文物收藏单位,经过调查发现,全国有半数以上的馆藏文物都存在着一定程度的腐蚀与损害,这是相当严重的状况①。藏品的损失影响了博物馆的形象和发展,迫使博物馆既要加快藏品保护的步伐,也要积极创新藏品利用的途径,创造条件实现藏品资源共享,否则无法适应博物馆蓬勃发展的趋势,也无法推动博物馆持续发展。

1.2.3 公众的精神文化需求

经济的发展、科技的进步,人民群众对美好生活的追求已不再满足于物质条件,人民开始关注到更多、更高的精神追求。充分了解公众、调动公众的参与积极性,才能更好地提出文化服务的创新方式,才能充分展示或挖掘藏品的魅力。公众的精神文化需求逐渐增高,博物馆作为文化保留与传播的主要场所,也备受社会关注。2008 年,国内的博物馆开始实施免费开放政策,自此之后,博物馆的参观人数倍增,2018 年超 10 亿人次,相对 2008 年的2.8 亿人次,增长了三倍多,越来越多的民众将博物馆作为其满足文化需求,共享文化成果的目标,使博物馆藏品利用面临新的挑战,传统的利用方式、利用手段、传播手段无法满足大众的需求,文化传递受到很大的限制。以博物馆最基本的藏品利用方式——陈列展览为例,绝大部分博物馆主要透过

---

① 王歧峰.国内馆藏文物腐蚀率超 50%［N］.联合日报,2014-02-14(4).

文字、图片、音像、实物进行展示,这种单一、单向的展览方式给观众带来的是冰冷、静态的展示内容,观众也只能选择被动接受,对于展品的文化内涵及背景等,也无从深入了解。再加之展出的展位有限,很多展品的信息都十分简略,专业的展品信息也不易被普通人所理解,而专业讲解又十分缺乏,假如观众只是短时间在此观赏,很难深入感受这些展览的艺术魅力与文化价值。这些都是藏品利用效率低的重要体现,而藏品—展品、研究者—策展者、观众—展品之间的密切关系也在此过程中被割裂开来。

公众对博物馆的精神文化需求不仅仅是单方面的参观,而是想通过更多互动、丰富的方式获得藏品信息,更深层次地了解我国历史文化的意蕴。当观众走进博物馆时,他们不应只是面对孤独而冷落的展示柜或者文物,而是可以通过文物深切地感受到其在当时所处的环境,能方便地了解它的作用或使用方式,甚至感受到古人在亲自向自己介绍这个藏品的价值和故事,这才是观众对博物馆新的精神文化需求,但这也是目前我国博物馆藏品利用的难点和痛点之一。博物馆只有努力挖掘藏品的文化内涵和文化精神,发挥作为藏品研究、展示、传播的公益性机构的本职作用,建立一个完整、科学、合理的藏品利用模式,才能更加智慧地向观众展现多重信息,实现藏品的可持续利用。

1.2.4　信息技术的发展

随着现代信息技术的不断发展,人类社会不断发生变革。21 世纪之后,计算机、网络技术等给人们的生活与工作带来了巨大改变;大数据时代的到来,让数据成为人们生活与工作的关键要素,博物馆也朝着数字化的方向优化建设;智慧时代里,在"智慧"理念的引领之下,博物馆对于"人—数据—物"的互通交流十分重视,积极开展智慧管理、智慧服务等,试图打开智慧博物馆的发展之门。人工智能的快速发展之下,人类各行各业开始研究智能化发展,博物馆也不甘其后,开始进入人工智能博物馆的发展方向。科学技术的进步引起社会变革,也给博物馆发展带来一次次新机遇,为博物馆提供技术支撑,促使博物馆事业不断向前发展①。

信息技术的发展为博物馆提高藏品利用效率问题提供了新的机遇,21世纪初,国家相关政策就开始强调信息技术与博物馆的融合,详见表1-4。2006年《国家文物事业"十一五"发展规划》已提出利用"数字地球"概念;2011年《国家文物博物馆事业发展"十二五"规划》、2017年《国家文物事业发展"十三五"规划》设立"加强文物保护利用与现代科学技术有机融合、利用科技推动文物事业发展"的专章;2018年印发的《关于加强文物保护利用改革的若干意见》,成为新时期对文物保护与利用改革的纲领性文件,强调对文物的利用与保护方面的改革,并探索出一条与我国国情相符合的文物保护利用之路,其明确指出推进"互联网+中华文明"行动计划方针,强调文物展示利用方式的创新,要以科技为支撑,紧跟时代发展,实现对大数据、云计算、互联网、人工智能等多种技术的全面融合与高效利用。由此可见,充分借助信息技术来推动博物馆发展体现了国家政策导向,博物馆应利用有利的政策环境,探索如何利用现代信息技术促进博物馆藏品利用,建立"物—物""物—人""人—人"相互之间形成系统化的协同工作方式和更加广泛、全面、深入的普遍联系,形成以科技为支撑的智能化博物馆运作体系,促进博物馆向智慧化、智能化的方向发展。

表1-4 21世纪"文物相关领域+信息技术"的政策文件

时间	文件	发布部门	相关内容
2006年6月24日	《国家文物事业"十一五"发展规划》	国家文物局	利用"数字地球"概念和现代空间信息技术;依托文物信息资源和现代信息技术

---

① 李姣.智慧博物馆与AI博物馆:人工智能时代博物馆发展新机遇[J].博物院,2019(4):67-74.

续表1-4

时间	文件	发布部门	相关内容
2011 年 6 月 27 日	《国家文物博物馆事业发展"十二五"规划》	国家文物局	推进文物保护利用与现代科学技术的有机融合,增强文物博物馆事业发展的创新能力和传播能力;第四章主要任务:推动文物博物馆信息化建设;第六章保障措施:科技保障
2015 年 1 月 14 日	《关于加快构建现代公共文化服务体系的意见》	中共中央办公厅、国务院办公厅	推进公共文化服务与科技融合发展
2016 年 12 月 25 日	《中华人民共和国公共文化服务保障法》	全国人民代表大会常务委员会	国家鼓励和支持发挥科技在公共文化服务中的作用,推动运用现代信息技术和传播技术,提高公众的科学素养和公共文化服务水平
2017 年 2 月 14 日	《国家文物事业发展"十三五"规划》	国家文物局	五、加强文物科技创新——构建以技术创新为核心、以组织创新为支撑、以制度创新为保障的文物行业创新体系,支撑引领文物事业科学发展
2018 年 10 月	《关于加强文物保护利用改革的若干意见》	中共中央办公厅、国务院办公厅	(十三)加强科技支撑。建设文物领域国家技术创新中心和国家重点实验室,将"文化遗产保护利用关键技术研究与示范"纳入国家重点研发计划。推进'互联网+中华文明'行动计划方针",强调文物展示利用方式的创新,要以科技为支撑,紧跟时代发展,多方面融合利用大数据、云计算、互联网、人工智能等信息技术

1.2.5　"智慧"理念的普及①

2008 年 11 月,"智慧地球"的概念被提出,时任 IBM 总裁兼首席执行官彭明盛在其《智慧地球:下一代的领导议程》演讲中率先提出这一概念。智慧成为未来的一个核心词汇,社会更加智慧的进步,人类更加智慧地生存,地球更加智慧地运行,这一番言论受到了全球范围内的广泛关注,为人类构筑了新的空间蓝图,许多国家都以积极态势将"智慧地球"与本国的发展前景紧密结合。

2009 年 1 月,彭明盛在与美国工商业领袖的圆桌会议上再次强调了"智慧地球",他指出,在构建新一代智慧型基础设施的过程中,要从短期效益和长期效益两个方面考虑,时任美国总统奥巴马肯定了他的理念,并指出"美国在 21 世纪保持和夺回竞争优势的方式,是将经济刺激资金投入到宽带网络等新兴技术中"。随后,奥巴马实施了 372 亿美元刺激经济计划,这批费用将用于针对智慧电网、智慧医疗、智慧网络等研发与建设,自此之后,智慧地球的理念在全世界引起广泛关注。

2009 年 2 月,北京召开了 IBM 论坛,此次论坛的主题是"点亮智慧地球,建设智慧中国",论坛在全国范围内引起了广泛关注。同年 8 月,我国发布《智慧地球赢在中国》计划书,对于"智慧地球"有了明确的概念界定:它是 IBM 对使用先进信息技术构建新世界的愿景,开启了利用先进信息技术对商业运作、公共服务进行改革的道路,是我国智慧地球战略全面开启的标志。

"智慧地球"是现代高新技术的总称,其目的是以"物联网"和"互联网"为运行载体,提供一种积极的、全球范围内的重大问题解决方案。"智慧地球"是将传感器技术、智能信息处理、互联网技术等信息技术广泛融合,且充分运用到各行各业,将建筑、桥梁、隧道、电网、公路、供水系统、铁路、大坝、油气管道等实体基础设施与信息基础设施有效结合,实现普遍连接,形成物联网,而后通过"大数据""云计算"来整合"物联网"。在国家基础设施发展

---

① 张永民.解读智慧地球与智慧城市[J].中国信息界,2010(10):23-29;许晔,孟弘,程家瑜,等.IBM"智慧地球"战略与我国的对策[J].中国科技论坛,2010(4):20-23.

中植入"智慧"理念,可在全国范围之内构建相对成熟的智慧基础设施平台,让人类能够以精细、高效的形式来进行生活与生产,实现全球"智慧",并最终打造一个"智慧地球"。"数字地球"概念是建立在互联网基础上,"智慧地球"是其延续和发展,在博物馆领域,可以认为"智慧博物馆=数字博物馆+物联网+云计算"①。人工智能技术的发展进一步推进了"智慧地球"的全面智能化发展。"智慧地球"有三大特征:智能化更加深入、感知更加透彻、互联互通更加全面。

在"智慧地球"理论不断发展的情形下,全国各地开始有各种智慧建设的尝试,比如智慧城市、智慧社区等。"智慧地球"理论融入博物馆界产生了智慧博物馆的概念,博物馆实际工作和学术研究热点转变到了建设智慧博物馆。智慧博物馆从概念、服务功能到体系构建、科技基础都与"智慧地球"理念的发展紧密相关。随着人工智能技术的发展,智慧博物馆从数字化、信息化向智能化阶段发展,"智慧地球"理论为博物馆提高藏品利用效率提供了新的思考方向,利用现代科技,达到智慧化利用和运作的目标,实现互联互通、智能决策、智能利用、深度感知等功能。

1.3　国内外研究述评

1.3.1　国内研究概况

博物馆藏品利用越来越受到政府和学界的重视,关于这方面的研究也越来越多,本书重点研究的是博物馆藏品利用效率问题,国内关于藏品利用的认识和研究经历了几个阶段,因此在这里主要针对新中国成立以后藏品利用效率的相关文献资料进行一个概括性总结。

---

①　陈刚.从数字博物馆到智慧博物馆的发展趋势与挑战[M]//北京数字科普协会.融合·创新·发展——数字博物馆推动文化强国建设——2013年北京数字博物馆研讨会论文集.北京:中国传媒大学出版社,2014:281-287.

1. 1949 年—20 世纪 80 年代，重视藏品保管、保护，甚少谈及利用

新中国成立之初，国家开始进入稳定时期，为了保护文物，颁布的相关政策法规主要偏向于保护、保管藏品，例如《古迹、珍贵文物图书及稀有生物保护办法》(1950)、《关于在基本建设工程中保护历史及革命文物的指示》(1953)、《关于在农业生产建设中保护文物的通知》(1956)、《文物保护管理暂行条例》(1961)等，都指出要加强对文物的保护力度，规定了具体保护措施，对于"利用"一词未有提及。但在学界有"发挥文物作用"的提法，新中国成立伊始，郑振铎在《给"古董"以新的生命》一文中呼吁："'古董'也要随着人民当家作主而翻身了。'古董'必须恢复它的生命和发挥其作用。"1956 年他在《关于民族文化遗产发掘问题》一文中又明确指出："考古、文物工作是发掘过去被埋葬的物品，确保其可有用性，令其所具备的作用可以充分发挥出来，体现其价值，令文物成为古代艺术发展及民族文化发展的重要见证。与此同时，我们对文物开展的工作，不能只顾眼前，还要考虑到未来。我们的工作从本质上来看是为科学研究提供相应的服务，服务于人民，以全面提升人民的文化程度，并为群众开展爱国主义的思想教育服务。"①

2. 20 世纪 80—90 年代，开始讨论"利用"

在政府层面，该阶段并未明确论及"利用"一词，比如 1982 年公布的《中华人民共和国文物保护法》，其立法的原则与目的是以文物的保护为核心，文物利用并未在此出现；1987 年，国务院公布《关于进一步加强文物工作的通知》，开始强调要发挥文物所具备的作用。但是改革开放伊始，关于文物开发、利用的各类理论、观点层出不穷，比如"以文物养文物""开发文物、利用文物、服务经济""利用与保护同步进行"等，大多偏向于为经济建设积累资金，开发财源。

学界出现文物保护、文物利用谁为主谁为先，两个效益谁为先的争论。高和讨论了藏品保管与发挥社会效益的关系，指出：①博物馆文物利用需以文物安全优先，同时实现其社会效益；②重视保管工作与藏品的研究工作，

---

① 彭卿云. 关于文物"利用"的由来与衍变概述[J]. 中国文物科学研究,2014(1):19-25.

推动博物馆的社会效益得到有效提升;③加强藏品保管专业队伍建设①。王璧从博物馆具体工作来谈保与用的辩证关系,指出博物馆藏品的保护与利用是辩证统一的,保护是为了更好地利用,利用要服从保护原则,才能在博物馆工作中发挥主动权②。杨海峰讨论了文物保管员利用藏品的重要性,并指出划分层次服务是藏品利用的重要手段,他将藏品利用划分为陈列展览服务、借阅研究和复制服务、综合服务三个层次③。冯林英认为,必须意识到藏品的保护与利用之间存在的辩证关系,切实做到"保服务于用,用服从于保;保是前提,用是目的;用要建立在保的基础之上,保要贯彻于用的始终"等相关的原则,并推动其制度化发展,对这些原则进行有效的利用,确保博物馆的藏品可以在保护的基础之上充分体现出其价值,才能发挥其自身的社会效益④。

3. 20 世纪 90 年代—21 世纪之交,确立了"合理利用"的思想

随着市场经济体制的逐步实施,对于文物的利用呼声越来越强,在此情形之下,文物的保护与利用关系被颠倒、错位的现象层出不穷,导致大量文物受到损害甚至是濒危。在此严峻情况下,时任中央政治局常委的李瑞环同志指出,我们当下的任务是重视保护,加强对濒危文物保护力度,并提出"先救命,再治病"的思想。1992 年,全国文物工作会议上,李瑞环同志正式宣传了中央明确的"保护为主,抢救第一"的文物保护思路。1995 年第二次全国文物工作会议上,时任国务委员、中央政治局委员李铁映指出,对于文物工作,要切实做到有效保护、合理利用,并加强管理。1997 年,国务院下发《关于加强和改善文物工作的通知》,肯定了第二次全国文物工作会议精神及李铁映同志的讲话。2002 年对《中华人民共和国文物保护法》进行了修订,此次再次明确了文物工作的未来指导方针:保护为主、抢救第一、合理利

① 高和.藏品保管与发挥社会效益的关系[J].中国博物馆,1986(3):84-85.
② 王璧.论博物馆藏品保与用的关系[J].中国博物馆,1988(1):37-39.
③ 杨海峰.博物馆藏品利用中的保管[J].中国博物馆,1988(1):48-50,84.
④ 冯林英.藏品保护与利用矛盾之分析[J].中国博物馆,1989(3):77-80,12.

用、加强管理①。

部分学者发现,藏品并未被合理利用,开始探讨其原因,提出一些解决方案。杨海峰表明,目前博物馆藏品没有被有效利用的原因可以归结为以下四个:博物馆性质与藏品并不适合、藏品具有重复性且不典型性,这是其无法被有效利用的第一个原因;人才单调匮乏、专业知识技能低下,是藏品不能被充分利用的第二个原因;博物馆组织机构与社会脱节,是藏品不能被充分利用的第三个原因;没有充分认识藏品利用的意义是藏品不能被充分利用的第四个原因。② 郭永利认为,博物馆经费不足,缺乏认真细致的研究,博物馆藏品重复品、不典型品多,陈列空间狭小造成了藏品没有被有效利用;并从重视学术研究,改变通史式的陈列模式、多举办专题性的临时展览,制定可行的征集方针三个方面谈挖掘博物馆藏品潜力③。

有的学者从具体实践层面探讨藏品利用问题,宋向光着重讨论了藏品借用,指出藏品借用是藏品利用的一个主要方面,如今藏品借用正日渐增多,因此制定藏品借用相关工作的程序、条例或制度是必要的,才能使藏品借用逐渐正规化、规范化④。马砚祥、葛玲玲以南京市博物馆的内展与外联实践为例讨论进一步开发和利用藏品资源⑤。谢多娇指出博物馆藏品资源匮乏的原因是:经费短缺、博物馆自身工作的欠缺、民间收藏热、文物管理体制的不健全,并从四个方面讨论开发和利用博物馆藏品资源的途径:开拓藏品征集经费来源的新途径,全方位、多渠道征集文物,活化文物藏品在博物馆间的流动,增加馆内馆际交流互动。⑥

---

① 彭卿云.关于文物"利用"的由来与衍变概述[J].中国文物科学研究,2014(1):19-25;黄哲京.论故宫博物院文物合理利用的原则和方法[J].故宫博物院院刊,2017(3):132-140,163.

② 杨海峰.博物馆藏品不能充分利用原因浅析[J].文博,1991(4):96,90.

③ 郭永利.浅议博物馆藏品的利用[J].兰州学刊,1995(5):44-46.

④ 宋向光.应重视和完善博物馆藏品借用工作[J].中国博物馆,1992(3):58-62.

⑤ 马砚祥,葛玲玲.进一步开发和利用藏品资源:南京市博物馆的内展与外联实践[J].中国博物,1994(1):10-13.

⑥ 谢多娇.浅谈市场经济条件下开发和利用博物馆藏品资源的途径[J].文物春秋,1999(1):36-39.

4.21 世纪以来,藏品利用的研究进入多元化、细致化

21 世纪以来,实行博物馆免费开放政策,对博物馆的公共文化服务水平提出了更高的要求,"让文物活起来"的口号也让藏品利用越来越受到重视,近几年关于文物利用的政策文件层出不穷,在此背景下,加强博物馆藏品利用成为学界思考的重要问题,涌现大量期刊论文探讨藏品利用存在的问题、藏品利用方式、藏品利用效率低的原因和解决办法等,研究呈现多元化、细致化。

关于"藏品利用存在问题",魏巍提出存在四方面的问题:藏品展出率低、各省市博物馆差距大、内部管理混乱、外部合作交流缺乏。[①] 许俊平指出,当前国内的博物馆藏品利用集中体现在三个问题上:利用率低、垄断意识、缺乏交流。[②] 殷华指出了藏品保护与利用中存在的问题,如硬件设备陈旧、资金缺乏、技术落后、藏品利用率低等。[③] 潘郁生结合广西博物馆的实际情况分析了藏品利用率低的问题。[④] 汪培梓、李萍指出藏品利用的许多问题:如藏品丰富但展出较少、展览吸引力不够、藏品利用渠道单一等,这就造成了藏品利用、展览利用和文物综合利用普遍不足的现象。[⑤] 田利芳指出藏品利用的问题:一是馆藏文物展出率偏低,馆际之间交流不畅;二是文物陈列展示缺乏个性化,过于单调,过于刻板;三是缺乏对文物的深入研究与价值挖掘。[⑥] 耿然从文物藏品展出率低、各省市博物馆差距大、内部管理混乱、外部合作交流缺乏、馆藏文物中蕴含的文化因素未能很好开发五个方面讨

①　魏巍.博物馆文物藏品利用研究[D].济南:山东大学,2015:49-51.

②　许俊平.博物馆藏品利用存在的问题及对策[J].中原文物,2001(3):78-80,85.

③　殷华.博物馆藏品搜集、保护、利用的认识与建议[J].戏剧之家,2014(10):256-257.

④　潘郁生.博物馆免费开放与提高馆藏品利用率的思考[M]//吴伟峰,黄启善,谢日万.博物馆免费开放的思考:广西博物馆首届学术研讨会论文集.南宁:广西科学技术出版社,2009:49-59.

⑤　汪培梓,李萍.当前馆藏文物展示与利用相关问题探析:兼谈如何让文物"活起来"[M]//中国博物馆协会城市博物馆专业委员会,郑州博物馆.城市博物馆规划与建设:中国博物馆协会城市博物馆专业委员会第九届学术年会论文集(2017·郑州).郑州:中州古籍出版社,2017:255-265.

⑥　田利芳.让馆藏文物活起来 让博物馆更接地气[J].人文天下,2015(12):42-46.

论藏品利用存在的问题。①

　　关于"藏品利用方式",魏巍对五种文物藏品的利用方式进行了概括:基本陈列和临时陈列展览、配合学校教育开展博物馆教程、对文物背后的价值展开科学研究、开发文创产品、增加藏品数字资源的利用。② 黄飞从博物馆藏品的宣传、情感教育功能出发,探讨藏品的利用方法。③ 刘永卓从藏品历史价值、休闲价值、教育价值出发指出藏品利用的多元化路径。④ 殷清认为藏品利用的形式主要有:展览陈列、文物背后价值的科学研究、媒体大众宣传利用、文物拍照出版或复制拓印、文物外借外展等⑤。李洋从库房藏品的再利用提出建议:为陈列展览所用、为学术研究所用、为教育活动所用、库房管理的角色体验、藏品信息的利用、文创周边利用。⑥ 何宏、李湛从科研、陈展、传播教育、藏品再创造角度思考如何合理利用藏品。⑦ 焦丽丹从科研、展览、藏品数字化、开发文创产品、宣传教育等方面探讨藏品利用"活起来"的方式⑧。吴力群指出,藏品利用有两种,一是普遍利用,二是学术利用,其中,普遍利用主要是指影视剧、展览、出版物等,学术利用主要是指历史研究、科学研究、学术报告、讲座等。⑨ 崔岚、刘长友认为可根据博物馆的性质而调整藏品利用的范围,如高校综合类科技博物馆,以教学科研为主,借用交流和陈列展示等多方面为辅。⑩ 许捷等人在研究的过程中指出,在对博物馆藏品

　　① 耿然.浅谈博物馆文物藏品的科学管理与利用[M]//博物馆发展论坛组委会.博物馆发展论丛.北京:北京联合出版公司,2017:237-246.

　　② 魏巍.博物馆文物藏品利用研究[D].济南:山东大学,2015:31-46.

　　③ 黄飞.博物馆文物藏品利用分析[J].东方藏品,2018(3):7.

　　④ 刘永卓.我国博物馆文物藏品利用研究[J].遗产与保护研究,2017(7):76-77.

　　⑤ 殷清.博物馆藏品利用的管理与保护[M]//北京博物馆学会.博物馆藏品保管学术论文集:北京博物馆学会保管专业第四—八届学术研讨会论文选编.北京:中国林业出版社,2009:100-102.

　　⑥ 李洋.博物馆库房藏品的管理和利用[J].文化创新比较研究,2017(3):117-118.

　　⑦ 何宏,李湛.解读、传播与再创造:构建系统的博物馆藏品利用观[J].文物世界,2016(4):67-70.

　　⑧ 焦丽丹.如何让馆藏文物"活起来"[J].中国博物馆,2015(3):30-34.

　　⑨ 吴力群.藏品在利用中的保护[M]//贾文忠.中国文物修复通讯(第18期).北京:中国文物学会文物修复专业委员会,2000:10-11.

　　⑩ 崔岚,刘长友.高校综合类科技博物馆藏品的管理和利用[J].煤炭高等教育,2010(6):65-67.

进行利用时,可以从两个层面展开:一是展览内,二是展览外。藏品在展览系统中被展览,这是其运用最多也是最为直接的一种利用方式,而研究出版、教育活动、文化产业发展等,则属于展览外的利用。[①] 乔玲梅剖析了近现代文物藏品的利用包括展览、拍照、宣传、介绍、研究、复制等。[②] 秦素银在研究中表明,当前运用最多的藏品利用方式是陈列展览、研究出版、文物复制等。[③]

关于"藏品利用效率低的原因",张佳佳从内部和外部两个方面进行分析阐述,馆内专业人才匮乏,思想观念老旧,缺乏自我宣传活化利用的意识,运营管理创收能力差等均为内部原因;历史遗留与政策体制不适应当今国情,经费投入不足,人们精神文化需求提高等为外部原因。[④] 许俊平分析出七点原因:重藏轻用、小生产观念、畏难心态、法规不健全、资金短缺、陈列单一、藏品客观属性。[⑤] 于彦分析了藏品利用率低的原因:博物馆管理理念缺少时代性、缺少完善的法律法规、博物馆资金投入不足、博物馆藏品缺少多样性。[⑥] 潘郁生从指导思想各异、研究力度不够、主观能动性不强、展览与时代脱节、展场设备与文物安全五个方面分析利用率低的原因。[⑦]

关于"解决方法",谭小荣和单适、黄洋从开放库房的角度探讨提高藏品

①　许捷,胡凯云,毛若寒,等.激活博物馆藏品:从博物馆工作流的视角[J].博物院,2018(2):76-86.

②　乔玲梅.浅谈近现代文物藏品在利用中的保护问题[M]//北京博物馆学会保管专业委员会.博物馆藏品保管学术论文集.北京:北京燕山出版社,2004:372-380.

③　秦素银.试论现代藏品保管与藏品利用[M]//北京博物馆学会.博物馆藏品保管学术论文集:北京博物馆学会保管专业第四—八届学术研讨会论文选编.北京:中国林业出版社,2009:123-127.

④　张佳佳.市场经济条件下博物馆藏品开发与利用[D].长春:吉林大学,2007:19-21.

⑤　许俊平.博物馆藏品利用存在的问题及对策[J].中原文物,2001(3):78-80,85.

⑥　于彦.博物馆藏品利用问题及对策研究[J].中国民族博览,2018(4):226-227.

⑦　潘郁生.博物馆免费开放与提高馆藏品利用率的思考[M]//吴伟峰,黄启善,谢日万.博物馆免费开放的思考:广西博物馆首届学术研讨会论文集.南宁:广西科学技术出版社,2009:49-59.

利用效率的方法,阐述了库房开放的方式、原因、目的、意义、途径等。① 王金梅立足山西博物院的工作情况,总结其通过举办展览、专业讲座,开展宣传教育和文化创新,鼓励科研,建立文物藏品档案,利用文物藏品信息,鼓励文物捐赠来提高藏品利用效率。② 涂晓庞提出美术馆应在加大经费的投入,加快人才培养,举办各种展览,开发藏品衍生品,共享藏品信息宣传,开拓展览空间,保护藏品著作权等方面提高藏品利用效率。③ 魏巍分析了西方博物馆经验,从构建科学收藏体系、实现文物资源共享、推动文物藏品社会化、创造多元资金思考藏品利用。④ 许俊平提出四点建议:更换展品、提高陈列密度、解放思想改革体制、打破垄断。⑤ 崔超指出通过加强政府支持、增加资金投入,完善规章制度、实行科学管理,加强研究利用、提升经济效益,做好宣传引导、发动公众参与等策略加强博物馆文物藏品保护与利用。⑥ 于彦提出以下对策:树立全新管理理念,提高博物馆活力;加强博物馆间交流,实现大规模展览;拓宽资金来源,促进博物馆发展;强化博物馆内部学习,积极传播历史文化知识;文创开发提高文物利用率,做好文化普及。⑦ 殷华借鉴国内外博物馆成功经验提出对应的措施与建议。⑧ 焦丽丹从展览、科研、藏品数字化、文化衍生品开发、教育服务等方面对提高馆藏文物利用加以探讨。⑨ 潘郁生从加大经费投入、加大馆藏文物研究力度、充分发挥展场使用率三个方

① 谭小荣.博物馆藏品库房面向社会开放的几点思考:来自大庆博物馆"展厅晒库房"的启示[M]//广西博物馆协会,广西壮族自治区博物馆.博物馆藏品架起沟通的桥梁:广西博物馆协会首届学术研讨会暨广西壮族自治区博物馆第七届学术研讨会论文集.南京:广西科学技术出版社,2014:54-63;单适,黄洋.基于提高藏品利用率开放博物馆库房的探索[J].博物院,2018(1):20-27.

② 王金梅.博物馆藏品利用率提升浅析:以山西博物院为例[J].文物世界,2017(2):68-70.

③ 涂晓庞.加快国有美术收藏 提高藏品利用率[N].中国文化报,2014-02-16(3).

④ 魏巍.博物馆文物藏品利用研究[D].济南:山东大学,2015:57-68.

⑤ 许俊平.博物馆藏品利用存在的问题及对策[J].中原文物,2001(3):78-80,85.

⑥ 崔超.浅析博物馆文物藏品保护与利用策略[J].文物鉴定与鉴赏,2018(8):110-111.

⑦ 于彦.博物馆藏品利用问题及对策研究[J].中国民族博览,2018(4):226-227.

⑧ 殷华.博物馆藏品搜集、保护、利用的认识与建议[J].戏剧之家,2014(10):256-257.

⑨ 焦丽丹.如何让馆藏文物"活起来"[J].中国博物馆,2015(3):30-34.

面提出对策建议。[①] 张佳佳针对博物馆自身存在的内部原因和外部原因提出了日常实践工作的建议。[②] 许捷等认为活化利用博物馆藏品可从藏品数字化、藏品研究、价值阐释及利用渠道进行思考。[③] 何宏、李湛从科研、展陈方式、传播、藏品的再创造构建博物馆系统的藏品利用观。[④] 汪培梓、李萍认为需首先摸清家底、加强研究充分挖掘文物价值、多渠道展示、促进藏品馆际共享等,是让馆藏文物"活起来"的必然选择。[⑤] 田利芳对"让文物活起来"的建议是转变观念,通过借展、联展盘活馆藏,陈列展览要生动活泼,开发社会教育项目和文化创意产品,建立数字化博物馆。[⑥]

随着信息技术的发展,博物馆藏品的数字化管理、建设成为一个重要研究方向,其中也有研究涉及"数字化利用"。温思琦从藏品数字化建设、促进文物数据的资源馆内外共享交流、加强藏品数据管理和展览数据管理,探讨文物资源活化利用与数据管理之间的关系。[⑦] 郝士伯指出中小型博物馆对于馆藏的开发利用主要集中在陈列展览、研究保护、文化产品开发,导致利用率低的原因包括财政、人才、地方政策倾向性的影响,提出从公益性信息化和现代化的产业开发谋求突破。[⑧]

---

①　潘郁生.博物馆免费开放与提高馆藏品利用率的思考[M]//吴伟峰,黄启善,谢日万.博物馆免费开放的思考:广西博物馆首届学术研讨会论文集.南宁:广西科学技术出版社,2009:49-59.

②　张佳佳.市场经济条件下博物馆藏品开发与利用[D].长春:吉林大学,2007:25-45.

③　许捷,胡凯云,毛若寒,等.激活博物馆藏品:从博物馆工作流的视角[J].博物院,2018(2):76-86.

④　何宏,李湛.解读、传播与再创造:构建系统的博物馆藏品利用观[J].文物世界,2016(4):67-70.

⑤　汪培梓,李萍.当前馆藏文物展示与利用相关问题探析:兼谈如何让文物"活起来"[M]//中国博物馆协会城市博物馆专业委员会,郑州博物馆.城市博物馆规划与建设:中国博物馆协会城市博物馆专业委员会第九届学术年会论文集(2017·郑州).郑州:中州古籍出版社,2017:255-265.

⑥　田利芳.让馆藏文物活起来 让博物馆更接地气[J].人文天下,2015(12):42-46.

⑦　温思琦.浅谈藏品数字化与文物资源利用[M]//北京数字科普协会.数字博物馆发展新趋势,北京:中国传媒大学出版社,2013:132-137.

⑧　郝士伯.中小型博物馆信息化时代下藏品的利用方式解析:以淮安市博物馆为例[M]//江苏省博物馆学会.江苏省博物馆学会2014年度论文研讨会论文集.北京:文物出版社,2015:113-117.

21 世纪以来,一些大型博物馆对馆藏进行整理出版,是藏品利用的重要资料和研究内容,如《皇泽精藏——皇泽寺博物馆藏品荟萃》《清华珍藏——清华大学艺术博物馆藏品展》《湖北钱币博物馆藏品选》《梦回红山——天津健业红山文化博物馆藏品赏析》《上海行业博物馆藏品精选》《中国会计博物馆藏品集萃》《问陶之旅——古陶文明博物馆藏品掇英》《百年学府聚珍:西北大学历史博物馆藏品集》《中国人民革命军事博物馆藏品选》《中国古玉经典藏品鉴赏与研究》《湖南省博物馆藏品研究大系:馆藏古琴整理与研究》《龙门石窟研究院文物藏品集》,以及《伟大的博物馆》精评馆藏名作、《上海博物馆藏品研究大系》系列丛书、《故宫博物院藏品大系》(全 13 册)等。

1.3.2　国外研究概述

笔者搜集到的国外相关研究成果主要包括以下三个方面。

一是藏品具体利用方式。苏珊妮·基恩从利用藏品的具体方式——教育、娱乐、科学研究、自营收益等方式进行个案探索[①]。本杰明·理查德·安德鲁斯从开展社会教育活动的角度出发,探讨如何利用馆内藏品[②]。肖恩·J.麦克法伦从社会公众参与藏品利用的角度出发,收集社会大众对于馆内剩存的无法搭配利用的或难以修复的藏品的活化再利用的意见或建议[③]。

二是博物馆库房开放研究。刊物 Museums Associations 专门开设《博物馆实践》专栏,结合自身工作经验对开放库房进行案例分析讨论,交流经验[④]。伦敦大学学院考古协会学者针对伦敦科学博物馆展开了分析,指出其开放库房对于公众参与十分重视,同时也将博物馆的藏品视为公共资源加以有

---

① Suzanne Keene. Fragments of the world:Uses of Museum Collections[M]. UK:Butterworthe-Heinemann Ltd,2005:25-40.

② Benjamin Richard Andrews. Museum of Education,Their history and ues[M]. New York:Harper Collins General Books,2012:28-60.

③ Macfarlan J Shane. A Consideration of Museum Education Collections:Theory and application[J]. Curator:The Museum Journal,2001,44(2):166-178.

④ 单适,黄洋.基于提高藏品利用率开放博物馆库房的探索[J].博物院,2018(1):20-27.

效利用①。在期刊 *Journal of Museum Education* 中,有研究者对于博物馆库房开放所面临的问题进行了研究,并提出了利用开放库房实现藏品信息传达的策略②。

三是利用藏品开展学术研究。胡伊·巴顿通过对石器中存在的淀粉粒进行分析,从而判断石器加工食物的原理及其可以加工的种类,对石器工具的利用及其生业的形式有充分的了解,他的石器样本则是来自澳大利亚博物馆和皮特里弗斯博物馆的 11 件石器③。戴维·I. 吉布森从藏品入手,研究用于博物馆藏品的技术,蠕虫的收藏、固定和保护④。有的学者利用藏品进行同位素分析,研究古人食谱⑤。有学者利用神奈川县立自然历史博物馆存放的从火山表面收集的剥落标本,主要是箱根火山和相关次生层的第四纪火山喷发物,以及自然历史收藏品中的其他标本,研究火山坠落和流动单元、湍流序列、负荷铸造、坍落度、液化、小型变形结构等,它们对于观察和了解地质过程非常有用,因此适用于博物馆的展览和教育⑥。

1.3.3　小结

通过对国内外相关研究进行梳理,笔者发现:

第一,从研究资料和方法来看,对于博物馆藏品利用的探讨大都是定性分

---

① Caesar L G. Store Tours: Accessing Museums' Stored Collections[J]. Papers from the institute of archaeology,2007,18(S1):3-19.

② Kimberly Orcutt. The open storage dilemma[J]. Journal of Museum Education,2011, 36(2):209-216.

③ Barton H. Starch residues on museum artifacts: implications for determining tool use [J]. Journal of Archaeological Science,2007,34(10):1752-1762.

④ Gibson D I. Technology as applied to museum collections: the collection, fixation and conservation of helminths[J]. Systematic Parasitology,1984,6(4):241-255.

⑤ Rachlin J W, Warkentine B E. The Use of Museum Ichthyological Holdings for Initial Diet Studies[J]. Copeia,1987(1):214-216.

⑥ Seiji Ishihama, Tomohiro Kasama, Hiroyuki Yamashita, et, al. Conservation and Utilization of Surface Peel Specimens Collected from Real Outcrops of Hakone Volcano Ejecta, with Reference to Collection Building of Kanagawa Prefectural Museum of Natural History [〈Special Section〉Determination of the Construction of an Outcrop Database to Reveal Eruptive History (3)][J]. Bulletin of the Volcanological Society of Japan,2015,60(3):341-348.

析,未见对全国博物馆相关数据进行搜集、统计、整理,也没有对最能体现博物馆藏品利用效率的展出率进行定量的分析,这为作者提供了可研究的空间。作者利用数学建模和正态概率图、分位数-分位数图、Lasso 和 Logistics 回归、最小显著性差异法(LSD)、"Spearman"和"Pearson"相关系数等统计学方法分析我国博物馆藏品展出率和影响博物馆展览数量的因素,以此窥见我国博物馆藏品利用的基本情况。

　　第二,从研究视角来看,目前所见国内关于博物馆藏品利用效率的研究程度较浅,主要集中在利用存在的问题、藏品利用方式、原因、解决办法、藏品数字化等方面,大多从资金缺乏、利用理念狭隘、缺乏人才、研究不足、政策缺失、场地限制、外部缺乏合作等方面分析利用效率低的原因,从与之对应的方面提出解决方案、策略,或空泛,或操作性不强。这为作者从新视角、新理念出发思考提高博物馆藏品利用效率的策略提供了研究的可能性。在现有条件下,无法马上解决以上问题,信息技术的发展为解决博物馆藏品利用效率低提供了新的思考方向,引入"智慧"理念是很有必要的,本书立足于我国博物馆藏品利用的实际情况,从科学的视角出发,探索智慧型藏品利用方式。

2

藏品利用——藏品价值的实现

　　博物馆的藏品是人类重要的文化遗产,是博物馆功能发挥的物质基础,博物馆开展的一切业务工作都与藏品密切地联系在一起。2002 年《世界文化报告》指出,以价值观念为核心在遗产保护领域的项目计划中越来越受关注①。价值是文化遗产保护中的核心问题,笔者认为在博物馆领域,与藏品保护相对应的藏品利用的核心也是价值,明确藏品价值及其利用不仅能促进公众与博物馆的交流与互动,通过价值传播,使观众参与到博物馆的各项活动中来;还可以通过藏品价值的挖掘丰富博物馆藏品利用方式,使博物馆从重视历史价值的保护转变为对公众服务的重视。关于价值的讨论多见于经济学、哲学、社会学与心理学领域,最初"价值"是指经济意义上的交换价值,逐渐延伸到其他更为广泛的领域。在文化领域,"文化的功能决定文化的价值"②,对于博物馆藏品而言,博物馆的功能决定了藏品利用的价值类型。根据博物馆功能发挥的特定性,结合当前国内外对于历史文化遗产价值的总体认识,本章将从博物馆藏品的本体价值、情感价值、发展价值三方面进行阐述,其中,本体价值是价值的本源和基础,情感价值和发展价值是附属和延伸价值,同时对藏品价值利用的具体方式进行分析说明。

---

　　① 陈蔚,胡斌,何昕.当代我国历史文化遗产价值体系的构成[J].重庆建筑大学学报,2006,28(02):24.
　　② 庄孔韶.人类学概论[M].北京:中国人民大学出版社,2006:53-64.

2.1 藏品价值体系

藏品是文化遗产的重要组成部分,博物馆的藏品中也有部分是文物藏品,因此笔者在构建博物馆藏品价值体系时将与藏品、文物、文化遗产相关的讨论都纳入讨论范围。

2.1.1 国内相关价值体系论述

国内相关价值体系的论述包括两个方面:一是政策法规中关于价值类型的规定,二是专家学者对于相关价值体系的阐述。表 2-1 中综合了新中国成立后关于文物、藏品、文化遗产相关法律法规中对价值做出的规定,从表格中可以看出随着时代的发展和理念的变化,人们对于价值的认识逐渐深入、全面。新中国成立后,1950 年颁布《古迹、珍贵文物图书及稀有生物保护办法》,指出要加强对具有革命、历史、艺术价值的建筑、文物、图书等的保护。1953 年颁布《关于在基本建设工程中保护历史及革命文物的指示》,其背景正是由于新中国成立以来全国各地基础工程设施不断进行,地面建设对古建筑、革命纪念建筑的破坏,发现地下古文化遗址、古墓葬等,文件重点阐述了对具有革命意义的文物进行保护,加强对历史价值、纪念价值的认识。20 世纪 60 年代开始,对于文物的价值认知范围扩大,主要侧重于物质文化遗产,开始出现历史价值、艺术价值、科学价值、史料价值等表述,这些价值定位的表述也为之后的法律法规所继承。1982 年颁布的《中华人民共和国文物保护法》,作为我国文化领域第一部由国家最高立法机构颁布的法律,进一步确立了"三大价值"的核心地位,2001 年颁布的《文物藏品定级标准》规定藏品主要从历史、艺术、科学等价值层面着手对其等级进行确认。我国自 1985 年加入《保护世界文化和自然遗产公约》以来,"文化遗产"的概念被引入国内,得到普遍重视,同时对国内传统的文物价值观念产生影响,我国进一步认识到文化遗产资源是世界各国文化多样性的体现,文化遗产的文化价值渐渐得到普遍认可,2006年《世界文化遗产保护管理办法》明确提出要进一步"发掘并展示世界文化遗产的历史和文化价值",文化价值开始进入文化遗产的核心价值体系。近几年,"让文物活起来"成为一个越来越响亮的口号,国家也出台了一些加强文物利用的文件,强调文物的文化价值和时代价值,指出要在新时代加强对文物保护利用传承的全面统筹工作,有效提升中华民族优秀传统文化的影响力。

表2-1   国内法律文件中相关价值的规定①

时间	政策法规名称	价值类型	相关内容
1950年	《古迹、珍贵文物图书及稀有生物保护办法》	革命价值、历史价值、艺术价值	各地原有或偶然发现的一切具有革命、历史、艺术价值之建筑、文物、图书等
1953年	《关于在基本建设工程中保护历史及革命文物的指示》	历史价值	具有重大历史意义的地面古迹及革命建筑物,应予保护
1956年	《关于在农业生产建设中保护文物的通知》	纪念价值	历次革命战争中有重要纪念价值的地点。……对于具有重大价值的文物,应该报请文化部处理
1961年	《文物保护管理暂行条例》	历史价值、艺术价值、科学价值、纪念意义、史料价值	具有纪念意义和史料价值的建筑物、遗址、纪念物等;具有历史、艺术、科学价值的古文化遗址、古墓葬、古建筑、石窟寺、石刻等
1963年	《文物保护单位保护管理办法》	历史价值、艺术价值、科学价值、纪念意义	具有历史、艺术、科学价值和纪念意义而必须原地保护的文物
1978年	《博物馆藏品保管试行办法》	历史价值、艺术价值、科学价值	博物馆藏品必须具有历史价值、艺术价值和科学价值

---

① 苏卉,占绍文.文化遗产资源的价值认知及其变迁[M]//上海交通大学国家文化产业创新与发展研究基地.中国文化产业评论.上海:上海人民出版社,2015(2):223-225.(作者对表格内容进行了增删)

续表 2-1

时间	政策法规名称	价值类型	相关内容
1982 年	《中华人民共和国文物保护法》	历史价值、艺术价值、科学价值、史料价值	具有历史、艺术、科学价值的古文化遗址、古墓葬、古建筑、石窟寺和石刻、壁画;具有重要纪念意义、教育意义或者史料价值的近现代重要史迹、实物、代表性建筑;具有历史、艺术、科学价值的手稿和图书资料等
1986 年	《博物馆藏品管理办法》	历史价值、艺术价值、科学价值	藏品必须具有历史的或艺术的或科学的价值
1987 年	《关于进一步加强文物工作的通知》	历史价值、艺术价值、科学价值	只有通过科学研究,不断深化对文物本身固有的历史、艺术、科学价值的认识,才能更好地发挥文物的作用
2001 年	《文物藏品定级标准》	历史价值、艺术价值、科学价值	具有特别重要历史、艺术、科学价值的代表性文物为一级文物
2002 年	《中华人民共和国文物保护法(修订)》	历史价值、艺术价值、科学价值、史料价值	相关内容同 1982 年《中华人民共和国文物保护法》
2005 年	《关于加强文化遗产保护的通知》	历史价值、艺术价值、科学价值	物质文化遗产是具有历史、艺术和科学价值的文物
2006 年	《世界文化遗产保护管理办法》	历史价值、文化价值	发掘并展示世界文化遗产的历史和文化价值
2015 年	《中国文物古迹保护准则》	历史价值、艺术价值、科学价值、社会价值、文化价值	文物古迹的价值包括历史价值、艺术价值、科学价值以及社会价值和文化价值
2016 年	《关于促进文物合理利用的若干意见》	历史文化价值、时代价值	深入挖掘和阐发文物资源承载的历史文化价值和时代价值
2018 年	《关于加强文物保护利用改革的若干意见》	文化价值、时代价值	广泛传播文物蕴含的文化精髓和时代价值

　　除了以上法律法规中涉及的历史价值、艺术价值、科学价值、文化价值、时代价值以外,学术界对于与藏品有关的价值理论进行了广泛的研究和讨

论,随着社会经济环境的变化,以及发展公共文化服务的需求,学者们对于相关价值认识更加多元化,笔者主要总结了与"三大价值"不同的价值论述。

20世纪80年代,学术界开始对文物价值展开讨论。改革开放之下,社会环境逐渐宽松,而经济也得到了飞跃发展,人们的思想得到了解放,进入空前活跃阶段,该阶段基于《中华人民共和国文物保护法》确定的"三大价值"总基调,学者们一方面侧重文物传统价值观点的讨论和延伸[①],另一方面强调要发掘文物的其他价值,提出要评估藏品的价值,包括藏品的商业价值[②]。

20世纪90年代,文博界在新的经济环境下思考实现自身功能,新思想充实进博物馆理论,对文物价值进入了深入研究探讨阶段。一些研究拓展了文物价值的分类,彭捷认为文物具有历史、现实、将来三方面的价值[③];阮家新认为除了文物本身固有的内涵价值以外,应当还包括文物在流传过程中新增的外延价值[④]。一些研究充实了文物价值的内容,从不同的研究需求和角度阐述相关价值内容,凌波指出文物作为一种文化遗存具有双重价值,即物质价值和文化价值[⑤];彭捷从经济或政治价值、物质或精神价值、审美或文化价值等层面对文物进行了划分,而在实践中统称为科学价值、历史价值和艺术价值[⑥];吕舟认为建筑文物应该包括情感和文化价值[⑦]。

进入21世纪,博物馆免费开放政策的实施,对博物馆公共文化服务要求的提高,以及"让文物活起来"理念的普及,使学术界对于价值的讨论呈现多元化。

(1)从特定遗产类别出发,李新建、朱光亚提出,针对建筑遗产方面的分类,依据澳大利亚文物与藏品委员会的分类,称之为社会或情感价值[⑧];刘翔

①　谢辰生.文物有哪些价值和作用[J].文物天地,1984(3):44-45.
②　朱琳.论博物馆的藏品价值[J].中国博物馆,1986(4):10-12;杨海峰.博物馆应实行藏品价值评估制[J].中国博物馆,1989(2):83-84.
③　彭捷.文物三价值说[J].中国博物馆,1994(2):32-33.
④　阮家新.文物的特性与价值[J].中国博物馆,1994(4):31-33.
⑤　凌波.论文化遗存的双重属性与藏品的双重价值[J].中国博物馆,1991(3):59-64.
⑥　彭捷.论文化教育价值的生成和实现过程[J].中国博物馆,1992(2):82-84.
⑦　吕舟.文物建筑的价值及其保护[J].科学决策,1997(4):38-41.
⑧　李新建,朱光亚.中国建筑遗产保护对策[J].新建筑,2003(4):38-40.

在研究过程中选择工业遗产作为案例展开研究,指出文化遗产的价值是由必要价值与其他价值所构成,其中,必要价值又包含了历史、艺术、科学价值,其他价值包括使用价值、精神价值①;刘启振、熊礼明等人指出,对于农业文化遗产而言,可研究其可持续发展的价值②。

(2)从博物馆角度出发,宋向光指出,博物馆新经济情况下的价值取向应关注经济价值③;侯静波就藏品经济价值评估的必要性等相关问题进行探讨④。

(3)从文物角度展开讨论,蔡达峰在研究中表示,文物本身便拥有双重价值:一是物质价值,二是信息载播价值,而且其价值是在不断的发展过程中,随着时代精神与观念的发展而不断变化的⑤;徐嵩龄指出,文物本身具备了美学、精神学、历史学、文化人类学、社会学、科学等多重价值⑥;李晓东认为,文物的价值多种多样,而文化是其核心价值⑦;潘国刚指出文物具备绝对价值(历史、艺术、科学价值),相对价值(社会、经济价值)及文物价值的可持续发展性⑧;刘洪丽等以榆林窟为例提出文物历史、艺术、科学、文化、经济五大基本价值,并选取了 19 个次级文物价值⑨;刘牧等在研究的过程中选择了敦煌莫高窟作为案例,在研究的过程中指出,文物应该有审美、工具、象征三

① 刘翔.文化遗产的价值及其评估体系:以工业遗产为例[D].长春:吉林大学,2009:7-11.

② 刘启振,王思明,胡以涛.略论农业文化遗产价值类型划分及评价体系[J].古今农业,2015(1):75-83;熊礼明,李映辉.农业文化遗产可持续发展价值与策略探讨[J].求索,2012(5):159-161.

③ 宋向光.博物馆陈列的性质与价值取向[J].中国博物馆,2005(2):52-56.

④ 侯静波.试论博物馆藏品经济价值评估[J].北方文物,2010(2):108-111.

⑤ 转引自:黄明玉.文化遗产的价值评估及记录建档[D].上海:复旦大学,2009:63.

⑥ 徐嵩龄.文化遗产的保护与经营:中国实践与理论进展[M].北京:社会科学文献出版社,2003:125.

⑦ 李晓东.略论文物核心价值体系[N].中国文物报,2008-06-02(3).

⑧ 潘国刚.文物社会价值的实现与文物保护规划[D].昆明:昆明理工大学,2008:13-16.

⑨ 刘洪丽,张正模,郭青林.文物价值定量评估方法研究:以榆林窟为例[J].敦煌研究,2011(6):13-17.

重价值,而象征价值是其最为根本的一种价值体现①。

(4)从文化遗产的角度出发,陆建松基于文化遗产的层面展开研究,在研究中指出,文化遗产从本质上来看属于文化与知识资源,它的核心价值在于社会教育、历史借鉴等方面②;陈蔚、胡斌、何昕提出当代我国历史文化遗产价值体系中包括真实性、情感、文化、使用等价值③;丁援指出,文化遗产的价值共有三个不同的层次,一是基础价值层,二是社会与生态价值层,三是心理价值层④;有的学者强调文化遗产的本体价值,认为应该重识和回归文化遗产本体价值⑤;有的学者拓展三大价值,在此基础上转向文化价值、思想价值、经济价值、使用价值、功能价值⑥。

2.1.2　国外相关价值体系论述

国外对文化遗产价值体系的论述,既反映在诸多法律文件中,也反映在考古学家、艺术史学家、建筑学者等领域专家的理论研究和实践探索中。在表2-2中笔者以1931年的《关于历史性纪念物修复的雅典宪章》(以下简称《雅典宪章》)为起点,综合了20世纪30年代至21世纪时间跨度达70余年的相关国际性文件。《雅典宪章》中提出文物"具有历史、艺术、科学旨趣",

①　刘牧,邓静宜,王明明.文物价值的现象学分析:以敦煌莫高窟为例[J].敦煌研究,2015(6):114-121.

②　陆建松.文化遗产岂能"贴现"[N].解放日报,2003-06-30(6).

③　陈蔚,胡斌,何昕.当代我国历史文化遗产价值体系的构成[J].重庆建筑大学学报,2006(2):24-27.

④　丁援.文化线路:有形与无形之间[M].南京:东南大学出版社,2011:224.

⑤　宋峰,杨成.遗产本体价值的回归[J].文物世界,2009(1):43-44,63;葛承雍.中华文化遗产的历史形态与当代意义[J].中国文化研究,2011(2):26-31;傅斌.重识文化遗产本体与价值——兼谈文化人类学视角与文化遗产学建构[N].中国文物报,2014-12-12(3).

⑥　吕舟.论遗产的价值取向与遗产保护[J].城市与区域规划研究,2009(1):44-56;蔡靖泉.文化遗产价值论析[J].三峡大学学报(人文社会科学版),2010,32(1):76-86;余佳.文化遗产价值探讨[J].科协论坛,2011(3):185-186;吕舟.基于价值认识的世界遗产事业发展趋势[N].中国文物报,2012-02-13(5);段清波.论考古学学科目标和文化遗产的核心价值[J].中原文化研究,2016(3):87-94;苏卉,占绍文.文化遗产资源的价值认知及其变迁[A].上海交通大学国家文化产业创新与发展研究基地.中国文化产业评论[C].上海:上海人民出版社,2015(2):223-225.

奠定了国际文化遗产价值观念的三种基本价值类型,之后的国际遗产法律文件对文化遗产价值的列举越来越丰富多样,针对不同的文化遗产类型的法律文件问世,对遗产价值的表达逐渐细化。从《海牙民事诉讼程序公约》(1954)、《威尼斯宪章》(1964)到《保护世界文化和自然遗产公约》(1972)主要关注的是文化遗产的三大基本价值及纪念意义。1975年的《建筑遗产欧洲宪章》针对建筑遗产进行了深入的研究,指出建筑遗产不仅具有精神、社会、文化与经济层面的价值,同时还带有直觉的感情价值[①]。1979年《巴拉宪章》是首部着重强调文化价值的法律文件,指出文化最为重要的意义是对于过去、现在、未来各个时期的美学、科学、社会、精神、历史层面的价值,这是文化遗产价值由注重历史价值向注重文化价值的一个转向。1987年《世界文化遗产公约》第二章第二条对于建筑遗产与历史环境价值组成方面进行了详细的阐述,它是迄今为止西方针对历史文化遗产价值构成所做的相对完善阐述的总结,主要涉及历史真实性、情感价值、科学美学及文学、社会价值四大部分[②]。《华盛顿宪章》《保护水下文化遗产公约》《下塔尔宪章》《西安宣言——关于古建筑、古遗址和历史区域周边环境的保护》分别针对历史城镇、水下文化遗产、工业遗产、古建筑、古遗址和历史区域周边环境提出符合遗产类型的价值分类,充实了文化遗产的价值理念,逐渐形成较为完整的遗产价值认知体系,除了对历史、艺术、科学三大价值认识越来越系统、深入,文化价值、精神价值、社会价值、审美价值等可视为遗产价值认识上的进展。

表2-2　国际文件中关于文化遗产价值表达[③]

时间	政策法规名称	价值表述	相关内容
1931年	《雅典宪章》(历史纪念物雅典修复宪章)	历史价值、艺术价值、科学价值	具有历史、艺术、科学旨趣

---

① 黄明玉.文化遗产的价值评估及纪录建档[D].上海:复旦大学,2009:53.

② 陈蔚.我国建筑遗产保护理论和方法研究[D].重庆:重庆大学,2006:24.

③ 黄明玉.文化遗产的价值评估及纪录建档[D].上海:复旦大学,2009:13-17,52-24.(作者对表格内容进行了重新整理)

续表 2-2

时间	政策法规名称	价值表述	相关内容
1954 年	《海牙民事诉讼程序公约》(武装冲突情况下保护文化资产公约)	历史价值、艺术价值、考古价值	考古遗址、作为整体具有历史或艺术价值的建筑群;艺术品具有艺术、历史或考古价值的手稿、书籍及其他物品
1964 年	《威尼斯宪章》(国际古迹遗址维护与修复宪章)	纪念价值、历史价值	纪念物概念不仅适用于伟大的艺术作品,也适用于随时间流逝而获得文化意义的过去平庸之作
1967 年	《基多规范》(The Norms of Quito)	从经济学角度讨论遗产价值	遗产作为一种经济资源,应在不减损其历史与艺术重要性下,提升其利用性和价值,以使大众可以认知与享受
1972 年	《保护世界文化和自然遗产公约》	历史价值、艺术价值、科学价值	从历史、艺术或科学角度看具有突出的普遍价值的建筑物……
1975 年	《建筑遗产欧洲宪章》	精神价值、社会价值、文化价值、经济价值、情感价值	建筑遗产除了具有精神、社会、文化与经济价值外,人们对于建筑遗产的价值有一种直觉的感情
1979 年 (1981,1988,1999 年修订)	《巴拉宪章》	文化价值(美学、历史、科学、社会或精神的价值)	文化重要意义指对过去、现在、未来世代的美学、历史、社会或精神的价值
1987 年	《世界文化遗产公约》	历史真实性价值、情感价值、科学美学及文化价值、社会价值	建筑遗产与历史环境的价值组成主要内容包括四个部分:历史真实性价值、情感价值、科学美学及文化价值、社会价值
1987 年	《华盛顿宪章》	历史价值、城市文化价值	除了其历史文献作用,也体现着传统的城市文化的价值
2001 年	《保护水下文化遗产公约》	文化价值、历史价值、考古价值	位于水下的具有文化、历史、考古价值的所有人类生存的遗迹
2003 年	《下塔尔宪章》	历史价值、科技价值、社会价值、建筑价值、科学价值	指工业文明的遗存,它们具有历史、科技、社会、建筑或科学的价值

续表 2-2

时间	政策法规名称	价值表述	相关内容
2005 年	《西安宣言——关于古建筑、古遗址和历史区域周边环境的保护》	社会价值、精神价值、历史价值、艺术价值、审美价值、自然价值、科学价值	其重要性和独特性在于它们在社会、精神、历史、艺术、审美、自然、科学等层面或其他文化层面存在的价值

　　国外学者对于文化遗产价值的表述涉及单体建筑、实质物件,也论及遗产整体环境,根据遗产实际内容的不同,涵盖的价值层面也越加复杂和多样,如此一来某些价值类型不会僵硬地定格在某些形态的遗产当中,详见表2-3。西方最早提出古迹价值体系的是奥地利艺术史家阿洛伊斯·里格尔,1903 年在其作品《古迹的现代崇拜:其特征与起源》中将古迹价值划分为两种:一是纪念性价值,二是当代价值。其中,前者又包括了岁月、历史、有意义的纪念价值;后者又包括了使用、艺术、附加、相关艺术价值。依据其所呈现出来的不同价值,采取不同的保护策略,举例而言,针对古老的、缺失多的一些古迹,应加强岁月价值层面的保护力度,而年代相对较近的古迹,应加强历史价值的保护[①]。20 世纪 80 年代起,国际领域越来越认可文化的多样性,针对文化遗产而言,不仅基于物质层面对其进行衡量,还将其置于一个复杂的历史结构和社会脉络中思考。1982 年伯纳德·费尔顿出版《历史建筑保护》,他在书中对历史建筑的价值进行了划分,将其分为三种——情感价值、文化价值、使用价值。其中,文化价值属于广义层面的文化,具体是指文献层面的、历史层面的、人类学层面的、美学、生态学、科学性等多个方面的文化价值[②]。美国学者莱普整合了文化与经济两方面的价值,指出文化资源存在着四大价值体系,分别是象征价值、信息价值、美学价值、经济价值,

　　① 陈平.里格尔与艺术科学[M].杭州:中国美术学院出版社,2002:315-352.

　　② FEILDEN B M: Conservation of Historic Buildings [M]. Princeton: Architectural Press,1982:6.

而其价值的定义又与人们对于资源的实际使用目的直接相关①。俄国学者普鲁金基于修复的角度指出建筑遗产可以分为内在价值与外在价值,并进一步将其划分为六大价值。内在价值主要是指纪念意义,比如历史性的、美学性的、结构性的价值等;而外在价值主要是指城市规划环境、城市规划价值等②。霍尔和麦克阿瑟于1993年提出,遗产具有四个相互关联的意义:经济意义、社会意义、政治意义和科学意义③。弗雷从经济维度讨论和研究遗产价值④。英格兰遗产以英国1983年所成立的法人团体为依据,这也是当前英国政府针对法定历史遗产保护所设立的唯一官方顾问,1997年提出文化价值、教育与学术价值、经济价值、资源价值、休闲娱乐价值、美学价值的价值分类⑤。1998年尤噶·尤基莱托脱离出世界遗产突出普遍价值(OUV)评估体系,对文化遗产利用文化价值、当代社会—经济价值重新定义。当代社会—经济价值是在对文化遗产进行保护的过程中要重视的一个重要问题,文化与当代社会—经济价值共同构成了文化遗产在当前时代里的价值体系⑥。美国学者兰德尔·梅森在盖蒂保护中心出版的《文化遗产的价值评估》研究报告中将文化遗产价值分类为社会文化价值、经济价值⑦。戴维·思罗斯比指出,通过将遗产的文化价值分解为各个构成要素以厘清文化价值概念的方法,既是文化价值评估的基础,也是突显其相对于经济价值重要

---

① 转引自:黄明玉.文化遗产的价值评估及纪录建档[D].上海:复旦大学,2009:58-59.

② 普鲁金.建筑与历史环境[M].韩林飞,译.北京:社会科学文献出版社,2011:48.

③ 戴伦·J.蒂莫西,斯蒂芬·W.博伊德.遗产旅游[M].程尽能,译.北京:旅游教育出版社,2007:12-13.

④ 转引自:黄明玉.文化遗产的价值评估及纪录建档[D].上海:复旦大学,2009:57.

⑤ 戴伦·J.蒂莫西,斯蒂芬·W.博伊德.遗产旅游[M].程尽能,译.北京:旅游教育出版社,2007:12-13.

⑥ 转引自:丛桂芹.价值建构与阐释:基于传播理念的文化遗产保护[D].北京:清华大学,2013:94.

⑦ Randall Mason. Assessing Values in Conservation Planning:Methodological Issues and Choices[M]//Marta de la Torre. Assessing the Values of Cultural Heritage. L. A. :The Getty Conservation Institute,2002:5-10.

性的有力支撑①。伊森、霍尔顿在遗产功能与价值的研究过程中引入了经济学、公共价值、人类学等多种不同的学科知识。2006 年,"发展遗产公众价值"大会在伦敦召开,大会将遗产价值分为内在价值、工具性价值、组织性价值三大类②。德瑞克·吉尔曼所著的《文化遗产的理念》是专门针对文化遗产价值展开了深入研究的论著,他认为,遗产最终的价值是为了个体发展与利益,文化遗产的价值存在着被建构的特质,对于遗产的解释有可能与其最初建筑时的目的存在着差异,人们在对遗产价值进行解释的过程中,通常是基于自己不同的目的出发进行理解③。乔治·史密斯等主编的《当代社会中的遗产价值》基于多个层面对文化遗产的价值展开了讨论,包括社会文脉中的遗产价值和意义、政策管理与遗产价值,以及遗产价值与世界遗产的关系等,同时,他还针对遗产价值传播等相关的问题展开了讨论,甚至探究了遗产价值在学校教育中的存在形式等④。

表2-3　国外学者关于文化遗产价值的表述⑤

提出者及提出时间	文化遗产价值构成要素
阿洛伊斯·里格尔 (A. Riegl),1903	纪念性价值(岁月价值、历史价值、有意义的纪念价值);当代价值(使用价值、艺术价值、附加价值、相关艺术价值)
伯纳德·费尔顿,1982	情感价值、文化价值和使用价值

① 戴维·思罗斯比.经济学与文化[M].王志标,张峥嵘,译.北京:中国人民大学出版社,2011:33;秦红岭.基于城市设计视角的建筑遗产文化价值构成及评估[J].中国名城,2017(1):11-16.

② 丛桂芹.价值建构与阐释:基于传播理念的文化遗产保护[D].北京:清华大学,2013:94.

③ Gillman D. The Idea of Cultural Heritage [M]. New York:Cambridge University Press,2010:20-58.

④ Smith G,Messenger P M,Soderland H A. Heritage Values in Contemporary Society [M]. Calif.:Left Coast Press Inc,2011:23-56.

⑤ 该表部分内容根据 Randall Mason. Assessing Values in Conservation Planning:Methodological Issues and Choices[M]//Marta de la Torre. Assessing the Values of Cultural Heritage. L. A.:The Getty Conservation Institute,2002:5-10;黄明玉.文化遗产的价值评估及纪录建档[D].上海:复旦大学,2009:57-62.等文献综合整理。

续表 2-3

提出者及提出时间	文化遗产价值构成要素
莱普,1984	信息价值、美学价值、经济价值、联想/象征价值
普鲁金,1993	历史价值、城市规划价值、建筑美学价值、艺术情绪价值、科学修复价值、功能价值
霍尔、麦克阿瑟,1993	经济、社会、政治和科学意义和价值
弗雷,1997	货币价值、选择价值、存在价值、遗赠价值、声望价值、教育价值
英格兰遗产,1997	文化价值、教育与学术价值、经济价值、资源价值、休闲娱乐价值、美学价值
尤噶·尤基莱托,1998	文化价值(身份、相关的艺术/技术价值、稀缺性价值);现代社会—经济价值(经济价值、实用价值、教育价值、政治价值、社会价值)
梅森,2002	历史价值(文化或象征价值、社会价值、精神或宗教价值、美学价值);经济价值(使用价值、非使用价值、存在价值、选择价值)
思罗斯比,2003	历史价值、美学价值、精神价值、社会价值、象征价值、真实价值、经济价值
伊森、霍尔顿,2006	内在价值、工具性价值、组织性价值
德瑞克·吉尔曼,2010	文化遗产的价值具有被建构的性质
乔治·史密斯,2011	社会文脉中的遗产价值和意义、政策管理与遗产价值

　　由国内外遗产价值梳理可以看出,国外遗产价值体系在研究的过程中,过去大多是基于艺术史、考古史、古迹保存维护、建筑遗产等多个学科展开研究,而近二三十年,开始不断地朝着遗产经济学、公共考古学、社会文脉价值等领域拓展。国内对于文物思想的研究传统历时较长,文化遗产观念的传入需要与传统文物思想进行嫁接,互相融合,并慢慢与国际遗产价值实现了对接,研究遗产价值,不仅可以在文物学、历史建筑保护等领域发挥作用,随着时代的发展以及人们认知的变化,目前在城市保护规划、旅游管理等多个领域都有相关研究成果。国内外关于文化遗产价值多元化的分类,如历史价值、艺术价值、科学价值、社会文化价值、经济价值、审美价值、精神价值、教育与学术价值、休闲娱乐价值等为本书从博物馆藏品利用角度出发探讨藏品价值奠定了基础。

2.1.3　博物馆功能与藏品利用的价值

我国博物馆肇始于 1905 年的南通博物院,新中国成立后,随着经济的复苏,社会的稳定,博物馆事业也进入了新的发展阶段。社会的进步、人民精神文化需求的提高,促使博物馆的社会角色不断发生改变,博物馆的功能也随之改变,不只是侧重保管、收藏文物,其经历了从片面认识到全面认识的发展过程,可从相关文件中窥见一二。

1951 年 10 月,由文化部颁布的《对地方博物馆的方针、任务、性质及发展方向的意见》对博物馆事业发展的总体任务进行了明确:实施爱国主义教育,帮助大众对历史、自然有更全面、深入的认知,培养其热爱祖国的情怀①。1956 年全国博物馆工作会议中,对于博物馆的性质进行了明确,指出博物馆具备三重性质:科学研究机关、文化教育机关、物质文化与精神文化遗存或自然标本主要收藏所。与此同时,对于博物馆的主要任务也进一步明确:服务科学研究、服务人民群众②。1979 年通过的《省、市、自治区博物馆工作条例》中指出:"博物馆是对于文物和标本进行收藏的重要机构,是对教育与科学进行研究的重要机构,是当前国内社会主义科学文化事业的核心组成。在不断的发展过程中,博物馆实现了对文物、标本的收藏,并展开相应的科学研究;可以以陈列展览的形式让人们对文物与文化有更多的了解;加强文化与历史知识的传递;推动了爱国主义教育;提升了全民科学文化水平③。"该条例继承了 1956 年"三重性质两项任务"的规定,有所变化的是突出了文物收藏的地位。改革开放以后,博物馆进入全新发展阶段,博物馆的理论探索和实践管理也日渐成熟和完善。2005 年颁布了第一部博物馆行业基础法规——《博物馆管理办法》,对博物馆的定义首次进行了明确,指出博物馆必须是由文物行政部门进行了审核之后、各级部门批准并获取相应的法人资格、可向公众开放的服务机构,它主要是对各种人类活动和自然环境见证物

---

① 单霁翔.关于博物馆的社会职能[J].中国文化遗产,2011(1):14.
② 王宏钧.中国博物馆学基础[M].上海:上海古籍出版社,2001:12.
③ 文化部文物局.中国博物馆学概论[M].北京:文物出版社,1985:29.

进行收藏、保护、研究、展示,属于非营利性的社会服务性机构[①]。2015 年 3 月 20 日,《博物馆条例》正式开始实施,这是我国首个针对博物馆实施的全国性法规文件,它将博物馆定义进一步修正为:以教育、研究、欣赏为主要目的,对各种人类活动和自然环境见证物进行收藏、保护、展示,经依法登记的非营利性组织[②]。比较而言,《博物馆条例》添加了"教育"的功能,同时指出教育功能是其最为核心的目的。

关于博物馆的功能,目前也有大量研究,早期对其定位为"收藏""保护",后逐步发展为"研究""陈列",其功能越来越多,随后又拓展了"教育""传播""交流""服务"等多种功能,由此来看,博物馆的功能也开始从物质向精神内涵层面发展。有研究者表示,教育是博物馆的核心功能,而收藏、研究、展览则属于其基本功能,保存、修复、整理、发现、解释、探索、传播、学习、休闲是延伸功能,外缘功能是经济功能[③]。我们可以认为现代博物馆的功能已经涵盖了收藏、保护、研究、展览、教育、旅游、休闲、传播、服务、经济等,让观众与博物馆有更广泛的接触,以充分发挥博物馆社会职能。

根据以上国内外关于文化遗产价值的总体认知及研究者对于博物馆功能的定性,笔者认为,藏品利用的价值可分为本体价值、情感价值和发展价值,其中本体价值是价值的本源和基础,情感价值和发展价值是附属和延伸价值,博物馆基本功能发挥与藏品利用价值关系见图 2-1。本体价值一般是指物质层面的价值,重视其作为历史物证遗产所具有的史料价值及所承载的历史价值、科学价值、审美价值等,具体利用方式表现在陈列展示、科学研究、藏品复制仿制、藏品著书出版、藏品外借等。在西方文化遗产价值体系里,情感价值主要是针对建筑遗产提出的,本书中针对博物馆藏品利用主要指教育、情感认同、宣传方面,具体利用方式表现在公众教育、配合学校教学、影视宣传等。以《国家宝藏》为例,节目一经播出便引发文化新热潮,以国宝作为宣传的一个重要的因素,实现了历史与现实之间的衔接,一方面让观众感受到了历史文化的厚重,另一方面也让人们的文化自信得到有效提

---

① 《博物馆管理办法》第一章总则第二条[N].中国文物报,2005-12-28(3).
② 《博物馆条例》第一章总则第二条[N].中国文物报,2015-03-03(2).
③ 孟庆金.现代博物馆功能演变研究[D].大连:大连理工大学,2010:35-38.

升。发展价值是根据文化遗产的可持续发展利用提出的藏品利用价值类型,主要指动态的发展利用、可持续发展利用等,具体利用方式有数字化利用、文创产品等。举例而言,目前以故宫为代表的一批博物馆,对于文创产品的研发十分重视,这也给藏品赋予了时代的色彩,并且融入人们日常生活,实现了优秀传统文化的日常化传播①。

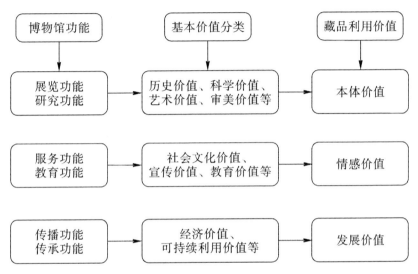

图2-1　博物馆基本功能发挥与藏品利用价值关系

2.2　本体价值利用

2.2.1　陈列展览

　　博物馆陈列展览具体是指在相应的空间之内,以展示空间、设备、技术等为平台,依据相应的主题、序列、形式,对学术研究资料、文物标本等实施不同的组合形式,从而让大众可以通过观察来实现文化的传播②。《中国大

①　李姣,陈洪海."智慧"让文物活起来[N].光明日报,2019-01-14(12).
②　单霁翔.解读博物馆陈列展览的思想性与观赏性[J].南方文物,2013(3):1-8.

百科全书·文物博物馆》对"陈列"有相应的定义:以文物、标本、辅助陈列品的科学组合,对社会、历史、科技、自然等发展过程中的一些规律,或者是某一类型的知识进行展示,让群众可以进行观览的各类科学、艺术、技术的综合体①。

陈列展览是博物馆传递藏品信息的一个重要途径,同时也是博物馆与观众最直接的沟通方式,其在博物馆藏品利用中占据着重要位置,是博物馆区别于其他机构的主要特征之一。历年《中国文化文物统计年鉴》数据显示,博物馆实行免费开放后,2009 年基本陈列 4853 个,临时陈列 9204 个,接待观众 3.27 亿人次,至 2018 年举办基本陈列 12 723 个,临时陈列 13 623 个,接待观众 10.44 亿人次,基本陈列增加了 162.2%,临时陈列增加了 48.01%,接待观众增加了 219.26%。② 一个展览的展品多则几万件,如南京博物院的"南都繁会·苏韵流芳——南京博物院基本陈列",展品 44 263 件③,少则几十件,如广西壮族自治区博物馆的临时展览"丹青桂韵——广西近代教育名家作品展",展品仅 36 件。除了国内的基本陈列和临时展览,我国积极开展对外交流,通过国家文物交流中心让国宝级藏品为世界各国人民所认识、了解和欣赏。

对于我国陈列展览水平的最佳诠释非"全国博物馆十大陈列展览精品"(以下简称"十大精品")莫属,中共十四届六中全会通过了《中共中央关于加强社会主义精神文明建设若干重要问题的决议》,明确指出要在文化领域形成精品意识,制定精品战略,创作出一批被群众喜爱的优秀作品④。在此基础之上,1997 年全国文物局局长会议开展过程中,时任文物局局长张文彬指出,要基于全国文博系统,开展精品工程,开展全国十大陈列展览精品评

---

① 中国大百科全书总编辑委员会.中国大百科全书 文物博物馆[M].北京:中国大百科全书出版社,2004:41.

② 中华人民共和国文化部.中国文化文物统计年鉴[M].北京:国家图书馆出版社,2010:150-151;中华人民共和国文化部.中国文化文物统计年鉴[M].北京:国家图书馆出版社,2018:338-339.

③ 国家文物局博物馆与社会文物司(科技司).博物馆陈列展览通览(2016)[M].北京:当代中国出版社,2017:376.

④ 中国共产党中央委员会.中共中央关于加强社会主义精神文明建设若干重要问题的决议[J].学习月刊,1996(11):2-9.

比活动,"十大精品"正是由此开始。此活动是国家文物局主办,多个单位共同承办,从1997年开始兴办,迄今共计完成了17届,共计有416个陈列展览获奖,其中精品奖、特别奖、提名奖、单项奖、优秀奖、优胜奖分别180个、20个、43个、58个、39个、56个,除此之外,还有国际及港澳台合作奖及其入围奖分别11个、9个。已有研究统计了第一届至第十四届的展览信息①,本书补充了第十五届、第十六届、第十七届全国博物馆十大陈列展览获奖信息(详见附表1)。吕军等人以实际陈列展览的内容作为主要依据,将获奖的陈列展览划分为多个不同的类别,最终的获奖名单中包含了古代历史类、近现代革命建设类、通史类、自然历史类、艺术类、科技类、综合类分别167个、122个、30个、27个、49个、10个、11个,古代历史类和近现代革命建设类展览所占比例最大,占总数的69.47%,其次是艺术类、通史类、自然历史类展览,占总数比重最小的是科技类展览,仅2.4%(详见图2-2),这说明我国博物馆展览主要以人文历史类为主,这与我国博物馆的类型及可移动文物类别是一致的。截至2018年年底,我国有4918家博物馆,其中涉及综合类、历史类、艺术类、自然科技类,分别是1772个、1709个、482个、182个,另有773个其他类型,综合类与历史类占70.78%。根据《第一次全国可移动文物普查数据公报》,以文物类别进行统计,数量最多的五个分别是:钱币、古籍图书、档案文书、陶器、瓷器,其数量分别达到了24 827 078件、11 912 756件、4 073 555件、2 287 469件、2 252 805件,在总数中的占比分别为38.75%、18.59%、6.36%、3.57%、3.52%。此五个类别的数量占比达到了70.78%②,它们构成了我国陈列展览的主要展品,决定着我国博物馆展览的类型。

---

① 吕军,张力月,袁函琳,等.历届全国博物馆"十大陈列展览精品"入选项目的类型与区域分布[J].中国博物馆,2018(1):90-101.

② 国家文物局.第一次全国可移动文物普查数据公报[N].中国文物报,2017-04-08(3).

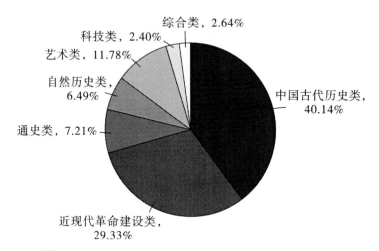

图2-2　历届"十大陈列展览精品"获奖项目类型数量统计

2.2.2　科学研究

　　藏品蕴含着历史、艺术、科学等价值内涵,是人类历史的见证物。藏品是博物馆的基础,科学研究则是博物馆的灵魂。我国的"藏品研究"可追溯到北宋时期的金石学,在此时期,赵明诚、欧阳修等一批有识之士致力于对古物的考证、研究、梳理等。博物馆领域的藏品研究是源于近代博物馆的不断发展,早期对"史料价值"颇为重视,随着博物馆公共教育功能的强化,博物馆藏品研究工作不断加强,它是博物馆科学研究的核心领域,为博物馆其他工作的开展提供坚实基础和动力来源。根据《中国博物馆学基础(修订版)》,"博物馆学中藏品研究,并不是针对于个别藏品进行研究,而是针对藏品的形成、内涵价值及其保存与社会价值的转化进行研究"①,笔者从以下三个方面分析博物馆藏品本体价值利用的重要部分——科学研究。

　　1.藏品物质实体研究

　　藏品的基本属性是其物质属性,这是藏品作为物质实体的研究对象。第一是选择藏品,在人类历史长河中,文化遗存浩如烟海,选择能说明历史

---

　　①　谢雨婷.博物馆学视野下的藏品研究不能忽视[N].中国文物报,2018-08-14(6).

发展和自然发展的典型藏品入藏,这些实物才是博物馆研究的可靠资料。第二是鉴定藏品的真伪,这是一项专业性极强的工作,不仅要鉴定藏品真伪,还要评定其蕴含的学术意义和价值,在研究时要将藏品放在其产生的特定历史环境中,查阅大量文献资料,并借助科学技术分析研究,得出科学的结论。第三是对藏品定名、分类等,比如描述其外部特征时,主要是描述其重量、尺度、颜色、造型以及纹饰等,这些都是基础性的研究,目前大多博物馆都可以完成。这一领域的研究可以为后期对藏品的信息探索及长期利用打下基础。

2. 藏品文化内涵研究

　　"博物馆并不只是对这些自然物件进行收藏,对于它们所具备的文化功能以及文化联系的收藏才是最重要的。"[①]物之所以被博物馆收藏,是由于它们包含了重要的社会属性、文化内涵,研究藏品的文化含量是藏品研究的中心内容。首先藏品具有历史价值,是人类在一定历史时期社会活动的产物,体现出了它形成时期的社会、经济、文化、艺术发展,在长期的历史沉淀过程中形成了独特的历史价值,不可再造。其次藏品具有艺术价值,受到艺术风格、文化认同、稀缺性等因素的影响,如四川广汉三星堆遗址出土的青铜人头像,古蜀先民用形象诡异、面目奇特的夸张表现手法展示神灵的神奇、粗犷、孔武。最后藏品具有科技价值,它也是前人利用了各种科学技术、手工技艺等进行不断传承。因此,揭示藏品的文化内涵,才能从深度和广度上揭示真实的古代社会。

3. 藏品价值传承与传播

　　一方面是藏品研究与陈列展览相结合,陈列展览是将藏品整合研究之后利用的一种重要形式,二者相辅相成。藏品在科学整理、深入研究之后,通过陈列展览来传递其所蕴含的文化内涵,从而在社会上形成自己的价值。只有基于藏品研究基础而形成的陈列展览,其内容才会更加丰富,底蕴会更足,并且富有灵魂,才能对观众产生极大的吸引力。另一方面是藏品研究与文创产品的结合,博物馆中存在着大量的资源,所有的藏品都十分独特,有

---

① 谢雨婷.博物馆学视野下的藏品研究不能忽视[N].中国文物报,2018-08-14(6).

着自己的文化内涵,在对馆藏充分研究的基础上,可以形成自己独有的品牌,具有原创性和可识别性。故宫博物院的文创产品是典型代表,据悉故宫博物院已研发 10 000 多种文创产品,不仅深入挖掘了藏品的传统文化内涵,还探索现代表达方式,实现传统文化与公众文化的完美"对接"。

2.2.3　文物复制、仿制

文物的复制、仿制具有十分悠久的历史,罗马人早在公元前便开始对希腊人的建筑以及艺术品进行仿制,目前我们所能见到的各种希腊雕塑,大部分属于罗马人进行仿制的。我国东周时期便开始有文物复制、仿制的现象,《韩非子·说林下》中记载:"齐伐鲁,索谗鼎,鲁以其赝往。齐人曰:'赝也'。鲁人曰:'真也'。"①

目前我国相关法律涉及文物复制与仿制还不多,仅在 1979 年《关于搞好古代文物复制、仿制工作有关问题的通知》以及 2011 年《文物复制拓印管理暂行办法》中提及"复制、仿制"的概念。1979 年的《关于搞好古代文物复制、仿制工作有关问题的通知》主要是为了适应旅游业的发展需求发布的,第四条指出:"对文物进行复制与仿制的过程中,要做到认真负责,确保其尺寸、外形、质感尽可能与原物的一致性,做到逼真效果。同时对其年代、出土地点与时间以及复制的单位都要标明,并用编号进行标明。在制作复制品时,不能制作太多,要做到少而精。仿制品的制作也要重视质量,达到精致美观的效果,不限其数量。"《文物复制拓印管理暂行办法》第二条指出:"馆藏文物在进行复制、拓印的过程中,可适用本法;馆藏物进行仿制时,则不适用本法。"基于此可知,该文件只对文物复制有效。并指出复制的过程中要保证其大小、形制、文字、图案等多种历史信息的完整传递,保证其与原文物的高度一致性。该规定包含复制外在形态和内在工艺两个方面的内容,同时指出,复制文物之后,其复制品也应明确标识,指明是复制品,通常情况下,复制品不能超过五件,大量流通的情形之下,便不能作为复制品了②。文

---

① 周晓陆.寻根与创新:文物与复仿制问题略谈[J].收藏,2013(13):172-174.
② 徐小青,穆森.文物复仿制品急需新法规[N].国际新闻报(鉴赏中国),2010-11-16(1-2).

物仿制品具体是指对文物外在形态基本特征的模仿制作,并不要求其与原文物完全一致,其他方面诸如材料、工艺等,都不要求与原文物保持一致。

博物馆进行文物复制、仿制是以文物藏品为依据进行的,其原因是多方面的,第一,基于文物保护复制藏品。任何事物都遵循发生、发展和灭亡的规律,文物也不例外,在博物馆由于使用、自然衰亡或者意外等原因,文物在发生量变和质变,向着损毁的方向发展,为了延长其"寿命",保持其固有面貌,应多用复制品代替使用。尤其对于博物馆内历史、艺术、科学价值极高的藏品,及时抢救复制,保存复制品,使之流传后世。故宫博物院刘玉复制"皇帝之宝"整体一件,复制的宝玺与原宝玺相比丝毫不差,早已被收藏于故宫[①]。第二,基于陈列展览复制、仿制藏品。例如南京太平天国历史博物馆举办的《太平天国文史展》,"洗四民安居乐业渝""常熟报恩牌坊碑序"是根据史料记载做出来的仿制品,让展览更加形象生动,观众也能更好地理解展览的内容[②]。第三,开发文创产品仿制文物。高仿文物精品是博物馆文创产品的重要类别之一,如彩页图1中国国家博物馆的四羊方尊工艺品摆件。四羊方尊具有重要的历史价值,通过购买摆件满足了公众"把博物馆带回家"的愿望。

藏品复制、仿制是博物馆重要工作之一,也是藏品本体价值利用的重要方式之一,为了弘扬历史文化,加强文物复仿制品及工艺技术的国内外交流,已举办了不少相关展览会。1996年9月6日,秦晋豫文物复仿制精品会上有数以百计的复制、仿制精品展示,其中分为青铜器、瓷器、陶器、木器、工艺品等多个类别[③]。2009年10月在上海东亚展览馆举办中国文物复仿制品及技术展览会,展示石器、陶器、铜器、书画、家具、雕塑等复制仿制品。2012年12月,"传承与创新——河南省文物复仿制品成果展"在洛阳拉开帷幕,此次共计参与展出的文物复仿制品企业达到30多家,涉及300多种代表作品,为

① 彭湘炜.铁笔柔豪写春秋——记故宫博物院书法篆刻家刘玉[J].文物天地,2011(1):48-51.

② 成仲旭,吴海涛.博物馆的文物复制[J].中国博物馆,1993(2):59-62.

③ 中国文物学会文物修复专业委员会.秦晋豫文物复仿制精品展销会在古城西安举办[A].中国文物学会文物修复专业委员会.中国文物修复通讯(第11期)[C].北京:中国文物学会文物修复专业委员会,1996(11):31.

复仿制品企业搭建一个互动、交流、合作的平台,其中对失传文物制作工艺进行研究的仿制品和文物复仿制品精品备受瞩目[①]。2018年9月28日,"到世界找敦煌——敦煌流散海外精品文物复制展"上,共计有120件展品参展,对敦煌藏经洞中已经流失的大量画作、经卷等进行了复制,展品选自英国不列颠博物馆、法国吉美博物馆、法国国家图书馆等机构[②]。

2.2.4　藏品著书出版

藏品著书出版是博物馆工作的重要组成部分,是促进博物馆发展、满足公众精神文化的需要,也是藏品本体价值传播传承的必然结晶。根据《中国文化文物统计年鉴》,2009—2018年各地区博物馆专著和图录数量详见附表2,剔除离群值之后的统计数据见表2-4,数据波动性较大,笔者认为是由于博物馆对于统计标准的理解不同导致所报数据不同,最终导致统计数据存在偏差,但是毫无疑问的是藏品著书出版是藏品本体价值利用的重要方式之一。从剔除离群值的专著、图录数量曲线图来看(见图2-3),其与博物馆数量的增长速率是一致的(见图2-4),总体呈波动性上升趋势。

表2-4　2009年—2018年博物馆出版的专著和图录数量

年度	博物馆数量(个)	专著或图录(册)	剔除离群值的专著、图录数量[③]
2009年	2252	12 530	500
2010年	2435	13 820	392
2011年	2650	1356	1264
2012年	3069	1827	1516
2013年	3473	882	774
2014年	3658	924	840

---

① 段伟朵,徐阳光.河南省文物复仿制品成果展将亮相洛阳博物馆[EB/OL].(2012-12-26)[2019-07-20].http://culture.people.com.cn/n/2012/1226/c22219-20024593.html.

② 田丽媛.到世界找敦煌——敦煌流散海外精品文物复制展精品选[N].甘肃日报,2018-10-04(4).

③ 离群值是指在数据中有一个或几个数值与其他数值相比差异较大。

续表2-4

年度	博物馆数量(个)	专著或图录(册)	剔除离群值的专著、图录数量
2015 年	3852	885	806
2016 年	4109	1022	934
2017 年	4721	7401	1322
2018 年	4918	1117	1117

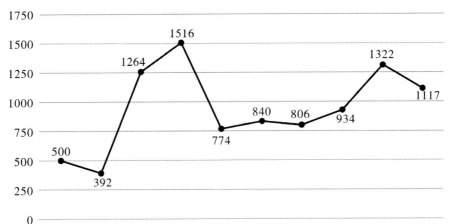

图2-3　剔除离群值的专著、图录数量曲线图

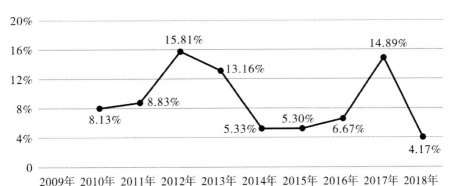

图2-4　博物馆数量增长率曲线图

藏品著书出版主要形式包括以下几种：

（1）博物馆馆藏珍品著书出版。此类主要以系列丛书的形式出版，如《故宫博物院藏品大系》《上海博物馆藏品研究大系》等，《故宫博物院藏品大系》（见彩页图2）是故宫博物院第一次对馆藏文物进行清点之后，对其整理成册的结果，在故宫180万件藏品中挑选15万件精品、典型文物，依据陶瓷、书法、青铜、玉石等26编进行编撰，整体规模可达五百卷，被称作为"纸上故宫"①。

（2）以展览为基础的展品著书出版。这一类型的出版物很多，如《珠联璧合——泛珠三角文物精品集》（见彩页图3A）。该书以参展的160件文物精品照片作为其主体，并结合参展的18家博物馆的信息，一方面将"珠联璧合——泛珠三角文物精华展"展示出来，另一方面也介绍了区域文化特色与藏品内涵②。

（3）地区藏品精品合集出版。如《内蒙古珍宝——内蒙古自治区精品文物图鉴》全书近20万字，共收录文物1200件，照片2000余幅，分为金银器、青铜器、陶瓷器、玉石器、民族与民俗、杂项六卷，上至旧石器时代，下至近现代，将内蒙古的整个历史发展脉络融汇于其中③。又如《陕西金文集成》（见彩页图3B），该书中涉及陕西地区商代中至三国期间的各种有铭铜器共计1973件，是当前关于陕西金文资料记录的最为全面的一本著录，依据地域排序，各地卷数不同，宝鸡占比最多，共8卷，其次是西安，共计4卷，其他几区为1卷，该书获评"2016年度全国文化遗产十佳图书"④。

（4）以考古发掘出土文物著书出版。如《金沙淘珍——成都市金沙村遗址出土文物》，该书中将2001年金沙村遗址梅园所出土的58件文物悉数记

---

① 故宫博物院.《故宫博物院藏品大系》新书发布［EB/OL］.（2011-01-12）［2019-09-12］.故宫博物院官网.https://www.dpm.org.cn/learing_detail/225859.html.

② 石俊会.《珠联璧合——泛珠三角文物精品集》出版［J］.四川文物，2005（3）:65.

③ 边吉.《内蒙古珍宝——内蒙古自治区精品文物图鉴》一书出版［J］.内蒙古大学学报（哲学社会科学版），2008（3）:64.

④ 国家文物局.2016年度全国文化遗产十佳图书［N］.中国文物报，2017-06-13（6-7）.

录在册①。又如《晋国奇珍——山西晋侯墓群出土文物精品》(见彩页图3C),将山西晋侯墓群出土的数千件文物进行了收录,以 9 组 19 座晋侯及其夫人墓展开编号排列,让读者感受时代的演变②。

2.2.5　藏品外借——以广东省博物馆 2017 年展览为例③

藏品外借是博物馆开展馆际交流的重要方式之一,同时也是让馆藏"走出去"的有效途径,更是对博物馆资源的整合、博物馆文化辐射力不断提升的重要方式。《博物馆藏品管理办法》第十九条规定:馆际之间藏品可相互支持、调剂余缺、互通有无。从展览的角度出发,藏品外借可以分为三种具体形式:出境展览、境内输出展览、藏品出借展。笔者以广东省博物馆为例探讨其藏品外借的基本情况,2017 年,广东省博物馆共计举办了各种基本陈列、原创展、交流展共 29 次,共计有 10 918 件展品参与展出,其中包含了2040 件借展展品,占总展品数量的 18.7%。

(1)出境展览④。藏品是博物馆与公众之间衔接的重要纽带,是本国公众与世界公众沟通、国际交流沟通的重要方式。2017 年广东省博物馆 5 个原创展在 4 个国家和 1 个特别行政区展出,共展出展品 617 件(详见表 2-5),占借展展品的 30.2%。广东省博物馆通过出境展览积极推动沿海文化走出国门,讲好中国故事,提升文化自信。

---

①　夏雨.《金沙淘珍——成都市金沙村遗址出土文物》出版发行[J].考古,2002(10):30.

②　戴定九.《晋国奇珍——山西晋侯墓群出土文物精品》出版[J].美术之友,2002(5):64—67.

③　该部分数据来源:广东省博物馆.广东省博物馆陈列展示中心年报[EB/OL].(2018-01-22)[2019-08-02].http://www.gdmuseum.com/webphone/index/ybxw84/497765/index.html?tz=1,2018-01-22.

④　依据《中华人民共和国出境入境管理法》第八章 附则第八十九条:出境,是指由中国内地前往其他国家或者地区,由中国内地前往香港特别行政区、澳门特别行政区,由中国大陆前往台湾地区。

表2-5　2017年度广东省博物馆境外展览

序号	展览名称	展览时间	合作单位	展品数量
1	明代贸易船:南澳一号	2016-11-29—2017-3-1	大韩民国国立海洋文化研究所海洋文物展览馆	199
2	东西汇流——十三至十七世纪的海上丝绸之路	2017-6-2—2017-9-15	德国汉堡国际海事博物馆	110
3	东西汇流——十三至十七世纪的海上丝绸之路	2017-8-28—2018-1-29	意大利罗马威尼斯宫国立博物馆	
4	牵星过洋:万历时代的海贸传奇	2017-11-3—2018-3-4	香港文物探知馆	160
5	中国制造——克莱姆莱茵河上的广州	2017-9-22—2018-3-18	荷兰阿美里斯维尔特庄园博物馆	80
6	白银时代——外销银器之来历与贸易	2017-12-19—2018-2-25	香港海事博物馆	68
合计				617

（2）境内输出展。目前,国内馆际交流展空前活跃,方式呈现多元化,各博物馆通过互换展览、巡回展览、联合办展等方式加强交流合作,提高藏品利用效率。2017年,广东省博物馆共推出6个原创展在6家省市级博物馆巡展,展品数量共991件(详见表2-6),占借展展品的48.6%,是博物馆藏品外借的主要方式。

表2-6　2017年度广东省博物馆境内输出展

序号	展览名称	展览时间	合作单位	展品数量
1	丝路帆远——海上丝绸之路	2017-3-5—2017-8-31	国家南海博物馆	55
2	重彩华章——广彩300年精华展览	2017-3-5—2017-5-7	天津博物馆	134
3	异趣同辉——清代外销艺术精品展	2017-4-16—2017-6-16	中国海关博物馆	89

续表2-6

序号	展览名称	展览时间	合作单位	展品数量
4	文物动物园——儿童专题展	2017-6-1—2017-8-31	金沙遗址博物馆	130
5	牵星过洋:万历时代的海贸传奇	2017-7-7—2017-10-9	中国港口博物馆	423
6	重彩华章——广彩300年精华展览	2017-11-14—2018-5-22	侨鑫博物馆	160
合计				991

(3)藏品出借展。藏品借展或出于基层博物馆因藏品、人力、财力等方面的制约,藏品丰富的大馆通过藏品出借解决小馆陈列展览问题;或出于大馆之间基于某一主题展览合作,集合相关文物办展。2017年广东省博物馆出借藏品432件/套支持了16家博物馆举办18场展览(详见表2-7),占借展展品的21.2%,广东省博物馆藏品出借主要是支持市级博物馆办展,既提高了本馆藏品利用效率,又解决了基层博物馆展览问题,达到双赢。

表2-7　2017年度广东省博物馆藏品出借展

序号	展览名称	展览时间	合作单位	展品数量
1	南海人文历史陈列,探海寻踪——中国水下考古与南海水下文化遗产保护	2017-3-1—2018-2-28	国家南海博物馆	63
2	永远的中国白——馆藏明清德化白瓷展览		南海博物馆	
3	永远的中国白——馆藏明清德化白瓷展览	2017-6-16—2018-1-15	顺德博物馆	142
4	永远的中国白——馆藏明清德化白瓷展览		祖庙博物馆	
5	永远的中国白——馆藏明清德化白瓷展览		中山博物馆	

续表 2-7

序号	展览名称	展览时间	合作单位	展品数量
6	"南粤藏珍——广东省第一次全国可移动文物普查展"	2016-12-16—2017-3-31	梅州中国客家博物馆	79
7	取借与变革:二十世纪前半期美术留学生的中国画探索	2016-11-18—2017-3-19	何香凝美术馆	7
8	曙色——二十世纪前期广东中国画变革之路	2017-3-7—2017-3-26	岭南画派纪念馆	30
9	伊秉绶书法艺术展	2017-6-16—2017-8-9	福建博物院	8
10	"关山月和他的时代"展览	2017-6-27—2017-7-21	深圳关山月美术馆	12
11	其命惟新——广东美术百年大展	2017-7-8—2017-9-24	广东美术馆	21
12	其命惟新——广东美术百年大展	2017-9-13—2017-9-24	深圳关山月美术馆	21
13	关山无限——纪念关山月诞辰105周年作品展	2017-10-31—2017-11-23	深圳关山月美术馆	2
14	健笔蟠龙——王铎作品展	2017-9-2—2017-10-15	浙江美术馆	8
15	天骨超俊——张穆艺术研究展	2017-10-20—2017-12-20	东莞莞城美术馆	11
16	桃花依旧——墓志上的唐代诗人与诗歌专题展览	2017-10-12—2018-1-12	西安碑林博物馆	1
17	圣贤之道——阴阳的故事	2017-10-30—2018-2-28	绍兴博物馆	2
18	CHINA与世界——海上丝绸之路沉船与贸易瓷器大展	2017-9-28—2018-9-28	南京市博物总馆	46
合计				432

2.3 情感价值利用

2.3.1 社会教育活动

博物馆对外开放是一种特殊的社会教育活动模式,大学教育的开放,只是针对一部分人,而博物馆却可以向所有需要的人开放,所以,人们也将博物馆叫作"人民的大学"①。伴随着公众精神文化需求的提高和对未知领域兴趣的增长,博物馆的教育功能日益凸显,开展社会教育活动是博物馆利用藏品、发挥藏品情感价值的重要方式。藏品及其所蕴含的文化因素与博物馆教育活动的开展紧密相连,对教育活动的设计、实施、效果有重要影响。藏品在教育活动中的应用方式可以分为四种,它们既相互联系,又各有特点②。

(1)直观性利用,是针对陈列展览的利用,主要形式是观众"走进来"和博物馆"走出去"。观众参观博物馆是博物馆传播藏品内涵的最基本途径,是每个博物馆最基本的接待工作。博物馆"走出去"是指展览进社区、军队、学校、乡村和企事业单位等,依托本馆藏品资源,了解各类观众的需求,为不同的主体定制不同内容的展览。广东省博物馆以"无边界博物馆"理念为核心,着力促使博物馆与社区两者之间形成"超级链接",2019年3月起,"越来粤幸福——广东省博物馆社区行"携"文物动物园——儿童专题展""厉害了,我的牙"两大主题展览与活动(见彩页图4),让博物馆"迁"至社区,并与居民近距离接触,让博物馆走进千家万户的生活之中③。2019年5月18日

---

① 休·吉诺维斯,玛丽·安妮安·德烈.博物馆起源[M].路旦俊,译.南京:译林出版社,2014:179.

② 乐俏俏.基于信息视角的博物馆藏品在教育活动中的应用探析[J].中国博物馆,2015(1):73—76.

③ 广东省博物馆.越来粤幸福——广东省博物馆社区行[EB/OL].(2019-04-04)[2019-08-10].http://www.gdmuseum.com/webphone/index/ybxw84/519597/index.html.

是国际博物馆日,浙江省博物馆举办了"观众节",将博物馆"搬"到了社区、学校等社会各个角落①。

(2)实践性利用,具体是指具有实践意义的教育活动,通过各类实践操作,引导观众参与到博物馆所举行的各种活动中去。它是基于藏品的各项信息,让大家动手进行仿制等活动,在活动过程中传播藏品知识,加深观众对藏品相关知识和技能的记忆。故宫博物院在 2019 年国际博物馆日开展"百人篆刻"主题活动(见彩页图5),印章及其篆刻技艺历史悠久,为了深刻理解这项中国传统技艺,在老师的引导之下,学生们现场对各种印章文物展开模仿篆刻。这些活动的开展,一方面让学生自己感受到篆刻文化的内涵,同时也得到了传统文化的洗礼②。

(3)探索性利用,主要指以观众为主体,它往往是让观众亲自参与进去,并在操作的过程中探索各种结果。观众要主动去参与、去思考、去操作,找出问题,回答问题。上海自然博物馆开发了"奇特的千足百喙"(见彩页图6)在内的 13 个系列课程,此次活动的举办,可以让参与者对于各种足、喙进行观察,了解其差异,并分析其与环境之间存在的内在关联,让参与者亲自动手制作的同时,对于鸟类的进化也有更多的认知,充分发挥博物馆的藏品优势,荣获 2015—2017 年度中国博物馆青少年教育课程优秀案例推介展示活动——"十佳"教学设计奖③。

(4)创造性利用,主要是为了培养观众的发散性思维、逆向思维,让观众发挥自主性和创新性,如鼓励观众对藏品进行天马行空的想象,并进行富有意义的创作活动,这对博物馆教育活动的设计提出了更高的要求。2019 年国际博物馆日,故宫举办"故宫艺术现场"大型艺术创作活动,此次活动的灵感源于"五行"知识,选择五种元素与"五行"相对应,并创设了五大主题,如

① 俞吉吉,朱银燕,陶东烨.518 国际博物馆日 浙江博物馆展览活动精彩纷呈[EB/OL].(2019-05-18)[2019-08-10].https://gotrip.zjol.com.cn/xw14873/ycll14875/201905/t20190518_10147303.shtml.

② 故宫博物院.故宫博物院举办七大主题活动迎接"国际博物馆日"[EB/OL].(2019-05-18)[2019-08-12].https://www.dpm.org.cn/classify_detail/249269.html.

③ 娄悠猷.基于情境学习理论的博物馆教育活动开发框架:以上海自然博物馆"奇特的千足百喙"活动为例[J].科学教育与博物馆,2018,4(3):177-182.

"红色吉祥""青山绿水"等。在此次活动中,各个年龄、各种身份的公众参与其中,涉及上千名参与者,大家积极创作,以藏品当作其创作的素材,结合软陶、珍珠棉等各类现代艺术材料现场进行拼贴,以合作拼图的形式,将其拼贴的612块独立画幅,再进一步组合为"七巧板"装置①。

2.3.2 文博类电视节目②

我国文博类电视节目的雏形最早可追溯到1972年,通过黑白电视向观众展示湖南长沙马王堆出土的西汉长沙国辛追夫人的墓葬③。随着电视制作水平的提高,以及观众审美变迁的影响,我国的文博类电视节目的内容和形式都经历一系列的变化。1998年6月,中央电视台的大型科普节目《走近科学》开播,以纪录片的形式向观众传达科学知识,其中文博内容占21%,虽然所占比重不大,但是为文博节目形成规模奠定了基础。2001年7月《探索·发现》栏目中文博类节目成为主角,占69%,开拓了文博类电视节目的道路。2004年10月《国宝档案》是首个讲述式文博电视节目,也是文博节目具有独立性的开始,利用主持人讲述历史、情境演绎等形式,让观众对于国宝所承载的历史轨迹有清楚的了解④。2005年大型纪录片《故宫》、2012年《故宫100》、2016年《我在故宫修文物》都聚焦故宫,多角度、多层次、立体地展示故宫文物,让大众更加深入了解故宫藏品。

2017年文博类电视创新了节目形式,在"让文物活起来"这一背景下,《国家宝藏》应运而生,央视与九大国家级重点博物馆合作,以馆藏文物为基础,通过舞台将文物的"前世传奇"和"今生故事"讲述给观众。随后《如果文物会说话》以微纪录片的形式呈现文物,适应了现代人碎片化的阅读模式。2018年各大平台也推出文博节目,哔哩哔哩也推出了历史纪录片《历史那些

---

① 故宫博物院.故宫博物院举办七大主题活动迎接"国际博物馆日"[EB/OL].(2019-05-18)[2019-08-12].https://www.dpm.org.cn/classify_detail/249269.html.

② 部分内容源自笔者论文:李姣.关于如何"让文物活起来":以《国家宝藏》节目为例[J].文物世界,2019(5):60-63,49.

③ 张琳笛.浅谈国内文博电视节目与受众需求[J].群文天地,2012(7):194-195,197.

④ 李依凡.浅析文博类电视节目的走红及传播意义[J].新闻研究导刊,2018(24):108,110.

事》,从哔哩哔哩平台本身的受众群体出发,结合二次元文化等符号,以轻快的风格讲述历史。北京卫视《上新了故宫》结合了真人秀,来介绍故宫文化①。

　　文博电视节目中引起公众反响较大的当属《国家宝藏》,目前已播出两季,节目播出之后在全国范围内引起了广泛关注,文博类的节目也开始成为热潮,网络媒体、各种社交平台等得到了大量传播。节目播出后得到观众的一致好评,并获得24届白玉兰奖最佳季播电视节目大奖。

　　截至2021年,文博探索节目《国家宝藏》已播出四季,以国宝藏品为核心,向大众讲述文物背后的故事,从情感角度出发,让观众在节目营造的情境中领略国宝的风采,与文物隔空对话。以藏品故事和情感渲染设计节目内容,具备以下特征:①从海量文物中筛选精品,对其进行深入解读。节目展示的国宝都经历了各种选择,博物馆选出备选名单,节目组从各种因素考虑出发,最终选择27件文物,从乐器、书画、青铜器等不同的文物类别出发进行选择,确保各个类别都有选入。并且大众对所选文物有一定的了解,基于此来挖掘、演绎其背后的故事。②结构清晰,具有很强的故事性。节目每期只展示3件文物,首先是馆长对其博物馆进行介绍,接着由明星进入至博物馆之中进行实地的见证,再来到舞台之上,对文物的"前世传奇"进行演绎,再从文博人员、专家视角讲述文件的"今生故事",最后宣讲守护誓言。整个过程主题鲜明突出,观众易于抓住关键,便于形成"博物馆—国宝—明星—前世—今生"这样清晰深刻的记忆。③形式多元化,节目生动化。《国家宝藏》的讲述并不是以生涩的死板形式讲述历史,而是结合了纪录片、拟人化、音乐剧、T台秀等多种不同的表现形式。比如辛追墓T形帛画便是以音乐剧的形式进行讲述;越王勾践剑是借助拟人化的形式来进行讲述;撒贝宁通过演绎秦朝版的《今日说法》,实现了对秦朝法律的讲述②。文博类节目必然涉及专业词汇,节目在舞台表演中避免了语言呆板,术语过多,而是采用生活化的语言,拉进与观众的距离。

---

　　① 李依凡.浅析文博类电视节目的走红及传播意义[J].新闻研究导刊,2018(24):108,110.

　　② 张明春.《国家宝藏》讲述"曾侯乙编钟"今生故事[N].大连晚报,2017-12-10(A09).

2.3.3　新媒体传播①

2015 年 7 月 4 日,国务院印发《关于积极推进"互联网+"行动的指导意见》,推进了各行各业与互联网之间的融合发展,博物馆的藏品利用也开始采用互联网技术。新媒体的形式多样,比如网络媒体、数字电视、手机媒体等,目前博物馆最常见的新媒体传播平台是微信公众号和微博,其可以延伸博物馆的教育功能,提升博物馆公共文化服务水平。截至 2018 年年底,博物馆开设网站 1268 个,网站年访问量达 4.5 亿;开设微信公众号、微博账号 6675 个,关注人数约 14.78 亿②。

2012 年,腾讯公司的微信公众号上线,各地的博物馆也纷纷注册了自己的微信公众号。打开微信,搜索"博物馆",便可以看到大量博物馆微信公众号。比如"微故宫"就是故宫博物院的微信公众号,在其微信公众号的界面中,有《看一看》《逛一逛》《聚一聚》三个不同的栏目,其下还有各种子栏目,在《聚一聚》中,利用风趣语言,让用户与故宫的距离被拉近。在《逛一逛》中,通过《故宫展览》《故宫全景》等子栏目,对故宫进行了全面、详细的展示,其展品的展览时间及位置如彩页图 7A 所示,大家可以根据这个功能,选择相应的时间去观赏自己感兴趣的文物。在微故宫 App 对话框输入故宫藏品,可以进入藏品链接,如彩页图 7B 展示了故宫一些馆藏精品,如点击《隋展子虔游春图卷》,即可进入彩页图 7C 展示的界面,不仅有该藏品的文字介绍,还有语音讲解。

浙江省博物馆的微信公众号对于藏品不仅仅停留在介绍层面,同时还具有试听音乐的功能。在该博物馆中共计有 33 张古琴,宋琴和唐琴也在其列,"音乐试听"板块的音乐则是"来凰"和"彩凤鸣岐"的录音,包括《乌夜啼》《古风操》《洞庭秋思》等琴音,独具特色。广东省博物馆微信公众号推出"3D 文物",让网友可以通过微信直观、立体地对博物馆藏品进行欣赏。与此同时,博物馆通过微信公众号,对其各类展品的相关知识进行推送,传

---

①　该部分内容来源于笔者论文(李姣.新媒体时代提升博物馆公共文化服务水平研究[J].文物世界,2018(5):65-68)。

②　国家文物局编印.2018 全国文物业统计资料[M].北京:国家文物局,2019:17.

递藏品价值,传播传统文化。

当前,微博是信息传播的重要平台,博物馆也都注册了自己的官方微博,早在微博开始初期,故宫与中国国家博物馆便已开通账号。截至2024年3月故宫博物院已经拥有了1031.9万粉丝,国家博物馆拥有了515.2万粉丝,对于博物馆藏品的介绍和展览就是微博发布的重要内容之一。如故宫博物院微博推出的"让我们一起来读日历",以农历搭配文物,配以简要介绍,如彩页图8A西周铜刖人鬲、彩页图8B清中期錾胎珐琅缠枝莲纹豆式碗。微博以强大的粉丝群为基础,向大众推广藏品知识,迅速扩大了藏品利用的受众面。博物馆还可以在微博上开展互动,例如对于博物馆藏品开展投票调研、咨询、有奖竞答、留言等活动,以此了解网友对藏品的文化需求及基本认识。微博内容会以纯文字、图文并茂、视频、音乐等形式进行呈现,丰富多彩又饱有内涵的微博内容受到了粉丝们的喜爱,甚至还会有粉丝将其展示的高清图片设为手机壁纸,这对于博物馆藏品价值是一个良好的拓展。

2.4　发展价值利用

2.4.1　数字化利用

目前,全国首次可移动文物普查已获阶段性成果,全国博物馆的藏品都已经进行了全面的摸底,数据也被上传至数据库之中。"互联网+博物馆"的大环境中,藏品数字化可以充分发挥藏品的发展价值,延续藏品的"生命"。

(1)藏品信息数字化建档①。藏品信息数字化建档,是指通过藏品基本信息录入、照片图像上传、三维信息采集、藏品研究成果录入等建立藏品数据库。它可以使藏品突破时空的界限,为藏品的信息化传播奠定基础。2001—2010年,国家文物局开展了"文物调查及数据库管理系统的建设项

---

① 焦丽丹.如何让馆藏文物"活起来"[J].中国博物馆,2015(3):30-34.

目",利用影像采集技术、数据存储技术等,对全国文物藏品展开了全面的摸底,这些都为藏品数据库的建立与完善打下了良好的基础。2012—2016 年,全国首次可移动文物普查工作有序推进,其目的便是打造完整的数据库系统,从而对全国文物信息资源进行整合与动态的管理。

(2)虚拟展示和检索①。藏品信息数字化建档后,可以通过博物馆网站、微信公众号、微博、公共藏品数据库等平台向公众公开藏品数据,例如陕西历史博物馆网站设有"馆藏精品"、湖南省博物馆网站设有"藏品检索"、故宫博物院微信公众号设有"故宫藏品"栏目,公众通过这些公共平台搜索、获取藏品信息,这增强了信息的可得性,也扩大了藏品的影响力。藏品的虚拟展示和检索将数字化信息的优势更好地体现了出来,令藏品的展示不再受地域、时空的局限,让观众可以更便捷地了解广泛的藏品信息。

(3)文物虚拟修复②。文物出土后或多或少有所缺失,通过修复后才能看到文物的原状,但是在现实修复中,用石膏等物质代替缺失部分会影响美观,一旦修复不当很容易造成文物损失。随着科学技术的发展,文物虚拟修复开始在博物馆界逐渐被认识,它利用激光扫描等技术,基于各个角度采集文物的信息,并利用计算机展开分析,最终呈现出文物修复后的形态。在陈列展览中可以很好地利用虚拟修复的文物形态,例如展示一个残缺不全的藏品,残缺部分可以采用数字成影技术展示虚拟修复的形态,如此一来既不会破坏藏品,也向观众呈现了藏品的完整形态。

(4)建立藏品共享平台③。资源共享成为博物馆馆际交流的重要方式,藏品信息数字化为建立藏品交流平台奠定了基础,博物馆之间可借助交流与合作的形式,提升藏品的利用效率。博物馆在设计某一主题或者某一类藏品的陈列展览时,本馆藏品未必能支撑起整个展览,通过藏品共享平台了解其他博物馆藏品资源,从而了解所需藏品所在之处,然后通过藏品借展可以有效补充整个展示系统。前文所述广东省博物馆借出文物 142 件支持南

①③　许捷,胡凯云,毛若寒,等.激活博物馆藏品:从博物馆工作流的视角[J].博物院,2018(2):76-86.

②　温思琦.浅谈藏品数字化与文物资源利用[M]//北京数字科普协会.数字博物馆发展新趋势,北京:中国传媒大学出版社,2013:132-137.

海博物馆、顺德博物馆、祖庙博物馆、中山博物馆的"永远的中国白——馆藏明清德化白瓷展览",如果建立藏品共享平台,通过藏品数字化信息整合、公开,可以更加促进藏品资源的流通,更大程度上发挥藏品的发展价值。

2.4.2 文创产品开发

2004 年《文化及相关产业分类》和 2005 年《文化及相关产业指标体系框架》明确指出博物馆属于文化产业。2015 年,《博物馆条例》指出博物馆可实施商业经营等相关的活动。2016 年 12 月,明确了文化创意产品开发试点单位名单。2017 年,《国家文物事业发展"十三五"规划》提出,要不断构建文物单位文化创意产品体系。2017 年 3 月,《国家艺术基金"十三五"时期资助规划》指出,要加大对文博创意产品的投入力度。截至 2018 年年底,全国博物馆开发文化创意产品约 5.6 万多个种类,其销售收入达 39.35 亿元,销售利润达 12.43 亿元[①]。

1.博物馆文创产品的特征[②]

博物馆具备大量的文化资源,这些都是发展文创产品的基础与条件。文创产品是指从人类文化与文明的角度出发,为社会提供精神与物质文创产品。利用文创产品的科学传播,让公众与博物馆的距离不断被拉近,进而带动博物馆的发展。文创产品之所以能够达到充分发挥藏品发展价值的效果,是由于博物馆的文化产品具备以下特征:

(1)特殊性。博物馆的文创产品具有更多的人文意义,它相比其他产品更具有人文内涵;在开发博物馆文创产品时,将具有审美性、历史性以及现代性元素的文创产品进行结合十分重要,把握了这些特征,可以提升文创产品的整体价值。

(2)唯一性。由于在开发这些文创产品的过程中,是以博物馆的资源为基础,具体而言,是以藏品资源为基础,资源基础的独特性,使得开发的产品也具备了这些藏品的特性与元素,呈现出历史文化的特色。

---

① 国家文物局编印.2018 全国文物业统计资料[M].北京:国家文物局,2019:17.
② 该部分内容来源于笔者论文:李姣."互联网+"背景下博物馆文创产品营销创新策略[J].文物世界,2017(02):64-67.

（3）传播性。博物馆所推出的文创产品可以将历史上特定时间里的生活、社会文化等展示给现代的人，因此，这些文创产品还具备了对传统文化进行传播的作用，与此同时，也提升了大众的文化素养。基于此，博物馆开发文创产品，本身便是对老的象征符号进行了借鉴与提炼，并与现代产品相结合，从而对传统的社会事实进行传播。

（4）创新性。在开发博物馆文创产品时，并非简单地把文化搬到产品上，而是实现了古代文化与现代文化的融合再创作，它要确保历史性与现实性之间的结合完美、和谐，即要有史实性又要有审美性，在保证其创新价值的同时，还要保证其守成性，要确保不同元素在产品上融为一体，并传递出高端审美情趣。

2. 博物馆文创产品的类型

博物馆文创产品的种类纷繁复杂，每个博物馆文创产品分类也各有不同。笔者根据文创产品开发程度，将其分为以下三类：

（1）基础型产品，一类是对馆藏精品的仿制，如中国国家博物馆收藏品"斗彩海水江山团花天球瓶"珍藏版家居摆件，根据原型真实还原制作，售价达到 10 多万，这是对藏品的高仿复制精品。还有一些在博物馆售卖的按照一定比例简单复制藏品外形的摆件，创意成本低、开发层次浅，售价比较便宜。另一类是将博物馆或者藏品的标志性图案印在实用物品上，如书签、U盘、笔记本、文化衫等。

（2）创意型产品，对藏品的文化符号及其功能进行了转化，并利用创意的形式实现资源的整合，解读了藏品所包含的历史意蕴，提升人们审美水平。例如获得"2014 年中国最具人气的十大文创产品"的朝珠耳机，利用清朝大臣朝服珠串的外形，与现代的耳机相结合，造型复古、功能时尚，受到大众的欢迎。又如 2018 年推出的"故宫口红"，唇色是从故宫红色国宝器物中提炼而来，其外观设计是以清宫后妃服饰为灵感来源，精致的宫廷风图案和贴近生活的创意设计，推出产品的第一天预定数超过 1000 支。

（3）智慧型产品，在数字时代利用数字技术为载体，让博物馆文创产品活态化。如故宫的《每日故宫》手机 App 界面（见彩页图 9）、《韩熙载夜宴图》等，让大众与故宫文化可以更近距离、更便捷的接触。2016 年上半年，故宫与腾讯合作开展了"表情设计""游戏创意"创新赛事,对雍正十二美人等众多经典 IP 进行开发,并开始朝着品牌授权的方向发展①。

2.5　本章小结

　　本章主从文化遗产"价值"的视角探讨博物馆藏品利用的方式,藏品利用的核心是实现藏品价值,实现的途径是具体利用方式。国内外关于文化遗产价值的分类多元复杂,对于博物馆藏品而言,国内外对文化遗产价值的论述为从价值角度阐述藏品利用奠定了基础,而博物馆的功能决定了藏品利用的价值类型,笔者认为博物馆藏品利用的价值可以分为三个方面:本体价值、情感价值、发展价值。实现本体价值的利用方式表现在陈列展示、科学研究、藏品复制仿制、藏品著书出版、藏品外借等;实现情感价值的利用方式表现在公众教育、配合学校教学、影视宣传、新媒体传播等;实现发展价值的利用方式有数字化利用、文创产品等。

　　博物馆藏品利用实现了藏品价值的传播,价值是藏品历经历史洗礼后最核心要素的凝结,通过具体的利用方式充分发挥出博物馆藏品的本体价值、情感价值、发展价值。在新时代,还应充分利用信息技术,创新藏品利用方式,深化藏品价值利用程度,拓宽藏品价值利用范围,将博物馆藏品价值最大化,实现藏品价值的代内共享和代际共享,实现藏品价值的可持续发展和传承。

---

　　① 金海涛.博物馆文创产品的演变类型与开发策略研究[J].新西部,2019(11):96-97.

3

我国博物馆藏品利用基本情况研究
——以陈列展览为例

　　"博物馆的陈列与展览是其整体效果的重中之重,因为陈列与展览可以让参观人群在可控范围内接触到真实的藏品。"①陈列展览是对博物馆藏品进行利用的最重要的方式,在博物馆的工作中占有举足轻重的地位,同时也是藏品保护与研究成果的一个重要的体现形式,更是保证博物馆文化价值与其核心功能可以充分实现的最根本的途径②。陈列展览将博物馆里最典型的、最独特的、最有价值的藏品向人们展示出来,目前国内博物馆藏品的其他利用方式大多是基于在展线上的藏品,鉴于体现藏品本体价值、情感价值、发展价值的其他利用方式很难进行量化评估,本章主要以 670 个随机搜集的陈列展览为例探讨我国博物馆藏品利用的基本情况。梳理搜集展览数据的基本情况,通过正态概率图、分位数—分位数图(Q-Q 图)判断数据的有效性和代表性;建立计算展出率的数学模型,对展品数量取对数 logX 后通过数学模型求出展品均数,进而得出各级别、各类型博物馆展出率;再结合全国博物馆机构类型、隶属关系、所属地区、藏品数量、展览用房面积、人员、收入、展览数量的基本数据,利用 Lasso 和 Logistics 回归筛选、预测、校正影响博物馆展览数量的最相关因素,并采用多个样本间均数的最小显著性差异法(LSD)、"Spearman"和"Pearson"相关系数等统计学分析方法,研究博物馆

---

① 帕特里克·博伊兰.经营博物馆[M].国际博协中国国家委员会,中国博物馆学会,译.南京:译林出版社,2010:136.

② 单霁翔.试论博物馆陈列展览的丰富性与实效性[J].南方文物,2013(4):1.

类型、级别、博物馆所在地区经济发展水平、藏品数量、展览面积、人员、收入与展览数量的相关系数,以此来综合审视影响我国博物馆藏品利用效率的因素。

3.1 数据采集的基本情况

通过博物馆官网、网站新闻、《博物馆陈列展览通览(2016)》①、《中国博物馆重要陈列展览年度记录2019—2010》②等渠道随机收集了来自全国31个省(自治区、直辖市)的700个展览的基本信息。笔者剔除了30个离群值(展品数量超过5500个)以确认收集样本更符合现实情况,其中基本陈列272个,临时展览398个;采集信息包括展览名称、主办单位、主办博物馆级别(一级/二级/三级)、主办博物馆行政级别(中央/省级/市级/区级)、主办博物馆类型(历史类/艺术类/科学与技术类/综合类)、主办博物馆类别(文博系统博物馆/行业类,民办博物馆)、主办博物馆所在地区、展览时间、展览题材(古代历史类/近现代革命建设类/通史类/自然历史类/艺术类/科学技术类/综合类)、展览类型(基本陈列/临时展览)、展品数量等,详见附表3。

3.1.1 随机收集展览的基本情况

笔者对收集的670个展览的展品数进行了简单的统计分析,如图3-1所示,随机收集的670展览中,展品数量在100个以下的展览120个,占17.91%;展品数量在100~500的展览386个,占57.61%;展品数量在500~1000的展览95个,占14.18%;而展品数量在1000以上的展览69个,占10.30%;可见展品数量分布呈现"中间高,两边低"的倒U形分布,说明

---

① 国家文物局博物馆与社会文物司(科技司):博物馆陈列展览通览(2016)[M].北京:当代中国出版社,2017.
② 中国文物报社.中国博物馆重要陈列展览年度记录2009—2010[M].北京:中国文物报社,2010.

采集的展览具有一定的代表性意义。

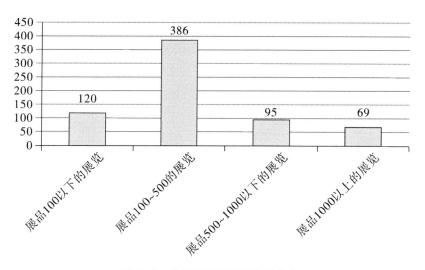

图3-1　收集展览的展品数据分布

如第2章所述,以陈列展览内容为依据,将展览题材分为古代历史类、近现代革命建设类、通史类、自然历史类、艺术类、科技类、综合类,并对收集的670个展览的展览题材进行统计,如表3-1所示。随机收集的670展览中,古代历史类基本陈列111个,临时展览139个,占37.31%;近现代革命建设类基本陈列66个,临时展览57个,占18.36%;通史类基本陈列19个,临时展览1个,占2.99%;自然历史类基本陈列12个,临时展览12个,占3.58%;艺术类基本陈列50个,临时展览172个,占33.13%;科技类基本陈列7个,临时展览15个,占3.28%;综合类基本陈列7个,临时展览2个,占1.34%。这与传统的展览题材分类中历史类、艺术类展览在全国占绝大多数是一致的,也说明采集的数据是有效的。

表3-1　收集展览题材的分类统计

分类	基本陈列数量(个)	临时陈列数量(个)	总占比
古代历史类	111	139	37.31%
近现代革命建设类	66	57	18.36%
通史类	19	1	2.99%

续表 3-1

分类	基本陈列数量(个)	临时陈列数量(个)	总占比
自然历史类	12	12	3.58%
艺术类	50	172	33.13%
科技类	7	15	3.28%
综合类	7	2	1.34%
合计	272	398	100%

3.1.2 随机收集展览的主办博物馆基本情况

对随机收集的 670 个展览的博物馆主办级别进行分析,如表 3-2 所示,其中,由一级博物馆主办的基本陈列 137 个,临时展览 311 个,占 66.87%;由二级博物馆主办的基本陈列 62 个,临时展览 42 个,占 15.52%;由三级博物馆主办的基本陈列 30 个,临时展览 19 个,占 7.31%;由无级别博物馆主办的基本陈列 43 个,临时展览 26 个,占 10.30%。而实际上全国博物馆中无级别的博物馆占 83%,因为无级别的博物馆大多是行政级别低的小型博物馆,收集难度大,在网络上公布数据少,很多博物馆未有官方网站,可以预测收集的展览相对而言属于优质展览,所用展品数量超过全国平均水平。

表 3-2 670 个展览的主办博物馆级别统计

级别	基本陈列数量(个)	临时展览数量(个)	总占比
一级	137	311	66.87%
二级	62	42	15.52%
三级	30	19	7.31%
无级别	43	26	10.30%
合计	272	398	100%

对收集的 670 个展览的博物馆行政级别进行分析,如表 3-3 所示,其中,由中央级博物馆主办的基本陈列 14 个,临时展览 75 个,占 13.28%;由省级博物馆主办的基本陈列 89 个,临时展览 193 个,占 42.09%;由市(县)

级博物馆主办的基本陈列 169 个,临时展览 130 个,占 44.63%;由于行政级别低的博物馆展览信息公布少,采集难度大,与《2018 全国文物业统计资料》所公布的全国各级博物馆基本情况(详见附表 4)相比,虽然笔者收集的 670 个展览中由市县级博物馆主办的展览不占绝对数量,但总的来看与全国的情况有一定的一致性。

表 3-3　收集展览的博物馆行政级别的统计

行政级别	收集的 670 个展览			《2018 全国文物业统计资料》(个)	
	基本陈列数量(个)	临时展览数量(个)	总占比	2018 年基本陈列数	2018 年临时展览数
中央	14	75	13.28%	20	115
省级	89	193	42.09%	514	1018
市(县)级	169	130	44.63%	12 189	12 490

对收集展览的主办博物馆类型(历史类、艺术类、科技类、综合类)进行分类统计,如表 3-4 所示,其中由综合类博物馆主办的基本陈列 128 个,临时展览 304 个,占 64.48%;由历史类博物馆主办的基本陈列 111 个,临时展览 62 个,占 25.82%;由艺术类博物馆主办的基本陈列 24 个,临时展览 24 个,占 7.16%;由科技类博物馆主办的基本陈列 9 个,临时展览 8 个,占 2.54%。这与《2018 全国文物业统计资料》所公布的全国各类型博物馆展览信息相比较,综合类、历史类博物馆举办展览同样占绝对数量,与全国情况一致,说明所采集展览有一定代表性。

表 3-4　收集展览的博物馆类型的统计

类别	收集的 670 个展览			《2018 全国文物业统计资料》(个)	
	基本陈列数量(个)	临时展览数量(个)	总占比	2018 年基本陈列数	2018 年临时展览数
综合类	128	304	64.48%	5122	7083
历史类	111	62	25.82%	3796	3534
艺术类	24	24	7.16%	1133	1368

续表 3-4

收集的 670 个展览			《2018 全国文物业统计资料》(个)	
类别	基本陈列数量(个)	临时展览数量(个)	总占比	2018 年基本陈列数	2018 年临时展览数
科技类	9	8	2.54%	572	372
其他	0	0	0.00%	2100	1266

3.2 估算全国博物馆藏品展出率

在上一小节中,笔者对收集的 670 个展览进行了一系列的基本统计分析和比较,简单验证了采集数据具有一定的代表性,在本小节中,将进一步以 670 个展览为基数,通过建立 670 个展览展品数量的数学均数模型,结合《中国文化文物统计年鉴》所公布的 2009—2018 年全国各类型博物馆展览、藏品数量,从而估算全国博物馆藏品展出率。

3.2.1 建立估算全国博物馆藏品展出率的数学模型

从数学的角度出发,以国家统计全国人口的身高分布为例,显然人口身高水平是一个连续变量且符合正态性分布,而观察所收集的 670 个展览的展品数据,可发现某些连续变量并不对称。在很多应用中,特别是在可靠性方面,当数据集 X 不符合正态分布时,随机变量数据集 X 的对数($\log X$)可能符合正态分布,从数据层面来看,它属于对数正态分布,在图上来看,其数据图形会是直线。

对数正态分布与正态分布具有一定的相似性,只是其概率分布实现了向右的移动。从短期层面来看,对数正态分布与正态分布十分相似,但是,从长期层面来看,对数正态分布向上分布的数值相对更多。确切而言,在对数正态分布里,存在着更大向上波动的概率①。

已知对数正态分布的密度函数,我们可以依据其可靠度、不可靠度函数的定义,从而计算出两者的表达式②。

(1)定义:

设 X 是取值为正数的连续随机变量,若

$$\ln X \sim N(\mu, \sigma^2),$$

X 的概率密度为

$$f(x, \mu, \sigma) = \begin{cases} \dfrac{1}{\sqrt{2\pi}\sigma x} \exp\left[-\dfrac{1}{2\sigma^2}(\ln x - \mu)^2 \right], x > 0 \\ 0, x \leqslant 0 \end{cases}$$

则称随机变量 X 服从对数正态分布,记为

$$\ln X \sim N(\mu, \sigma^2)。$$

(2)计算:

设 X 服从对数正态分布,其密度函数为:

$$p(x) = \frac{1}{x\sigma\sqrt{2\pi}} e^{-\frac{(\ln x - \mu)^2}{2\sigma^2}}$$

数学期望为:

$$E(X) = e^{\mu}$$

设 2018 年全国基本展览数量为 a,临时展览数量为 b,藏品数量为 m,则该年全国博物馆藏品的展出率 $f(X)$ 为:

$$f(X) = \sum \left[E(X_1) \cdot a + E(X_2) \cdot b \right]/m \qquad (公式1)$$

3.2.2 收集展览的展品数量的正态性检验

为了确认收集展览的展品数量符合正态性检验,我们首先对展品数量进行非参数的正态性检验,并且构建了正态概率图(Normal Probability Plot),如图 3-2 所示,显然展品量 2000 及以下的展览占了 95% 以上,展品数量并

---

① 谢尔登·纳坦恩伯格.期权波动率交易策略[M].大连商品交易所,译.北京:机械工业出版社,2014:78.

② 康瑞清.仪器与系统可靠性[M].北京:机械工业出版社,2013:51.

不符合正态性分布。

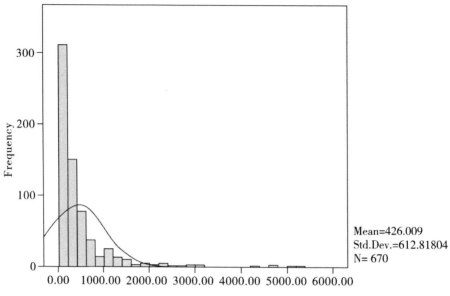

图 3-2　收集展览的展品数量的概率(Frequency)分布图

　　另外,分位数—分位数图(Quantile-Quantile Plot,Q-Q 图)是一种强有力的可视化工具,使被观察的数据集可显示出一个分布到另一个分布是否存在漂移,笔者利用 Q-Q 图检验展品数量的正态性。通过 SPSS 16.0 for Windows 统计软件,输入收集的 670 个展览的展品数量,选定其为因变量参数,并使用非参数检验 Shapiro-Wilk(适用于小样本资料,SPSS 规定样本量≤5000)对变量进行检验。过程如下所示:选择 Analyze → Descriptive Statistics→Explore,将"展品数量"选入 Dependent List,点击 Plots,勾选 Normality plots with tests,在 Deive 框中勾选 Histogram,Boxplots 选择 None,点击 OK 完成操作。

　　最终结果如图 3-3,显然构建的 Q-Q 图与所拟合的曲线并不一致,展品数量并不符合正态性分布。此外,根据 Shapiro-Wilk 所算得的 P 值为

0.00①,在 α=0.05 的检验水准下,$P<0.05$,拒绝原假设,可认为数据不服从正态分布,此部分结果提示直接使用展品平均数用于推测全国博物馆展出率并不合适。

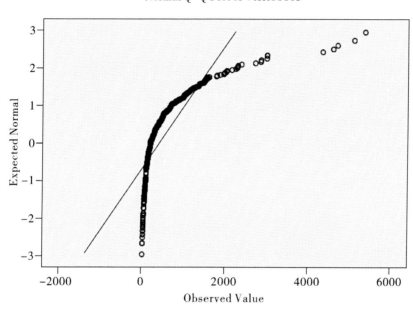

图3-3　收集展览的展品数量的分位数—分位数图

　　根据上面的数学公式推导过程,当数据集 X 不符合正态分布时,随机变量数据集 X 的对数($\log X$)可能符合正态分布,在数学上称为对数正态分布。笔者继续使用 SPSS 16.0 for Windows 统计软件,对展品数量取对数以后再进行对数的正态性检验,即:$\log X \sim N(\mu,\sigma^2)$。

　　结果如图3-4所示,正态概率图显示展品数量在取对数以后均值 μ = 2.3753,方差 $\sigma = 0.449\ 74$,正态概率图呈现"中间高,两边低"的分布,符合高斯分布,即展品数量的对数集 $\log X$ 符合正态分布。

---

　　① 　P值来源于六西格玛管理,是用来判定假设检验结果的一个参数,也可以根据不同的分布使用分布的拒绝域进行比较。由 R. A. Fisher 首先提出。

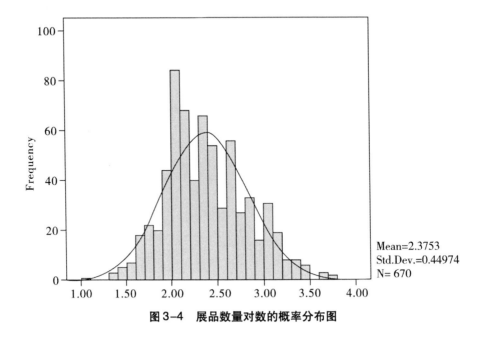

图 3-4　展品数量对数的概率分布图

　　为了进一步确认数据的有效性,笔者继续采用 Shapiro-Wilk 检验数据集的正态性。Shapiro-Wilk 所算得的 P 值(Sig.)为 0.00(见图 3-5)。从实际角度出发,Shapiro-Wilk 检验准确性不如概率分布图(图 3-4)及 Q-Q 图。采用 Shapiro-Wilk 方法,当样本量整体较少的情形之下,检验的结果敏感度不足,即便数据分布存在偏离,也并非必然能被检验出来;样本量较大的情形之下,检验结果敏感度又会太强,导致数据稍有偏离,其检测的 P 值就会低于 0.05,导致对原假设形成拒绝,并认定其数据不满足正态分布的条件。所以,如果样本量足够多,即使检验结果 $P<0.05$,数据也可能是服从正态分布的。

　　所以,在实践的过程中,会有概率分布图显示出来的分布十分对称,但是其正态检验的最终结果 P 值却小于 0.05 的现象,对其原假设呈现拒绝状态。在本次统计中也出现类似情况,从统计学角度出发,无须过分着眼于正态性检验的 P 值,一定要参考概率分布图、Q-Q 图进行直观判断。

Tests of Normality

	Kolmogorov–Smimov[a]			Shapiro–Wilk		
	Statistic	df	Sig.	Statistic	df	Sig.
展品数量的对数	.079	670	.000	.985	670	.000

a. Lilliefors Significance Correction

图 3-5　展品数量对数的 Shapiro-Wilk 检验结果

　　笔者利用 Q-Q 图检验展品数量对数的正态性,输入收集的 670 个展览的展品数量的对数 $\log X$,选定其为因变量参数,使用 Q-Q 图进行拟合。结果如图 3-6 所示,显然构建的 Q-Q 图与所拟合的直线基本一致,趋近于落在 $y=x$ 线上,可知展品数量的对数基本符合正态性分布。此部分结果提示 670 个展览的展品数量的对数 $\log X$ 可用于推测全国博物馆展出率。

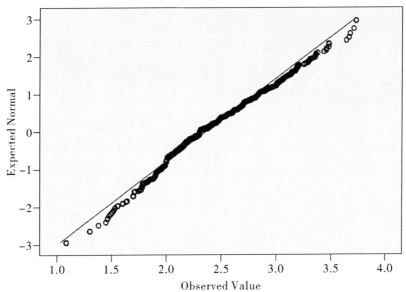

图 3-6　展品数量对数的分位数—分位数图

3.2.3   根据数学模型估算全国博物馆藏品展出率

在 3.2.2 中,笔者使用 SPSS 16.0 for Windows 统计软件[①]对展品数量取对数以后再进行对数的正态性检验,记为 $\log X \sim N(\mu, \sigma^2)$。根据前文所建立的数学模型,得知其数学期望为: $E(X) = e^{\mu}$。

以 2018 年中央级博物馆藏品展出率为例,其具体计算过程为:首先筛选出由中央级博物馆主办的 14 个基本陈列展品数量,以 10 为底,取其对数,分别为:3.66、3.48、3.36、3.31、3.25、3.11、3.09、3.03、2.93、2.88、2.69、2.48、2.19、2.05,取其对数的平均值 $\mu = 2.96$,则由中央级博物馆主办的 14 个基本陈列展品数学均数 $E(X_1) = 10^{\mu} = 912.01$,同理可得,由中央级博物馆主办的 75 个临时展览展品数学均数 $E(X_2) = 10^{\mu} = 213.80$,根据 3.2.1 中的公式 1 可得出,2018 年中央级博物馆展出率 $f(X)$ 为 1.29%。

同理可得,估算出 2018 年省级和市县级博物馆藏品展出率分别为:4.52% 和 25.00%。结果如表 3-5 所示,可见中央级和省级大型博物馆的藏品展出率很低。由《2018 全国文物业统计资料》可知省级以上博物馆占 3.03%,拥有全国 35.2% 的藏品,囿于人力、物力、场地等方面的原因,大型博物馆无法充分利用巨大的藏品量;而市县级博物馆展出率为 25.00%,从数值上看相对较高,一是因为收集到的展览基本上为优质展览,利用的展品数量比绝大多数市县级博物馆利用的展品数量多,最终得出估算的展出率是高于全国实际藏品展出率的,二是市县级博物馆占 96.97%,在全国占绝对数量,单个博物馆拥有的平均藏品数约 5000 多件[②],通过估算市县级基本陈列平均展品数为 381.94 个,临时展览展品平均数为 114.29 个,其展品均数都是低于中央级和省级的,可见其展览所使用的展品数相对较低,但是举办展览的基数大,其与藏品相比较得出的展出率显得比大型博物馆展出率要高。

---

①   周玉敏. SPSS 16.0 与统计数据分析[M]. 成都:西南财经大学出版社,2009:55.

②   根据《2018 全国文物业统计资料》,2018 年市县级博物馆藏品数为 24 327 668 件/套,市县级博物馆共 4769 家,因此单个博物馆平均藏品数为 5101.21 件/套。

表 3-5　2018 年全国各行政级别博物馆藏品展出率估算值

行政级别	收集的 670 个展览(个)				《2018 全国文物业统计资料》(个)			
	基本陈列数量	临时展览数量	基本陈列展品平均数	临时展览展品平均数	2018 年基本陈列数	2018 年临时展览数	2018 年藏品数	2018 年展出率
中央	14	75	912.0108	213.7962	20	115	3 303 701	1.29%
省级	89	193	549.5409	162.181	514	1018	9 909 371	4.52%
市(县)级	169	130	381.9443	114.2878	1 2189	1 2490	24 327 668	25.00%

　　为了进一步了解近十年博物馆藏品的展出情况,笔者用如上方法将 2009—2018 年全国博物馆藏品展出率进行统计,并绘制其估算值的曲线图,结果如图 3-7 所示。中央级博物馆 2009—2018 年展出率分别为:3.06%、2.46%、2.04%、2.50%、1.89%、2.19%、2.14%、1.45%、1.58%、1.29%;省级博物馆 2009—2018 年展出率分别为:5.69%、5.28%、5.66%、5.36%、4.82%、4.88%、4.90%、4.84%、4.41%、4.52%;可见省级以上博物馆藏品展出率近十年波动很小,而且呈下降趋势。市县级博物馆 2009—2018 年展出率分别为:34.11%、41.82%、36.76%、32.91%、22.39%、24.47%、25.38%、24.65%、24.27%、25.00%,可见市县级博物馆前五年藏品展出率波动式下降,后五年藏品展出率波动较小,但是并没有明显上升。一定程度上可以认为,近十年随着博物馆数量和藏品数量的增加,展出率并没有提高,甚至下降,说明提高博物馆藏品利用效率是全国博物馆面临的急需解决的问题。

　　此外,用上述方法对收集的 670 个展览的主办博物馆类别进行藏品展出率的估算。以 2018 年为例,结果如表 3-6 所示,综合类博物馆基本陈列展品的数学均数 $E(X_1)$ 为 398.11 个,临时展览数学均数 $E(X_2)$ 为 151.36 个,估算其展出率 $f(X)$ 为 18.99%;同理可得,历史类、艺术类和科技类博物馆在 2018 年的展出率分别为 32.27%、16.92%、12.48%。在 3.1 节中,笔者已说明所收集的 670 个展览绝大部分来自国家一级、二级和三级博物馆,因此,此次得出的展出率毫无疑问是偏高的。从表 3-6 可以看出历史类博

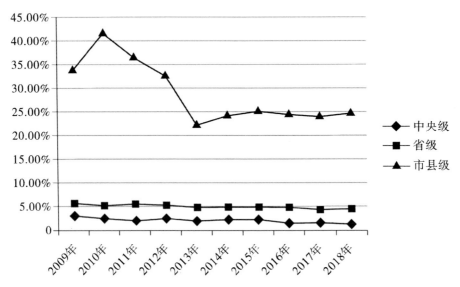

图 3-7　2009—2018 年全国各行政级别博物馆藏品展出率估算值曲线图

物馆展出率最高,排第二的是综合类,说明这两种类型的博物馆所藏藏品的利用较其他类型博物馆的藏品多,这可能与综合类、历史类博物馆数量及藏品数有关。根据《2018 全国文物业统计资料》,2018 年综合类博物馆 1772 个,历史类博物馆 1709 个,合占全国博物馆的 70.78%;综合类博物馆藏品 16 387 457 件/套、历史类博物馆藏品 8 864 766 件/套,合占全国博物馆藏品的 67.27%,这两种类型博物馆的机构数和藏品数占全国博物馆的大多数,可以预测在实际利用中属于这两种类型博物馆藏品利用的总量比其他类型高,通过数学模型预测的展出率也就相对高一点。但是综合类博物馆展出率比其他两类博物馆展出率高得并不多,可能是因为综合类博物馆举办的展览类型丰富,利用的藏品类别多样,这也许会拉低综合类博物馆总的藏品展出率,可见历史类博物馆藏品展出率高于其他类型博物馆。

表3-6 2018年各类型博物馆藏品展出率估算值

类别	收集的670个展览(个)				《2018全国文物业统计资料》(个)			
	基本陈列数量	临时展览数量	基本陈列展品平均数	临时展览展品平均数	2018年基本陈列数	2018年临时展览数	2018年藏品数	2018年展出率
综合类	128	304	398.11	151.36	5122	7083	16 387 457	18.99%
历史类	111	62	602.56	162.18	3796	3534	8 864 766	32.27%
艺术类	24	24	190.11	138.04	1133	1368	2 389 777	16.92%
科技类	9	8	728.95	147.20	572	372	3 780 872	12.48%

此外,笔者用上述方法将2009—2018年各类型博物馆藏品展出率进行统计,并绘制其估算值的曲线图,结果如图3-8所示。综合类博物馆2009—2018年展出率分别为:17.93%、20.47%、19.09%、21.57%、16.77%、16.99%、18.04%、17.93%、18.98%、18.99%;历史类博物馆2009—2018年展出率分别为:41.33%、45.13%、38.58%、32.92%、30.17%、34.64%、37.17%、37.11%、31.47%、32.27%;艺术类博物馆2009—2018年展出率分别为:28.23%、28.62%、26.64%、13.37%、11.44%、14.15%、15.50%、14.52%、17.47%、16.92%;科技类博物馆2009—2018年展出率分别为:15.72%、17.30%、17.63%、14.42%、9.88%、9.83%、11.99%、13.28%、12.70%、12.48%。从图3-8可以看出,各类型博物馆藏品展出率估算值曲线图都呈下降趋势,这在一定程度上显示各类型博物馆的展出率总体在下降,需要提高藏品利用效率。在图3-8中可以看到两个上升趋势的起点,分别在2009年和2013年,这也许与2008年之后实行博物馆免费开放政策以及2013年提出"让文物活起来"的口号有关。

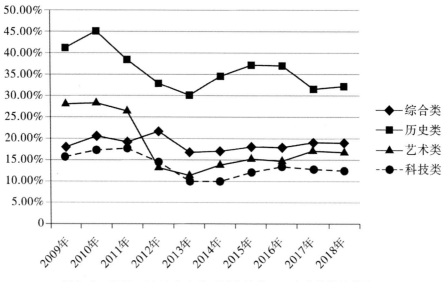

图 3-8 2009—2018 年各类型博物馆藏品展出率估算值曲线图

3.3 影响博物馆藏品展出相关因素的筛选建模 和校正

预测影响博物馆藏品展出的相关因素对于讨论单个因素（自变量）与展览数量（因变量）的相关性具有指导作用，对于探讨博物馆藏品利用效率低的原因具有一定指向性。根据《2018 全国文物业统计资料》收集的 2018 年博物馆数据（数据集详见附表 5），本节采用的是 Lasso 回归和 Logistics 回归统计学方法对影响博物馆藏品展出的藏品数量、博物馆所在地区经济发展水平、展览面积、人员、收入等相关因素进行筛选、预测、计算 C 指数以及校正。

3.3.1 Lasso 回归和 Logistics 回归分析方法

数学上，高维数据指数据的维度很高，甚至会远远超过其样本量的个数。高维数据具有以下特点：在其空间之中的数据非常稀疏，样本量与空间的维数对比之下十分少。Lasso 属于数据降维处理方法，它对于线性、非线性的情况都十分适用，属于压缩估计。Lasso 利用构造惩罚函数的形式，可以获取精炼的模型。其基本过程是通过交叉验证法,对λ的给定值展开交叉验证,并选用误差最小的值。进而依据获得的λ值,对其数据展开重新拟合模型①。

本次 Lasso 回归分析全部在 R 语言中进行,使用的 R 语言版本为 64 位的 R 3.6.1。为了便于分析,各自变量需按英文命名,分别为,Exhibition_quantity(展览数量),GDP_ranking(GDP 总量排名);Percapita_GDP_ranking(人均 GDP 排名),collection_number(藏品数量),area(展览用房面积),employee(从业人员),professional_employee(专业技术人员),income(收入合计),文件名为"input1.txt"。

在降维之后,还需建立预测影响展览数量的数学模型,Logistics 回归分析法是用于建立预测的数学模型,最后建立校正曲线,判断该预测模型的一致性②。Logistic 回归分析属于广义层面的线性回归分析模型,经常会被用于医学领域。举例而言,在研究引发疾病危险因素的研究中,可以使用该工具,并对危险因素对疾病的发病率进行预测。它在一些因变量属于二分类的变量中十分适用。数据集中,31 个省份的 Exhibition_quantity(展览数量)从高到低排序,排名 1~15 为"高=0",16~31 为"低=1";GDP_ranking(GDP 总量排名);Percapita_GDP_ranking(人均 GDP 排名)从小到大排序,排名 1~10 为"高=0",11~20 为"中=1",21~31 为"低=2";其余自变量 collection_number(藏品数量),area(展览用房面积),employee(从业人员),professional_employee(专业技术人员),income(收入合计)从高到低排序,排名 1~10 为"高=0",11~20 为"中=1",21~31 为"低=2";命名为数据集"input2.txt"。

3.3.2 利用 Lasso 回归筛选影响展览数量的特征性因素

对数据集"input1.txt"在 R 语言上进行 Lasso 回归筛选,结果如图 3-9所示,共有 7 个因素纳入筛选范围,图 3-9A 的纵坐标为回归系数,横坐标为

① 赵俊琴,王彤,王慧等.Lasso-惩罚计分检验在小样本回归模型自变量筛选与统计推断中的应用[J].中华疾病控制杂志,2015(5):507-509;赵俊琴.基于 Lasso 的高维数据线性回归模型统计推断方法比较[D].太原:山西医科大学,2015:60.

② 庞素琳.Logistic 回归模型在信用风险分析中的应用[J].数学的实践与认识,2006(9):129-137.

Logλ,从左到右,当 λ 充分大时,可以把该 7 个因素的系数精确地收缩到零,从而求出 λ 值,$\log_e \lambda = 41.66075$,则 $\lambda = 3.73$。图 3-9B 左边第一根虚线显示,当 $\lambda = 3.73$ 时,可对应3,由此可知 7 个因素纳入筛选因素中,有 3 个最相关的因素。图 3-9C 显示 3 个最相关的因素为 GDP_ranking(GDP 总量排名)、area(展览用房面积)和 professional_employee(专业技术人员)。

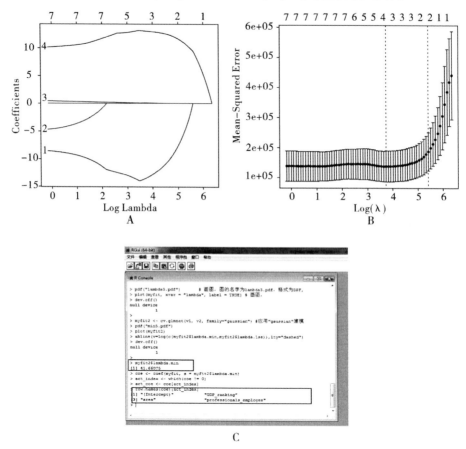

图 3-9　Lasso 回归分析影响展览数量的特征性因素

3.3.3　以列线图预测影响展览数量的概率

列线图(nomograms)是在平面直角坐标中,利用一组互不相交的线段来代表具备两个独立变量的函数的图,是用于在其他自变量已知的情况下,预测因变量发生的概率。在 Lasso 回归筛选出 GDP 总量排名、展览用房面积和专

业技术人员为影响展览数量的最相关特征后,笔者进一步构建了列线图的数
学模型,用于预测影响展览数量的概率。结果如图3-10所示,以陕西省2018
年博物馆数据为例,其GDP排名为15(Middle),展览用房面积60.75万平方
米,排名第7(High),专业技术人员2283人次,排名第3(High),对照图3-10,
其得分别为34、0、0,总得分34分所对应的不展出数量的概率(Probability of
Non_Exhibition_quantity)远低于0.1,因此可以预测陕西省展览数量在全国
是名列前茅的。该列线图对于预测全国各地区博物馆展览数量有一定的指
导性意义,其他省份亦可按照上述方法对照列线图进行预测。

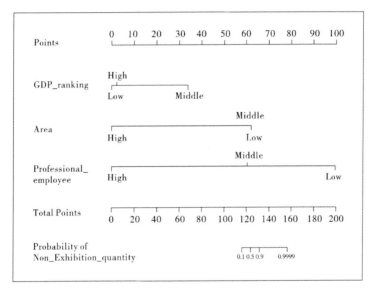

图3-10　预测影响展览数量特征性因素的列线图

3.3.4　验证列线图模型的准确性

C指数即一致性指数(index of concordance),是对模型的预测能力进行
评价的一个指数,它可以对预测结果与实际结果的一致性进行估计[①]。此
外,AUC(area under curve)的值来源于ROC(receiver operating characteristic,

---

① Kang L,Chen W,Petrick N A et,al. Comparing two correlated C indices with right-censored survival outcome:a one-shot nonparametric approach[J]. Statistics in Medicine,2015,34(4):685-703.

受试者工作特征）曲线下的面积，AUC 值在 0.1 和 1 之间，作为数值可以直观地评价模型的好坏，值越接近 1 表示列线图模型准确性越好①。对 GDP 排名、展览用房面积和专业技术人员构建了列线图后，为了进一步判断该列线图预测的准确性，笔者将计算 C-index 和 AUC 值，绘制 ROC 曲线来判断。结果图 3-11A 所示，在 R 上运行所得 C-index 为 0.962，标准差为 0.052，C-index 接近 1。ROC 曲线如图 3-11B 所示，从图中可知，AUC 值为 0.929，接近 1。C-index 和 AUC 值均表明用于预测影响博物馆展览数量的列线图模型准确性极高。

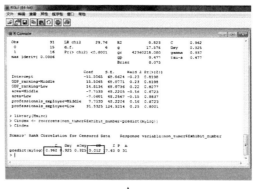

A

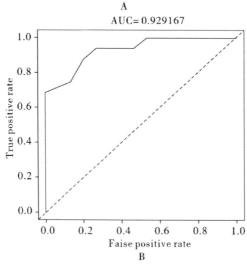

B

图 3-11　C-index 在 R 语言上的运算结果和 AUC 值

① 郭秀艳.实验心理学[M].北京:人民卫生出版社,2013:58.

3.3.5 校正绘制的列线图

校正曲线(calibration curve)即实际发生的概率和预测发生概率的散点图拟合的曲线①。事实上,校正曲线是可视化进行拟合优度检验(Hosmer-Lemeshow,H-L 检验)后的曲线,常用来评价 Logistic 回归。当 y=x 时,代表预测和实测发生率完全一样,即预测曲线与实际曲线(y=x)越接近说明预测和实测发生率越接近,亦说明模型越好。笔者利用 R 语言绘制了列线图的校正曲线,结果如图 3-12 所示,从图中可以看出曲线与 y=x 是比较接近的,说明前文中筛选和预测结果准确性较好,符合博物馆运行的实际情况,资金、人员、展览面积是影响博物馆展览数量的重要因素,间接来看,这些因素也是影响单个博物馆展览数量和藏品利用效率的关键所在。

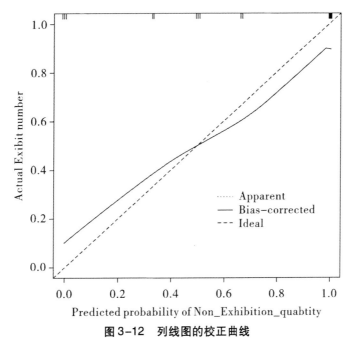

图 3-12 列线图的校正曲线

---

① 庞素琳.Logistic 回归模型在信用风险分析中的应用[J].数学的实践与认识,2006(9):129-137.

3.4　影响博物馆藏品展出的相关因素分析

博物馆藏品展出是受多方面因素影响的，上一节筛选出经济发展水平、展览用房面积、专业技术人员数量是影响一个地区博物馆展览数量的最相关的因素。本节从目前收集的数据出发，主要讨论博物馆等级、类型、藏品数量、博物馆所在地区经济发展水平、展览面积、人员、收入等对藏品展出的影响及其相关性系数。事实上，博物馆藏品的级别、类型也会影响到藏品的展出，例如国宝级藏品展出的频率肯定是很高的，普通藏品则大多藏于库房，无法展示，但是由于无法收集到比较细致的相关数据，在本书中不予讨论。

3.4.1　相关性分析的统计学方法

本小节采用三种统计学方法来分析影响博物馆藏品展出的相关因素，分别是 LSD、Spearman 和 Pearson。

LSD[①]（Least-Significant Difference），即最小显著性差异法，是利用 T 检验实现对各组的配对，具有较高的检验敏感性，各水平间的均值具有一些小的差异，也能够被其检测到。笔者选择使用 LSD 统计学方法用于检测不同级别、类型博物馆的藏品展出率之间是否存在显著差异。在 SPSS 软件中进行 LSD 统计学检验的操作过程如下所示：选择 Analyze→Compare Means→One Way ANOVA，将"数据 1"（例如展出率）选入 Dependent List，将"数据 2"（例如博物馆级别）选入 Factor，点击"Post Hoc Multiple Comparisons"勾选"LSD"，点击 OK 完成操作。

根据统计学计算相关性的要求，当两个数据集中有一个以上的变量是分类变量则需要用 Spearman 相关分析，本书中讨论博物馆级别和类型的展

---

①　Dunnett C W. New Tables for Multiple Comparisons with a Control[J]. Biometrics, 1964,20(3):482-491.

出率数据集是分类变量,所以选择 Spearman 分析。假如两个数据的集中变量皆属于连续性变量,则利用 Pearson,本书相关性的数据集包括藏品数量、经济发展水平、展览用房面积、人员、收入和展览数量,都是连续性变量,故采用 Pearson 分析。Spearman 和 Pearson 方法 SPSS 操作过程如下所示:选择 Analyze→Correlate→Bivariate Correlations,将"数据 1"(例如藏品数量)、"展览数量",选入 Variables 中,勾选 Correlation Coefficients 中"Spearman"或"Pearson",点击 OK 完成操作。

Spearman 或 Pearson 相关系数用来评估两个数据集是否存在于一条线上,对定距变量之间存在的线性关系进行衡量。相关性系数介于−1 到 1,绝对值大的情形之下,其相关性也就更强;绝对值越接近 0,则代表其数据集的相关性越弱。一般可以通过如下相关系数范围判断两数据集间的相关强度(表 3–7):

表 3–7　Spearman 或 Pearson 相关系数范围与相关强度对应关系

相关系数绝对值	相关强度
0.8 ~ 1.0	极强相关
0.6 ~ 0.8	强相关
0.4 ~ 0.6	中等程度相关
0.2 ~ 0.4	弱相关

3.4.2　博物馆级别与藏品展出的相关性分析

前文以 2018 年为例,得出中央级博物馆展出率为 1.29%,省级博物馆藏品展出率为 4.52%,市县级博物馆藏品展出率为 25.00%。可知全国博物馆藏品平均展出率为 10.27%,展出率是比较低的,且级别低的博物馆比高级别的博物馆展出率要高。以近十年的博物馆藏品展出率进行多个样本间均数的 LSD 统计学检验,结果如表 3–8 所示,与高级别的博物馆展出率(中央级、省级)相比,市县级博物馆展出率比中央级博物馆展出率高 0.27±0.02,比省级博物馆展出率高 0.24±0.02($P = 0.00$),通过 LSD 统计学检验

得出 P 值为 0.00,根据在 $\alpha=0.05$ 的检验水准下,$P<0.05$ 具有统计学意义,因此市县级博物馆展出率高,中央级、省级展出率低在统计学上具有显著差异。

表 3-8　各级别博物馆近十年藏品展出率的 LSD 检验结果

(I)组别	(J)组别	均值差异 (I-J)	标准误	P 值	95% 置信区间	
					下限	上限
中央级	省级	−0.03	0.02	0.11	−0.07	0.01
	市县级	−0.27	0.02	0.00	−0.31	−0.23
省级	中央级	0.03	0.02	0.11	−0.01	0.07
	市县级	−0.24	0.02	0.00	−0.28	−0.20
市县级	中央级	0.27	0.02	0.00	0.23	0.31
	省级	0.24	0.02	0.00	0.20	0.28

将博物馆行政隶属级别与近十年展出率采用 Spearman 进行统计分析,结果如表 3-9 所示,其相关性系数为 0.942 954,说明博物馆级别与展出率具有极强相关,且 P 值为 0.000 001,小于 0.05,本次分析结果具有统计学意义,可以认为级别高的博物馆展出率低,级别低的博物馆展出率反而高一些,进一步佐证了博物馆级别与藏品展出具有相关性。

表 3-9　博物馆行政隶属级别与近十年展出率 Spearman 相关性统计分析表

		统计对象	展出率	博物馆级别
Spearman's rho	展出率	相关系数	1	0.942 954
		P 值		0.000 001
		数量	30	30

从全国的展览来看,根据《2018 中国文物业统计资料》(见表 3-10),2018 年省级以上博物馆机构数、基本陈列、临时展览在数值上都只占全国的极少数,虽然其展览的展品均数较市县级高,但是其展览基数小,总体利用藏品相对少一点;市县级博物馆机构数、基本陈列、临时展览在数值上占全

国的大多数,虽然其展览的展品均数较中央级、省级低,但是其展览基数大,总体利用藏品相对多一点,因此从展览的角度出发,也说明级别低的博物馆藏品展出率相对级别高的博物馆高一些,博物馆级别与藏品展出具有"级别高—展出率低,级别低—展出率高"的相关性。

表3-10　各级别博物馆2018年机构及展览数据

隶属关系	展览数据		
	机构数(个)	基本陈列(个)	临时展览(个)
中央	3	20	115
省区市	146	514	1018
地市	1078	2978	4606
县市	3691	9211	7884

3.4.3　博物馆类型与藏品展出的相关性分析

如前文3.2.3所述,历史类、综合类、艺术类和科技类博物馆2018年的展出率从高到低依次为32.27%、18.99%、16.92%、12.48%。可见从博物馆类型出发,历史类博物馆展出率显著高于其他类型博物馆。同理,以近十年各类型博物馆藏品展出率进行多个样本间均数的LSD统计学检验,结果如表3-11所示,与其他类型博物馆展出率(综合类、艺术类和科技类)相比,历史类博物馆展出率比综合类博物馆展出率高0.17 ± 0.02,比艺术类博物馆展出率高0.17 ± 0.02,比科技类博物馆展出率高0.23 ± 0.02($P=0.00$),具有统计学意义,因此历史类博物馆展出率高,其他类别展出率低,在统计学上具有显著差异。

表3-11　各类型博物馆近十年藏品展出率的 LSD 检验结果

(I)组别	(J)组别	均值差异 (I-J)	标准误	P 值	95% 置信区间 下限	95% 置信区间 上限
综合类	历史类	−0.17	0.02	0.00	−0.21	−0.13
	艺术类	0.00	0.02	1.00	−0.04	0.04
历史类	科技类	0.05	0.02	0.01	0.01	0.09
	综合类	0.17	0.02	0.00	0.13	0.21
	艺术类	0.17	0.02	0.00	0.13	0.21
艺术类	科技类	0.23	0.02	0.00	0.19	0.26
	综合类	0.00	0.02	1.00	−0.04	0.04
	历史类	−0.17	0.02	0.00	−0.21	−0.13
自然科技类	科技类	0.05	0.02	0.01	0.01	0.09
	综合类	−0.05	0.02	0.01	−0.09	−0.01
	历史类	−0.23	0.02	0.00	−0.26	−0.19
	艺术类	−0.05	0.02	0.01	−0.09	−0.01

　　将博物馆类型与近十年展出率采用 Spearman 进行统计分析,结果如表 3-12 所示,其相关性系数为−0.575 31,P 值为 0.0001,其相关系数绝对值说明博物馆类型与展出率具有中等程度相关,可以认为历史类博物馆展出率高,其他类型博物馆展出率低,进一步佐证了博物馆类型与藏品展出具有一定相关性。但是远低于博物馆级别与展出率的相关系数 0.9,因此估算的各类型博物馆展出率不如估算的各级别博物馆展出率准确,估算各级别博物馆的展出率更接近全国博物馆藏品展出的实际情况。

表3-12　博物馆类型与近十年展出率 Spearman 相关性统计分析表

Spearman's rho	展出率	统计统计对象	展出率	博物馆类型
		相关系数	1	−0.575 31
		P 值		0.0001
		数量	40	40

从展览来看,根据《2018 中国文物业统计资料》(见表 3-13),2018 年综合类、历史类博物馆机构数、基本陈列、临时展览在数值上占全国的大多数,前文已述综合类博物馆展出率并未比艺术类、自然科技类博物馆高的原因,此处不再赘述,总之,从展览角度出发,历史类博物馆展出率相对于其他类型博物馆会高一些,博物馆类型与藏品展出具有"历史类—展出率高,其他类—展出率低"的相关性。

表 3-13   各类型博物馆 2018 年机构及展览数据

博物馆类型	展览数据		
	机构数(个)	基本陈列(个)	临时展览(个)
综合类	1772	5122	7083
历史类	1709	3796	3534
艺术类	482	1133	1368
科技类	187	572	372

3.4.4   展览数量与客观因素的相关性分析

本节所述客观因素主要是指博物馆所在地区经济发展水平、藏品数量、展览用房面积、人员(从业人员和专业技术人员)、收入(主要指国家财政拨款)。从《2018 中国文物业统计资料》筛选出各地区博物馆 2018 年展览数量、藏品数量、展览用房面积、人员和博物馆收入数据,根据国家统计局发布的各省市地区 GDP 总量排名及人均 GDP 排名,按展览数量从高到低进行排序(见附表 5),用"Pearson"检验计算展览数量与这些客观因素的相关系数。

用"Pearson"检验计算 2018 年各省市博物馆展览数量与经济发展水平的相关性,结果如表 3-14 和表 3-15 所示,2018 年各省市博物馆展览数量与 GDP 总量排名的相关性系数为 -0.7744,P 值为 0.00,其相关系数绝对值说明展览数量和 GDP 总量具有强相关;2018 年各地区博物馆展览数据与其人均 GDP 排名相关性系数 Pearson Correlation 为 -0.40,P 值为 0.029,其相关系数绝对值说明展览数量和人均 GDP 排名具有中等程度相关;无论从 GDP 总量排名还是人均 GDP 排名来看,都可以认为经济发展差的地区(排名低），展览相对较少，经济发展好的地区（排名高），展览相对较多，因此从经济发展水平来看，具有"经济发展水平高—展览多，经济发展水平低—展览少"的相关性的特点。所以，经济发展程度是影响当地博物馆展览的因素之一，而一个博物馆的经费实力也必然会影响该博物馆的展览数量和藏品的利用效率。

表 3-14　2018 年各省市 GDP 总量排名与展览数量 Pearson 相关性统计分析表

统计对象	展览数量	经济发展水平（GDP 总量排名）
相关系数	1	−0.7744
P 值		0.00
数量	31	31

表 3-15　2018 年各省市人均 GDP 排名与展览数量 Pearson 相关性统计分析表

统计对象	展览数量	经济发展水平（人均 GDP 排名）
相关系数	1	−0.40
P 值		0.029
数量	31	31

用"Pearson"检验计算各省市博物馆 2018 年藏品数量和展览数量的相关性，结果如表 3-16 所示，其相关性系数为 0.475，P 值为 0.0069，说明藏品数量和展览数量具有中等强度相关，可以认为藏品少的地区，展览相对较少，藏品多的地区，展览相对较多，展览多一定程度上说明更多的藏品被利用，藏品价值更多地被传递出去。因此从藏品量来看，藏品数量与展览具有"藏品多—展览多，藏品少—展览少"的相关性的特点。

表 3-16　2018 年各省市藏品数量与展览数量 Pearson 相关性统计分析表

统计对象	藏品数量	展览数量
相关系数	1	0.475
P 值		0.0069
数量	31	31

用"Pearson"检验计算各省市博物馆 2018 年展览数量与展览用房面积的相关性,结果如表 3-17 所示,2018 年各省市博物馆展览数量与展览用房面积的相关性系数 0.8897,P 值为 0.00,说明二者具有极强相关,可以认为展览用房面积多的地区,其展览数量较多,而展览用房面积少的地区,其展览数量较少,展览面积毫无疑问是影响藏品利用的重要因素之一,对于一个博物馆来说,要提高藏品利用效率,增加展览面积是有效方式之一。

表 3-17　各省市博物馆 2018 年展览数量与展览用房面积相关性统计分析表

统计对象	展览数量	展览用房面积
相关系数	1	0.8897
P 值		0.00
数量	31	31

用"Pearson"检验计算 2018 年各省市博物馆展览数量与人员的相关性,结果如表 3-18 和表 3-19 所示,2018 年各省市博物馆展览数量与从业人员的相关性系数 0.7507,P 值为 0.00,说明展览数量和从业人员数量具有强相关;2018 年各地区博物馆展览数量与专业技术人员的相关性系数为 0.810 84,P 值为 0.00,说明展览数量和专业技术人员数量具有极强相关;无论从从业人员还是专业技术人员来看,都可以认为人员对于博物馆展览的开展具有重要的作用,如果一个博物馆缺乏必要的人员配置,将严重制约博物馆发展和藏品的利用效率。

表 3-18　各省市博物馆 2018 年展览数量与从业人员相关性统计分析表

统计对象	展览数量	从业人员
相关系数	1	0.7507
P 值		0.00
数量	31	31

表 3-19　各省市博物馆 2018 年展览数量与专业技术人员相关性统计分析表

统计对象	展览数量	专业技术人员
相关系数	1	0.810 84
P 值		0.00
数量	31	31

用"Pearson"检验计算各省市博物馆 2018 年展览数量和收入合计的相关性,结果如表 3-20 所示,2018 年各地区博物馆展览数量与收入合计的相关性系数为 0.5233,P 值为 0.0025,说明二者具有中等程度相关,可以认为收入是影响博物馆藏品利用的重要因素之一,对于一个博物馆要提高藏品利用效率,增加经费绝对是行之有效的方式之一。

表 3-20　各省市博物馆 2018 年展览数量和收入合计相关性统计分析表

统计对象	展览数量	收入合计
相关系数	1	0.5233
P 值		0.0025
数量	31	31

3.5　本章小结

本章主要以定量分析的方式,采用数学模型和统计学的方法来分析我国博物馆藏品的展出率及影响展览数量的因素,以陈列展览为例窥见我国博物馆藏品利用效率的基本情况。笔者从博物馆官网和《中国博物馆重要陈列展览年度记录》等渠道随机收集了来自全国 31 个省(自治区、直辖市)的 670 个展览的基本信息,用数学建模的方法估算了我国不同级别、不同类型博物馆近十年的藏品展出率。发现无论是市县级博物馆,还是省级以上博物馆藏品展出率近十年一直呈下降趋势,而且各类型博物馆藏品展出率估算值曲线图都呈下降趋势,这些结果证明了近十年随着博物馆数量和藏品数量的增加,展出率并没有提高,甚至下降。

利用 Lasso 回归和 Logistics 回归的统计分析方法,从 7 个因素中筛选了 3 个(GDP 排名、展览用房面积和专业技术人员)是影响博物馆展览数量的重要因素。然后基于这 3 个因素构建了预测展览数量的列线图模型,并且用 C–指数、ROC 曲线和校正曲线验证了该模型的准确性,证明了用 GDP 排名、展览用房面积和专业技术人员来预测展览数量的高低具有良好的准确性。

利用 Spearman 和 Pearson 的统计学方法,分别分析了博物馆级别/类型和展出率的相关性,展览数量和影响展览数量的客观因素的相关性。发现博物馆级别与展出率具有"级别高—展出率低,级别低—展出率高"的相关性,博物馆类型与展出率具有"历史类—展出率高,其他类—展出率低"的相关性,从相关系数可以出看出估算的各级别博物馆展出率更符合全国博物馆实际情况。此外,通过博物馆展览数量与客观因素的相关系数计算,证实了经济发展水平、展览用房面积、人员、收入、藏品量等因素都对博物馆展览数量产生影响,其中展览用房面积、人员、经济发展水平是最相关的因素,为思考影响博物馆藏品利用效率的具体原因和探讨提高藏品利用效率的方式提供了指导。

本章是基于收集的数据集的量化讨论。藏品能否充分、合理、科学地被展出与藏品的研究深度、政府的政策法规、展览手段方式、展览理念等因素也具有相关性,而这些因素较难进行量化处理,因此在本章中未予以讨论,但这些因素对博物馆展览有着不可忽视的影响,在下一章中将具体探讨造成博物馆藏品利用效率低的原因。

4

我国博物馆藏品利用效率分析

　　藏品能否被充分利用,是一个博物馆生存能力强弱的表现,也是博物馆能否顺利发展的动力。如前文所述,我国博物馆通过陈列展览、科学研究、社会教育活动、文创产品开发等方式利用藏品的本体价值、情感价值、发展价值,激活了利用思维,创新了利用方式,并初见成效,在一定程度上发挥博物馆的功能。但是在利用过程中存在展出率低、文化内涵未充分挖掘、综合利用率低等问题,所体现的核心问题是藏品利用效率低,这与我国悠久的历史文化及丰富的藏品资源是不相匹配的,也无法满足公众的精神文化需求,严重影响博物馆的发展。上一章笔者从定量分析的角度估算了博物馆藏品展出率,但是展出率并不能完全反映藏品利用效率的全貌,本章笔者基于定性分析的角度,从广度问题、深度问题、频率问题、真实性问题四个方面审视藏品利用效率低的具体表现,并从内部和外部两个角度分析其利用效率低的原因。

4.1　藏品利用效率低的表现

4.1.1　广度问题

　　"广"是指面积、范围宽阔,与"狭"相对,"度"指事物所达到的境界,"广度"具有"宽宏的气度"的含义。比如嵇康的《与山巨源绝交书》中提道:"然使长才广度,无所不淹,而能不营,乃可贵耳。"在佛教用语中广度谓普遍渡人于彼岸。广度还指事物的范围,广狭的程度,笔者采用此含义,藏品利用的广度问题主要是指藏品利用过程中的数量问题。

(1)藏品展出率低。如第 3 章所述,我国博物馆展出率相对较低,从平均展出率来看,仅约 10 个百分点。从当前我国博物馆总数来看,截至 2018 年年底,我国有博物馆 4918 家,文物藏品 3754 万多件/套①,但是展出率低是一个不争的事实。其中省级以上大型综合类博物馆藏品数量从几万件至百万件不等,故宫博物院前院长单霁翔表示,故宫主要在古建筑内对文物进行展出,然而由于古建筑本身无论是空间还是其他条件都有一定的局限性,从而导致目前在展的文物只有 3 万件左右,占馆藏总数的 2 个百分点,没有办法将文物整体风貌展现在世人的面前②;广东省博物馆目前共有藏品近 18 万件,从 2017 年的相关统计数据来看,该馆举办基本陈列展、各种原创展以及合作交流展共计 29 场,在此之中,共展出展品总数约合 11 000 件/套,利用率仅 6%③;南京博物院文物藏品 42 万余件,基本陈列、临时展览、交流展等展出展品约 4 万件,利用率达到 9.5%,已是各大博物馆藏品利用的佼佼者④。地市级以上中型博物馆文物藏品介于几千至几万之间,县级以上小型博物馆一般有上千件文物,大部分的文物被存于库房之中没有得到展示。

(2)馆际藏品量差距大,总体利用不广。我国历史悠久、地大物博,作为四大文明古国之一,拥有丰富的藏品资源,但是各地区、各级别博物馆的藏品数量呈现两极分化,差异非常明显。大多数省级以上博物馆藏品比较丰富,但无法全面展示馆内藏品,如故宫博物院 186 万多件,中国国家博物馆 140 余万件,陕西历史博物馆 171 万多件,上海博物馆 102 万多件,黑龙江省博物馆 62 万多件,山西博物院 40 多万件,南京博物院 43 万多件,广东省博物馆 17.8 万多件。一些县级博物馆藏品则较少,一千至几千件不等,我国县

① 中华人民共和国旅游部.中国文化文物统计年鉴(2019)[M].北京:国家图书馆出版社,2019:286.

② 倪伟.故宫北院区有望 2022 年整体开放[N].新京报,2018-10-11(A08).

③ 广东省博物馆.广东省博物馆陈列展示中心年报[EB/OL].(2018-01-22)[2019-09-21].http://www.gdmuseum.com/webphone/index/ybxw84/497765/index.html?tz=1.

④ 焦丽丹.如何让馆藏文物"活起来"[J].中国博物馆,2015(3):30-34.

级博物馆3691个,占总数的75.05%,文物藏品总量1667.16万件/套,占总数的44.4%,这意味着占全国博物馆总数2/3的县级博物馆拥有全国近一半的藏品,它们是与大众接触最直接、最密切的,但是其藏品级别、经费支持、专业人才、展览手段等无法与大型博物馆相提并论,有的小型博物馆由于多方面原因可能无法组织系统的陈列展览。悬殊的馆际差距,使得大型博物馆不能充分利用藏品,小型博物馆甚至出现"无米下锅"的情形,博物馆整体呈现藏品利用不广的问题①。

(3)藏品利用的类型不广。2018年我国博物馆举办基本陈列12 723个,临时展览13 623个,其中综合类博物馆、历史类博物馆分别举办基本陈列5122个、3796个,合占总数的70.1%,分别举办临时展览7083个、3534个,合占总数的77.93%,这两个类型的博物馆文物藏品共占藏品总数的67.26%(详见表4-1),这说明综合类、历史类博物馆在我国的藏品利用中占主导地位,其所藏的藏品类型与全国第一次可移动文物普查的文物类型统计是完全相同的,其中以钱币、古籍图书、档案文书、陶器、瓷器、铜器等藏品居多,这些藏品相对其他类型的藏品利用得更多,由此可见我国藏品利用的类型不广。

表4-1　2018年度各类型博物馆基本陈列、临时展览、藏品数量及所占比例

机构类型	展览数据			
	机构数(个)	基本陈列(个)/ (所占比例)	临时展览(个)/ (所占比例)	文物藏品(件/套)/ (所占比例)
综合类	1772/(35.99%)	5122(40.26%)	7083(51.99%)	16 387 457(43.65%)
历史类	1709/(34.71%)	3796(29.84%)	3534(25.94%)	8 864 766(23.61%)
艺术类	482/(9.8%)	1133(8.91%)	1368(10.04%)	2 389 777(6.37%)
科技类	187(3.8%)	572(4.5%)	372(2.73%)	3 780 872(10.07%)
其他	773(15.7%)	2100(16.51%)	1266(9.29%)	6 117 868(16.3%)
总计	4923	12 723	13 623	37 540 740

---

① 耿然.浅谈博物馆文物藏品的科学管理与利用[M]//博物馆发展论坛组委会.博物馆发展论丛.北京:北京联合出版公司,2017:237-246.

（4）展览更新周期长。我国博物馆的基本陈列、临时展览在数量上总体呈现上升趋势，近十年在总数上有很大增加，但是博物馆的基本陈列一般最快5~10年更新一次，有的陈列展览更新周期更长，临时展览虽然更新快，但是展品数量一般较少，藏品的利用广度仍然有限。基本可以肯定的是，对于绝大部分藏品而言，馆内员工能见到的机会都很少，大众几乎见不到①。

4.1.2 深度问题

"深"是指从表面到底或从外面到里面距离大，与"浅"相对，深度一词主要指的是向下或者是向里的距离，这从隧道的深度中可以窥见一斑；不仅如此，深度还有两种另外的解释，一种可以认为是事物朝着更高阶进行发展的程度，另一种是达到事物本质的程度。在此，我们主要采用的是深度一词的第三种含义，藏品利用的深度问题是指利用中的程度问题。

（1）没有对价值进行深度挖掘。尽管从当前我国博物馆馆藏实际来看，藏品资源较为丰富，然而就博物馆怎样更好地进行藏品展示、研究以及背后文化的挖掘则相对较弱，无法对藏品所具有的各种价值进行深度挖掘，故而获得持续性文化吸引力和文化魅力依旧有所欠缺。部分博物馆只是单纯地将藏品陈列出来，而未站在参观者的角度展示藏品所蕴含的文化价值，导致参观者无法真正理解展品的价值内涵。对于绝大部分博物馆而言，研究工作都是一个弱项，藏品著书出版也多是图片加简单介绍居多，对于藏品价值的挖掘不够深入，无法将专业的藏品知识转化为大众易于明白和接受的通俗语言，更无法将深奥、抽象枯燥的内容以生动活泼的形式表现，读者难以感受藏品的精妙之处②。博物馆文创产品的开发还处于探索阶段，很多博物馆的文化创意产业处于可欲而不可为的状态，写在纸上容易，落在实处则难，通过文创产品的设计赋予博物馆藏品新的生命，但是还远远没有达到让

---

① 汪培梓,李萍.当前馆藏文物展示与利用相关问题探析:兼谈如何让文物"活起来"[C].城市博物馆规划与建设——中国博物馆协会城市博物馆专业委员会第九届学术年会论文集(2017·郑州),2017-06-20:255-265.

② 田利芳.让馆藏文物活起来 让博物馆更接地气[J].人文天下,2015(12):42-46.

藏品蕴含的价值"活"起来①。藏品价值挖掘不充分势必影响藏品的深层次利用,也会影响博物馆功能的发挥和博物馆影响力的扩大。

(2)利用程度较浅。通常来说,我国博物馆馆内所展示出来的藏品大多记载着历史文化,所运用的陈列方式也大同小异,主要是根据时代的演进将不同时期的展品以此进行展出。不仅如此,针对展品所给出的简介也较为乏味,基本上由名称、年代以及出土时间等基本要素构成②。即使有的陈列展览设计精美,但也存在注重视觉感受,忽略展品本身的问题,展品的文化背景、历史内容和更深的介绍没有得到体现。笔者认为,对藏品的科学研究可分为三个方面:藏品物质实体研究、藏品文化内涵研究、藏品价值传承与传播。而就目前博物馆的科研情况而言,大部分博物馆都只做到了对藏品的物质实体研究。博物馆开展教育活动更多地停留在对藏品的直观性利用和实践性利用,对于藏品的探索性利用和创新性利用,大多数博物馆没有开展。微信公众平台是博物馆新媒体传播的一种重要方式,相对于传统的服务形式,显现出明显优势,但是通过对 32 个省级以上博物馆微信公众号进行分析,其栏目内容集中于陈列展览、参观服务、社教活动等,同时消息表现行为相对较为枯燥,绝大多数博物馆选择图文方式推送日常信息,较少有博物馆会选择通过视频或者是音频的方式进行③。博物馆藏品的数字化利用多处于藏品信息数字化建档和虚拟展示、检索,文创产品的开发也是以基础性产品最多,创意型产品次之,智慧型产品一般只是大型博物馆进行了开发。综上所述,博物馆通过多种方式利用藏品,但是利用程度都还较浅。

(3)利用方式多为单向式。随着博物馆免费开放的实施,对公共文化服务的重视,以及"让文物活起来"的理念倡导,博物馆越来越向服务型发展,探索更多的藏品利用模式,旨在改变传统的单向式模式。虽然也取得了一些进展和成果,但是目前的利用方式还以单向式居多,一方面是由于传统灌输式观念的影响,例如博物馆利用了微信公众号开展业务,然而栏目设置不

① 耿然.浅谈博物馆文物藏品的科学管理与利用[M]//博物馆发展论坛组委会.博物馆发展论丛.北京:北京联合出版公司,2017:237—246.

② 姜杨.博物馆陈列展览工作的探讨[J].才智,2019(10):232.

③ 翟鑫.新媒体环境下博物馆微信公众平台服务发展现状及对策:以省级博物馆为例[J].文物春秋,2016(Z1):63—69.

够科学合理,绝大部分栏目都同业务相关,比如说陈列展览、参观服务等,博物馆同广大参观者之间起到沟通桥梁作用的"互动反馈"类栏目则鲜有设置;又如大部分展品的讲解都是简单地由讲解员向观众传输藏品信息。另一方面是大众缺乏参与性,始终处于被动状态,例如很多观众参观展览都只是跟随讲解员的步伐"走马观花"式地看展览,互动性、参与性比较少;再如我国的文创产品开发更多的是馆方开发产品,观众接受、购买产品,发挥大众智慧创意参与文创产品开发的情况比较少。

4.1.3　频率问题

"频"指重复、连续,《字汇》中载"频,连也",《后汉书·杨终传》载"频年服役";"率"是谓两数之比,指比例、比率,《史记·周本纪》载"其罚百率"。"频率"一词基本解释有两种:①单位时间内完成振动(或振荡),单位为赫兹;②从概率研究来看,随机事件发生的次数同总试验次数两者之比便是随机事件发生的频率。通常来说,我们往往会采用随机事件的频率对事件概率进行估计。随着总试验次数的提升,估计偏差逐步变小。笔者采用第二种含义,藏品利用的频率问题主要是指在一定时间或范围内藏品重复出现的次数问题。

(1)藏品周转率低。2009 年我国博物馆共 2252 个,2018 年共 4918 个,增加了 118.38%;2009 年我国博物馆藏品 1571.11 万件,2018 年藏品 3754.07 万件,增加了 138.94%;2009 年我国基本陈列共 4853 个,2018 年共 12 723 个,增加了 162.17%(详见表 4-2);虽然随着博物馆数量、藏品数量的增加,基本陈列呈现增长的趋势,且近十年越来越强调藏品利用,但是每年单个博物馆基本陈列平均数量呈波动式递减趋势(见图 4-1),这说明博物馆内藏品周转率低。临时展览是馆内藏品流动的常用方式,由 2009 年的 9204 个到 2018 年的 13 623 个,增加了 48.01%,但是每年增加速度很慢,有时候是负增长,每年单个博物馆临时展览平均数量从 2009 年到 2018 年呈现递减趋势(见图 4-1),这与加强文物合理利用的政策不符,每年单个博物馆临时展览也没有随着藏品数量的增加呈现增长趋势,这说明博物馆没有充分利用陈列展览来提高藏品流动,再一次说明馆内藏品周转率低。馆际文物外借也是藏品流通的一种方式,但并没有形成一定的规模,馆际之间借用文物的手续比较烦琐,大型博物馆基于藏品保护等原因未必大量借出藏品,因此虽然现在馆际合作越来越多,但是馆际藏品周转率仍然比较低。

表 4-2   2009—2018 年博物馆陈列展览、藏品数量数据

年份	博物馆总数(个)	基本陈列(个)	临时展览(个)	藏品数量(万)	每年单个博物馆基本陈列平均数量(个)	每年单个博物馆临时展览平均数量(个)
2009 年	2252	4853	9204	1571.11	2.15	4.09
2010 年	2435	7206	10 091	1755.25	2.96	4.14
2011 年	2650	7054	9867	1902.34	2.66	3.72
2012 年	3069	8230	11 885	2318.07	2.68	3.87
2013 年	3476	7650	9172	2719	2.20	2.64
2014 年	3658	9036	10 529	2929.97	2.47	2.88
2015 年	3852	9977	11 177	3044.14	2.59	2.9
2016 年	4109	11 321	11 788	3329.38	2.76	2.86
2017 年	4721	12 189	12 422	3662.3	2.58	2.63
2018 年	4918	12 723	13 623	3754.07	2.59	2.77

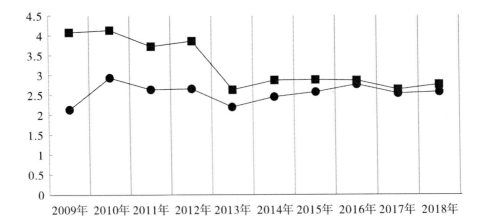

—●— 每年单个博物馆基本陈列平均数量(个)

—■— 每年单个博物馆临时展览平均数量(个)

图 4-1   每年单个博物馆基本陈列、临时展览平均数量趋势图

（2）利用频率的两极分化。馆藏精品过度利用与普通藏品缺乏利用突出体现了博物馆藏品利用频率的两极分化问题，馆藏精品向来备受青睐，在布展中成为首选，也是研究的重要关注点，更是复制仿制首先考虑的对象，产生的相关文创产品也是最能代表博物馆文化的，因此其藏品价值发挥相对充分，但是在展览中过度利用精品是存在风险的。以秦始皇帝陵博物院兵马俑为例，它是世界第八大奇迹，是人类重要的文化遗产，是中国对外交流的金色名片，近些年在美国、加拿大、澳大利亚、日本、荷兰、新加坡等多个国家巡展，几乎没有回国的时间，文物没有"休息"，也增加了损坏的风险。2017 年，在富兰克林科学博物馆举办的"兵马俑：秦始皇帝的永恒守卫"展中，发生了兵马俑手指被折断的情况（见彩页图 10）①。展览是展示中国文化的重要方式，但是要建立在保护文物和合理利用的基础上，精品文物过度利用是值得注意的一个问题。相对于馆藏精品，博物馆更多的是普通藏品，是支撑展览的重要组成部分，某些藏品或因为等级低而藏于库房，或因为同类型的藏品很多而藏于库房，或因为其部分破损、不完整而没有利用等，应加强普通藏品的利用频率，随着研究的深入和技术的进步，普通藏品是提高藏品利用频率的"主力军"。

4.1.4 真实性问题——以《国家宝藏》节目为例②

"真实性"一词的意思主要涵盖四个方面：一是真实而非虚假的；二是原本而非复制的；三是忠实而非虚伪的；四是神圣而非亵渎的。20 世纪 60 年代，《威尼斯宪章》中明确要求将文化遗产真实、完整传递下去。"历史真实性"原则之后成为世界文化遗产审定标准的首要原则③。藏品利用的真实性问题主要是指利用中的非原本、错误、虚假之处。《国家宝藏》节目是藏品情感价值利用的典型代表，是文博类电视节目的一次创新尝试，随着节目的播

---

① 屈畅.在美兵马俑拇指被盗 陕西要求严惩肇事者[N].北京青年报,2018-02-18（A04）.

② 该部分内容来源于笔者论文（李姣.关于如何"让文物活起来"：以《国家宝藏》节目为例[J].文物世界,2019（5）:60-63）。

③ 张昕."真实性"原则在文化遗产保护中的价值与意义[J].湖北美术学院学报,2006（4）:11-12.

出,观众越来越多,得到了不少受众的好评。然而,文博类综艺节目存在着泛娱乐化的现象,为博得更多的关注,有时会选择忽视文物故事的真实性。于是,这就导致社会上出现了不少负面的言论,对文博类综艺节目进行批判。其中,批判的主力军为历史以及考古行业人员,批判的核心在于不认同节目中历史故事的真实性,认为其中的内容不够严谨。

(1)文物故事信息真实性问题。节目在一开始便已经表示,"前世传奇"以史实作为基础在合理范围内进行虚构,以此证明其存在着文学创作以及推论的特质。就拿石鼓来说,节目对石鼓进行介绍时主要讲述了一个故事,司马光的父亲司马池在接到宋仁宗下达的命令后,便在关中地区找寻石鼓的踪迹,在他的努力下,共收集到十只先秦时期的石鼓向朝廷进献。然而,随后发现在十只石鼓中有一只"乍原"鼓非先秦时期所制,于是弃自身安危于不顾,向朝廷如实以告。然而,这与张诗正的《倦游杂录》的记载有所差异,依照该文集所述:"本露处于野,司马池待制知凤翔日,辇置于府学之门庑下,外以木椟护之。"①从这里可以看出,司马池将本来暴露在野外的石鼓转移到府学进行保护,而不是故事中所讲述的"进献朝廷",更不存在发现其中有一个是假鼓并如实上报的情况。节目总导演于蕾对此表示,宋史上并没有对此段故事的记载,这仅是节目组以相关史料为基础所进行的合理演绎②。

以铜鎏金木芯马镫为例,《华商晨报》曾有报道指出:花木兰大致生活在公元400—500年间的南北朝北魏时代,但是从馆藏来看,铜鎏金木芯马镫属于北燕时期的产物,也就是说,该文物的产生时间大致在公元409—436年,并不存在任何证据可以认定两者之间存在必然的关联,只是年代和地理位置差不多罢了,有过彼此交战的历史③。这说明并没有史实证明铜鎏金木芯马镫与花木兰有直接的关系,故事虚构成分较大,演绎占了上风。

---

①　张诗正.倦游杂录[M].上海:上海古籍出版社,1993:10.

②　刘玮.《国家宝藏》挑宝物先看有没有故事[N].新京报,2017-12-15(C06).

③　高巍.揭秘辽博录制《国家宝藏》始末:三件"国宝"能代表辽博吗?展现的是文物价值更是精神价值[EB/OL].(2018-01-08)[2019-09-15].http://liaoning.nen.com.cn/system/2018/01/08/020294986.shtml.

（2）文物本体真实性问题。以落霞式"彩凤鸣岐"七弦琴为例，其真实性引起社会层面的广泛探讨。针对质疑的声音，部分专业人士表示，无论是腹款中所涉及的内容也好，还是落款形式也罢，抑或是题款和题款的年代，都不是鉴定腹款真伪的关键所在。从唐代书法碑帖的落款可以了解到，例如李邕的《麓山寺碑》中便有"大唐开元十八年岁次庚午九月"这一落款。唐代书法家在落款时采用"大唐某某年"，可以充分体现出其对时代的尊敬和热爱。郑珉中先生虽然是古琴断代的权威，尽管其在《论日本正仓院金银平文琴——兼及我国的宝琴、素琴问题》中并没有将"彩凤鸣岐"纳入唐琴的名单，然而其也没有表示"彩凤鸣岐"并非为唐琴①。由此可见，落霞式"彩凤鸣岐"七弦琴的真实性是存在争议的。

（3）文物研究结果真实性问题。拿贾湖骨笛来说，学界早有研究者提出了自己的观点，其中以中国科学技术大学张居中教授为代表。依照张教授的观点，当前社会层面广泛传播了关于贾湖骨笛的谣言，主要分为三类：①由认识渐进性导致阶段性成果存在出入；②因为年代久远使得部分老先生记忆出现了偏差；③在信息传播的过程中发生了以讹传讹的情况。张教授表示，其找自己的友人萧兴华对贾湖骨笛是否具有音乐功能进行鉴定时，萧先生刚看到贾湖骨笛便为之一振，这是由于从构造上来说，贾湖骨笛同直吹木笛（一种来自新疆哈萨克族的吹奏乐器）极其类似，同时也很像吉克族的鹰骨笛，故而直言贾湖骨笛便为乐器的一种②。该过程也从萧兴华教授撰写的《中国音乐文化文明九千年：试论河南舞阳贾湖骨笛的发掘及其意义》中得以证实③。然而在节目中，萧兴华对骨笛来源给出的故事则不同，他表示这支骨笛来源于自己在 20 世纪 80 年代中国历史博物馆的小摊上的一眼相中。张居中教授表示，尽管其前期已经多次告知节目组骨笛发掘的情形

① 刘笔华.《国家宝藏》大名鼎鼎的宝琴遭质疑？看专业人士如何解答[EB/OL].(2018-02-02)[2019-09-15].https://www.toutiao.com/i6518095835488584196/.

② 张居中.舞阳贾湖骨笛的发现与研究历程回顾[EB/OL].(2018-01-03)[2019-09-25].http://www.sohu.com/a/216436502_100019854.

③ 萧兴华.中国音乐文化文明九千年：试论河南舞阳贾湖骨笛的发掘及其意义[J].音乐研究,2000(1):3-14.

以及其所具有的历史意义,然而最终呈现出来的节目效果依旧出现了事实错误①。

从中可以发现,节目的学术性、严谨性的确需要进一步强化,张居中教授指出:艺术创作、社会背景、历史事实、考古知识等方面是每一个文博知识普及节目制作过程中都会遇到的困难②。宋向光教授指出:"很希望'基于史实合理虚构'只限于综艺节目。"③对于《国家宝藏》节目中所出现的藏品利用中的真实性问题,我们应该思考如何将学术的严谨性与节目的精彩性相结合,如何避免真实性问题,从而真正做到"让文物活起来"。

博物馆藏品的利用效率低是多种原因造成的,众所周知内因和外因是影响事物发展的重要因素,在实践中,内因就是事物不断变化的依据,无论是哪一种变化都必须要有内因才可以实现,可是变化究竟会走向哪里,会不会符合人所设定的目标以及愿望,这便不仅仅是内因可以决定的,而是由内因和外因的互动一起决定的,并且还给外因留下极大的空间。所以在某些情况下,我们可以说,内因推动了事物转变的可能性,外因则是给事物发展转变带来一定的现实性。若是将内因作为依据,那么外因则能够当作是"边际效用",它俨然已经成了发展的增长点④。造成博物馆藏品利用广度不够、深度缺乏、频率较低及真实性问题的原因是多方面的,也可以从内部和外部原因两个角度来看。内部原因包括:藏品研究不足、展览场地限制、利用模式单一、利用思路狭隘、藏品的同质化、专业人才缺乏;外部原因包括:法规尚待完善、外界参与性低、利用经费不足、缺少馆际交流。

① 赵一尘.《国家宝藏》真的做到文博类节目的极致了吗? [EB/OL]. (2018-01-12)[2019-09-25]. http://m. ckxx. net/p/94089. html.

② 张居中. 舞阳贾湖骨笛的发现与研究历程回顾[EB/OL]. (2018-01-13)[2019-09-25]. http://www. sohu. com/a/216436502_100019854.

③ 张星云.《国家宝藏》火爆背后,博物馆与综艺娱乐[N]. 三联生活周刊,2018(1).

④ 宣文. 对内因与外因关系的再思考[J]. 电子科技大学学报(社科版),2005(4):63.

4.2 藏品利用效率低的内部原因

4.2.1 藏品研究不足

藏品研究是博物馆向前发展的动力之一,没有学术研究的博物馆基本上只是藏品的收藏室、陈列室,不能充分发挥博物馆的职能。藏品研究力度不够是博物馆藏品利用效率低的一个重要原因,每一件藏品都蕴含着丰富的本体价值、情感价值、发展价值,需要博物馆专业人员去研究、解读、阐释,任何形式的藏品价值利用都是建立在研究的基础上。

藏品逐渐增多,来源复杂,种类也愈加多样,对藏品的研究则相对落后。

一是藏品研究不足,无法揭示藏品的内涵。如一件陶器,如果不经过专业人员的研究、解读,展示出来的只是一个普通的盛物器皿,其蕴含的历史文化内涵无法知晓。在一些博物馆由于缺乏研究,藏品被存于库房,不能为展览、教育活动、文创衍生等诸多利用活动提供有力的支持,如广西博物馆搜集的数吨古钱币原封不动地装在麻包里,很多太平天国时期的文物也"无人问津",馆藏书画几千件及一些宗教文物基本上深藏库中[①],大量文物未能启用,究其原因就是缺乏研究。

二是藏品研究不力,一部分较好的藏品,甚至珍品、精品等尚未被充分认识。藏品入库之初,博物馆工作人员不可能在短时间内对每件藏品做出切合实际的判断,一些文物价值高的藏品混杂在一般藏品之中,内在价值被湮没。唯有科学地对藏品进行研究与分析,才可以分辨出它们的真假,判断

---

① 潘郁生.博物馆免费开放与提高馆藏品利用率的思考[M]//吴伟峰,黄启善,谢日万.博物馆免费开放的思考——广西博物馆首届学术研讨会论文集.南宁:广西科学技术出版社,2009:49-59.

出它们的价值,使它的名声和实际相符,各得其所①。

三是藏品研究不足影响藏品利用的广度,对于藏品研究重视不够,许多藏品被搁置于库房,无人进行研究,藏品的价值被遗弃,甚至博物馆工作人员都会有种错觉,觉得馆内没有可以研究分析的藏品,藏品的价值完全被忽视了,导致出现了人为浪费,有的藏品不是没有利用价值,而是没有深入的研究,没有挖掘出价值内涵,严重影响了藏品利用的广度②。

四是藏品研究不足所产生的真实性问题,前文所述《国家宝藏》节目出现的真实性问题,一是节目追求综艺性和节目效果造成的,二是虽然有众多专家"保驾护航",但是节目组在甄选内容、表现方式上研究力度不够,因此产生真实性问题。还有一些博物馆在展览中出现的知识性错误,故宫博物院研究员吕成龙指出展览中的三种错误:①展品定名不规范或者不正确(彩页图11),比如:把"祭红釉碗"标注成了"红釉碗"、把"龙泉窑青釉塑贴云鹤纹菊花式折沿盘"定名为"花口贴花云鹤盘"、把"五彩龙凤穿花纹碗"标注成了"五彩龙凤纹碗"、把康熙年间代表性器物"双陆尊(瓶)"叫作"摇铃尊(瓶)"(彩页图12),甚至直接叫"瓶"、把"蓝釉"称作"兰釉"等;②展览年代定错,比如误把清朝雍正年间仿明代永乐朝瓷器认作是永乐朝瓷器;③重要文物、展览主题或者是相关知识介绍的说明文字中标点符号乱用、病句、错字、落字较为常见。比如:"江西省大志"就落了个省字,只剩下了"江西大志";"练泥""成型""刮坯"以及"蓝田窑"分别被错写成了"炼泥""成形""剐坯"以及"兰田窑"等③。这些错误的出现和研究不足有很大关系。

藏品研究不足对藏品利用的广度、深度、频率、真实性都会产生影响,只有对藏品开展足够的研究,才能充分传达藏品蕴含的价值,才能更好体现博物馆的品质,从陈列、宣教、文创等方面将博物馆这一"品牌"进行呈现,只有将博物馆实际水平表现出来,才会让人们对博物馆有更进一步的了解,愿意

---

① 郭玉安,孙敬明.博物馆藏品研究的意义、特点及方法[J].中国博物馆,1991(1):56-59.

② 郭永利.浅议博物馆藏品的利用[J].兰州学刊,1995(5):44-46.

③ 李瑞,吕成龙:对博物馆展览中的错误说"不"![EB/OL].(2018-03-11)[2019-09-21].http://www.ncha.gov.cn/art/2018/3/11/art_2063_147614.html.

主动走进博物馆,博物馆的价值才能真正实现[1]。

4.2.2 展览场地限制

博物馆的展览场地在一定程度上影响着藏品利用的广度,众所周知,好的展览空间,应该具备适应性与机动能力强、空间自然流畅以及空间利用率高等优点,能够牢牢地吸引游客的目光,最大程度将他们的目光引向藏品[2]。展览场地的限制表现在以下三个方面。

(1)展览场地面积的限制。陈列空间的大小,会影响陈列藏品的数量和陈列主题。根据我国当下博物馆功能分区面积统计,陈列展览空间占博物馆总面积50%左右[3](见图4-2),其相对面积是没有问题的,但我国藏品众多,开设的展厅有限,相对于数量众多的藏品我国博物馆展览场地的绝对面积是有限的。中国国家博物馆藏品140余万件,建筑面积达到了将近20万平方米,展厅总共有48个,在全球单体建筑中,它的面积是最大的;上海博物馆馆藏102万多件,现有10个艺术陈列专馆、4个捐赠文物专室和3个特别展览厅;山东博物馆馆藏20余万件,开设15个展厅。相较于国内博物馆,国外博物馆注重开辟展览场地,法国卢浮宫收藏文物、艺术精品约有40万件,开设了250多个展厅;日本东京国立博物馆藏品仅11万件,但开辟了43个展厅。我国大多数博物馆,尤其是藏品较多的大馆,存在展览场地不足的问题。陈列空间太小,不仅会对藏品数量有所限制,还会使得陈列主题过于简短或者单薄,更有甚者会对陈列主题的连续性造成一定的影响,陈列效果会直接大打折扣,藏品利用效率也会降低[4]。

---

[1] 焦迪.研究对提升博物馆水平的作用和意义[J].经济研究导刊,2011(20):299-300.

[2] 李卫平.限制的空间:博物馆展厅的平面布局[M]//中国博物馆协会博物馆学专业委员会.中国博物馆协会博物馆学专业委员会2013年"博物馆建筑与功能"学术研讨会论文集.北京:中国书店,2014:165-171.

[3] 侯雅静.博物馆陈列展览空间设计研究[D].广州:华南理工大学,2012:9-10.

[4] 郭永利.浅议博物馆藏品的利用[J].兰州学刊,1995(5):44-46.

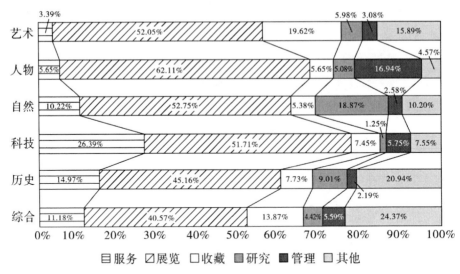

图 4-2　国内各类博物馆面积构成①

（2）场地设备条件的限制。由于各方面原因,博物馆展厅设备通常都无法达到时代要求,即便近年来不少省级博物馆接连不断地建新馆,提升展场设备,但是大部分博物馆的展厅设备仍旧落后,无法达到"十防"标准。"十防"包括防污染、防火、防裂、防盗、防雷、防尘、防震、防潮、防虫以及防光等。以广西博物馆为例,广西博物馆的一些展厅,没有安装恒温恒湿设备,是开放式的,如果要举行画展、书展,那么只能选秋天或者冬天的干旱季节。因为广西处在亚热带,春天雨水多,空气湿度也比较高,夏季气温高,室内超过35摄氏度,没有恒温恒湿的设备,在一定程度上限制了藏品的利用。防火、防盗也是博物馆的重要工作,藏品一旦损坏就不可再生,广西博物馆为庆祝广西壮族自治区成立40周年投入大量人力、物力举办"广西文物精品展览",但在活动当天因安检不合格而闭馆,以免造成精品文物损失②。展场设

①　侯雅静.博物馆陈列展览空间设计研究[D].广州:华南理工大学,2012:9-10.
（参考2017年版《建筑设计资料集》）
②　潘郁生.博物馆免费开放与提高馆藏品利用率的思考[M]//吴伟峰,黄启善,谢日万.博物馆免费开放的思考——广西博物馆首届学术研讨会论文集.南宁:广西科学技术出版社,2009:49-59.

备条件的限制使很多珍贵藏品至今无法展示在观众面前。

（3）展品密度不合理。博物馆展品密度是指陈列时单位面积内展品摆放数量的多少，过大或过小都不利于藏品利用，直接关系博物馆功能的完整性[①]。在现今博物馆的陈列设计里，用来表现展品密度的手法有低密度与高密度两种，英国、埃及、日本等国的博物馆多采用立体的高密度的陈列摆设方式，注重观众的客观需求，突出观众的主动性，从展品出发激发观众的思维；我国博物馆主要采用的是"少而精"的陈列思想，偏重于灌输式的宣传，以对观众的思维引导为主。展品密度不宜过低也不宜过高，密度过低，浪费了陈列展览的场地面积，也使观众感到兴趣索然，观众的观展需求得不到满足；密度过高，虽然充分利用了展览场地，甚至会过分利用展览场地，超过了饱和度，会给观众杂乱无章的感觉，难以理解布展的内容和思路，使展览效果大打折扣。有相关研究针对我国15家科技馆的展品密度进行科学分析，只有5家科技馆（其中包括辽宁科技馆）的展品密度达到了建议标准，15家现代科技馆的平均展品密度是3.03，要比《科学技术馆建设标准》的最低值3.33小[②]。事实上，我国博物馆的展品密度是偏低的，没有充分利用已有场馆的空间，必须科学地改进之前的低密度陈列，参考引进国外高密度陈列方式，进一步充分利用场馆，以此增加容纳展品的空间，提高藏品利用的广度。

4.2.3　利用方式单一

所谓利用方式单一，并不是指只采用一种方式利用藏品，而是指陈列展览这一方式占据了绝对主导地位，并且陈列内容、形式单一。近年来，在"让文物活起来"的口号下，博物馆探索了多种方式利用藏品，虽然省级以上大型博物馆比较注重多样化利用，但是利用程度较浅，处于探索阶段。而小型博物馆因为资金、人员等原因大多只是举办基本的陈列展览，就目前而言陈

---

① 牛文静.试论博物馆陈列设计艺术中的"展品密度"[J].文物鉴定与鉴赏,2016(7):100-101.

② 张凯.浅议展品密度理论在我国现代科技馆建设中的应用[J].自然科学博物馆研究,2017(S1):85-89.

列展览是最主要的利用方式。

　　我国有的博物馆陈列方式以及内容几十年都没有什么变化,也无新意。受苏联影响,新中国成立后重新创建的博物馆,不少精美藏品以及重要文物都不允许展出,博物馆经常都是以传统的社会发展史为基础来布置展厅。20世纪80年代的上海博物馆打破了传统的陈列方式,隐去了"历史性","物"开始被突显出来,这就将博物馆以"物"为根本的价值充分突显。后来不少博物馆都跟风效仿,出现了一些"唯美主义"现象,比如过于追求展览豪华、文字过于简洁、展品精美奢华、辅助性展品太少等。直到今天,此类"精品式"展览都依然盛行,导致普通藏品不能展示出来①。进入21世纪,"以人为本"的思想使博物馆的展览开始由"物"转向"人",注重从观众的角度出发,考虑观众的需求。越来越多运用声光电等技术手段让展览动态化,但是很多博物馆并没有从陈展内容和藏品价值内涵出发,容易使展览变成"炫技",掩盖了展览主题,有的博物馆则只是在展厅增加一些电子设备,对于展览内涵并没有进行提升。

　　博物馆办展览不能一味跟风,也不能被固有的陈展框架所限制,应该深入研究藏品和观众需求,并主动迎合时代要求,办出有特色的展览,才能发挥藏品的价值。随着时代的发展,观众来博物馆参观不再是受教育的心态,而是将博物馆当作休闲、消遣、娱乐的场所,来博物馆探索、求知、寻找乐趣。因此,博物馆需要将展览的学术性、知识性、趣味性融为一体,使展览具有良好的观赏性,陈列展览不仅要有独特的文化艺术内涵,还要利用多种形式设计进行包装。近年来,我国博物馆举办的陈列展览确实愈加增多,但是由于研究缺位,对藏品认识不足,藏品被纳入陈展系统后,只能够放在展柜当中,虽然从数量上看,藏品的利用效率得到了有效提高,可是它的利用质量却不高。除了陈列展览,博物馆还应该充分发挥主观能动性,在提倡藏品利用的时代里抓住机会,横向上拓宽藏品利用方式,纵向上拓展藏品利用的程度。但是回首过去,博物馆一贯制的陈展、单一的利用方式对藏品利用的深度、广度、频率都造成了影响,因为不少博物馆思维依旧是传统的精品陈展思

---

①　许俊平.博物馆藏品利用存在的问题及对策[J].中原文物,2001(3):78-80.

维,一些不具备欣赏价值,或者是品相较差的藏品就没有了陈列机会,长时间地埋没在库房里,藏品利用效率低也是必然的了。

4.2.4　利用观念狭隘

所谓观念,其实就是行为指导,我们付诸的所有行动,都建立在观念这一基础上[①]。而当前很多博物馆藏品的利用,无法达到"合理利用"的标准,不能适应大环境的主观能动性,一些陈旧、狭隘的观念仍旧指导着博物馆的工作,影响着藏品利用的广度和深度。

(1)"重藏轻用"观念。我国博物馆长久以来的观念便是重视收藏,忽视了藏品利用。还有部分博物馆受这种观念的影响,对如何有效利用藏品考虑甚少。藏品的使用状况没有被博物馆注重,藏品保存得怎么样,年藏品增加了多少,这些依旧是博物馆发展的重要标志,没有把藏品利用作为衡量博物馆工作的重要标尺。"重藏"我们知道是很有必要,因为要保证藏品的安全,可也不应该"轻用",轻用导致游客不能接触到藏品,藏品就得不到有效利用。不要片面、僵化地理解注重收藏这一原则,否则博物馆同样失去了存在价值。

(2)封闭垄断意识。有的博物馆工作人员对本馆藏品保密,存在封闭垄断意识,特别是重要的藏品既不介绍,也不公开;某些博物馆缺乏共享意识,怕上级单位借展或将藏品调拨走,所以将展品藏起来,从不外露,只在内部进行分析和研究,这就使馆内的藏品变得极为神秘,外人、观众根本接触不到;还有一些博物馆的藏品只供给专家或者领导研究、鉴赏,本馆除保管部之外的工作人员鲜有机会接触。这些博物馆将藏品视为"私有财产",没有全局观念和共享意识,宁愿将藏品封闭起来,也不公开给大众进行利用和研究,观众接触不到这些藏品,致使藏品越来越神秘,不可接近。

(3)畏难心理。博物馆的工作环境相对轻松,畏难退缩、维持现状的心态普遍存在。提高藏品的利用效率,必须投入大量的人力、物力和财力,现在不少博物馆经费明显是不够的,它们只习惯性地做好基础性工作,对于藏品更多的是只求做到不丢失、不损毁,尽量避免对外使用,以此减少风险。

---

① 叶辉芬.博物馆藏品利用存在的问题及对策[J].神州民俗,2014(227):35-37.

博物馆一般都有一套藏品管理制度,这有利于藏品的安全管理,但对外部的藏品使用者来说是烦琐的,这使得博物馆其他部门也增加了畏难心理。为减少工作负担,避免承担一些相对应的责任或者义务,部分博物馆畏惧困难,不愿意耗费时间去开展工作,不愿意在藏品利用方面,投进人力、物力和财力,使博物馆缺乏活力和克服困难的氛围,不能充分发挥藏品价值和博物馆功能。

(4)墨守成规的心理。有的博物馆主要把眼光集中在现有展品上,自然而然地认为博物馆最好的、最值得展出的藏品已经展示出来,库房里没有值得利用的藏品了。每一件藏品都是因为它有值得收藏的原因才被博物馆收入,墨守成规的心理使博物馆缺乏创新的思维,无法突破固有思想,去挖掘藏品的价值,去创造性地利用藏品。故宫博物院在藏品利用的创新和突破上值得学习,如 2019 年春节举办的"贺岁迎祥——紫禁城里过大年"活动,其中时隔两百年再次挂起宫灯,"点亮"紫禁城,就是创造性地利用了藏品,游客在故宫实景里体验清代宫灯,感受清代宫廷的过年习俗,更加深刻地理解了一些历代相继的礼俗。

4.2.5　藏品的同质化

新中国成立 70 多年以来,在发掘文物和征集文物这方面取得了不错的成绩,藏品的总数大幅度增加,但因为我国博物馆学出现得太晚,博物馆的很多工作缺少一定的理论基础,再加上每个博物馆工作都是互不干涉的,不少博物馆在最开始为了充实库房,一味追求藏品数量,藏品收集标准较低,造成了博物馆藏品的重复性、不典型性,导致各馆同质化严重、难以彰显地域特色等问题。我国博物馆藏品数量呈现两极分化,以 2018 年的数据为例,省级以上大型博物馆数量占全国博物馆总数的 3.03%,藏品量占全国博物馆藏品量的35.2%,省级博物馆平均藏品量大;市县级博物馆占全国博物馆总数的 96.97%,藏品量占全国博物馆藏品量 64.8%[①],市县级博物馆平均藏品量小;无论博物馆规模大小,都存在藏品同质化问题。

---

① 　国家文物局编印.2018 全国文物业统计资料[M].北京:国家文物局,2019:14.

以 33 家省级以上博物馆为例（包括中国国家博物馆、故宫博物院）。通过对其在官网上公布的藏品收藏情况及第一次可移动文物普查资料的搜集、整理,可以发现:①从样本的收藏规模来看(见表 4-3),藏品最多的是故宫博物院,186 万多件,藏品最少海南省博物馆,仅 2.9 万余件。总的来看,藏品 100 万件以上博物馆 5 个,为故宫博物院、陕西历史博物馆、中国国家博物馆、首都博物馆、上海博物馆,占 15.15%;藏品 50 万至 100 万之间的博物馆 2 个,分别为南京博物院和山西博物院,占 6.06%;藏品 10 万以下的 8 个,占 24.24%;藏品 10 万至 50 万的博物馆最多,占 54.55%,详见图 4-3。②从样本地域来看,藏品较少的省级博物馆包括江西省博物馆 8.9 万件、贵州省博物馆 8 万件、广西壮族自治区博物馆 7 万件、新疆维吾尔自治区博物馆 6 万件、西藏博物馆 5 万件、宁夏回族自治区博物馆 5 万件、青海省博物馆 4.6 万件、海南省博物馆 2.9 万件;从表 4-3 可以看出藏品 10 万件以下的博物馆所在省份的 GDP 总量及人均 GDP 都比较靠后,并且基本上都不是古代文明发展的核心地区,总体上可以认为藏品少的博物馆主要分布在西部经济欠发达、古代文明欠发展的地区。③从藏品类别来看,由于省级博物馆都是综合类博物馆,青铜器、陶瓷器、书画、玉器、漆木器、钱币、金银器等是每一家省级博物馆收藏的核心藏品,但是省级以上博物馆拥有全国 1/3 的藏品,其藏品存在同质化现象能在一定程度上表明全国藏品存在同质化问题。以古代钱币为例,有的博物馆钱币重复品太多,以至于无法用件做计量单位,而是用重量作为计量单位,而真正品相好的钱币不多。

表 4-3　省级博物馆藏品数量及 GDP 排名

博物馆名称	藏品数量 （万件）	2019 年各省(自治区、 直辖市)经济发展水平 （GDP 总量排名）	2019 年各省 （自治区、直辖市） 人均 GDP 排名
故宫博物院	186	12	1
陕西历史博物馆	176	14	12
中国国家博物馆	140	12	1
首都博物馆	102.5	12	1
上海博物馆	102	10	2

续表 4-3

博物馆名称	藏品数量（万件）	2019 年各省（自治区、直辖市）经济发展水平（GDP 总量排名）	2019 年各省（自治区、直辖市）人均 GDP 排名
南京博物院	58.6	2	3
山西博物院	50	21	27
山东博物馆	36.7	3	10
四川博物院	34.7	6	18
湖北省博物馆	33.7	7	8
甘肃省博物馆	32.7	27	31
安徽博物院	31.3	11	13
重庆中国三峡博物馆	27.9	17	9
河北博物院	24	13	26
云南省博物馆	23.4	18	24
黑龙江省博物馆	23.4	24	30
福建博物院	22	8	5
广东省博物馆	21.3	1	6
天津博物馆	20	23	7
辽宁省博物馆	20	15	16
湖南博物院	18	9	14
内蒙古博物院	17.8	20	11
河南博物院	16	5	17
浙江省博物馆	12.9	4	4
吉林省博物院	12.5	26	29
江西省博物馆	8.9	16	21
贵州省博物馆	8	22	25
广西壮族自治区博物馆	7	19	28
新疆维吾尔自治区博物馆	6	25	19
西藏博物馆	5	31	22
宁夏回族自治区博物馆	5	29	20
青海省博物馆	4.6	30	23
海南省博物馆	2.9	28	15

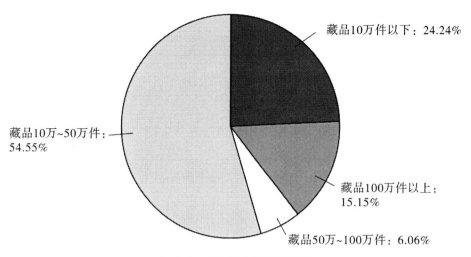

图4-3　省级博物馆藏品规模

　　以113个市、县级综合博物馆为例。地方博物馆的快速建设是我国博物馆发展的一大趋势,已有研究对我国21个省的113个市、县级综合博物馆的藏品情况进行分析,得出结论:①市、县级博物馆藏品1万~2万件的居多,占到27.43%(详情见图4-4),这里面,藏品量最为丰富的博物馆包括南京市博物馆、荆州市博物馆、青岛市博物馆以及广州博物馆等,这些博物馆的藏品种类也非常丰富,而藏品量少,而藏品种类极为单一的博物馆则有乌海市博物馆、雅安市博物馆以及吉安市博物馆等。②博物馆藏品同质化过于严重。经过相关数据分析,可以明显看出多数博物馆的重点收藏都是以陶器、瓷器以及铜器为主,除此之外,玉器与书画在里面也占有非常高的比例。上面所描述的收藏数量在前几名的藏品,都是国内出土以及发掘比较普遍的同质化藏品;而一些能够代表着地方传统特色的藏品收藏在博物馆中占的比例却很低,国内只有大概1/3的博物馆收藏了这类藏品①(见图4-5)。

---

①　林翘.地方博物馆藏品收藏的困境及出路[J].博物馆研究,2014(1):28-34.

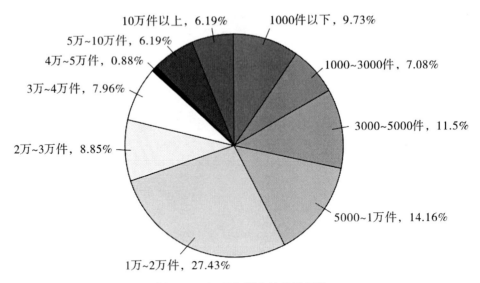

图4-4　市、县级博物馆藏品规模

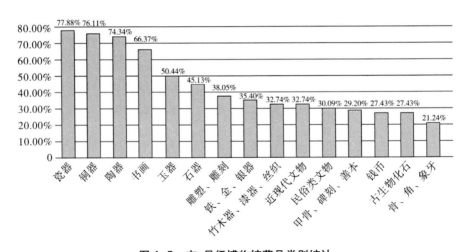

图4-5　市、县级博物馆藏品类别统计

藏品同质化,在陈列展览中体现不出陈列主题,影响陈列的完整性、序列性,增加了陈展难度;在研究中,同质化藏品共性大于个性,几十件,甚至成百上千件藏品几乎一模一样,反映研究对象的信息少,成了弃之不用、用之难为的东西①;在征集中,占用了库房,耗费了时间和经费用于保存,影响

---

① 郭永利.浅议博物馆藏品的利用[J].兰州学刊,1995(5):44-46.

征集新藏品。因此,藏品的同质化影响了藏品利用的广度、深度、频率。在博物馆向着专业化、地方化发展的现代,可以让博物馆以自身的性质来征集藏品,集中同质化藏品,然后创建新馆,以发挥藏品的应有价值。

4.2.6 专业人才缺乏

博物馆工作人员肩负着传播博物馆信息的责任,把不为人熟知的藏品价值以展览、教育、研究、文创等方式呈现给大众,他们承载着提高公众文化素质,提升国际文化影响力的使命,必须掌握扎实的专业知识,才能服务观众,满足观众需求,促进博物馆藏品利用。

就目前而言,我国博物馆专业人才较为缺乏。首先,从总体上看,截至2018 年年底,我国有 4918 家博物馆,藏品 3754.07 万件(套),博物馆从业人员 10.75 万人,这意味着平均每家博物馆从业人员约为 21.86 人,博物馆从业人员是非常缺乏的。其次,从工作人员的职称结构来看,专业技术人才约3.8 万人,占总从业人员的 35.65%,其中正高职称 1990 人,副高职称 5332 人,中级和初级职称分别有 15 167 人、15 838 人,在专业技术人才领域,高级职称占到了其总数的 19.1%,仅占总从业人数的 6.81%(见图 4-6),这说明大部分从业人员的专业技能比较低下,人才结构比例不合理。再次,从学历结构来看,2011 年,针对 54 964 名文博体系的工作人员,国家文物局博物馆司进行了详细的调查,从中发现博士、硕士、本科、专科的人数分别是 150 人、1026 人、13 643 人和 20 294 人。所占的比例分别为 0.27%、1.87%、24.82% 和 36.93%;中专以下的人员有 19 848 人,占到了 36.1%(详细如图 4-7)。这就说明我国博物馆在职员工有将近 73% 的人,学历都低于大专①,研究生以上的高学历工作人员非常少,人员知识结构偏低。最后,从专业结构来看,博物馆工作人员很多不是文博、考古、历史、文化遗产相关专业

---

① 文博行业自己的专业学位教育[N].中国文物报,2011-10-07(5).另在论文《浅谈文博理论知识对博物馆工作人员的重要性》中,作者表示:通过调查可以知道,在博物馆工作的人员专科学历占 40%,本科学历占 45%,研究生学历只有 5%,其他学历占10%。这样依然说明博物馆工作人员中高学历较少。[来源:叶周才仁.浅谈文博理论知识对博物馆工作人员的重要性[J].中国民族博览,2017(8):207-208.]

毕业,其覆盖面非常广,包括生物、艺术、管理、设计、教育等,从事书画、青铜器、玉器、陶瓷、丝织品等文物鉴定、征集、保护修复的人才更是稀缺,无法满足文博事业的发展需求。

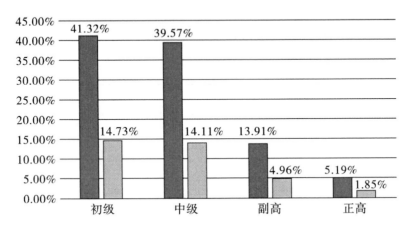

图4-6　博物馆工作人员的职称结构

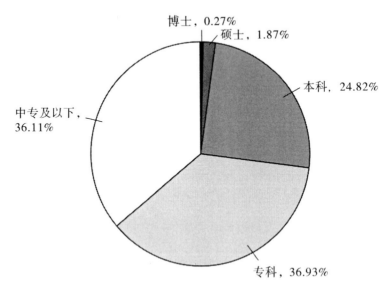

图4-7　博物馆工作人员学历结构

博物馆除了缺乏专业技术人才,在藏品利用方面还缺乏创新性以及跨学科人才。这里所说的"创新性人才"指的就是具备着丰富的创造力、拥有着独特的思维特征、心智模式以及知识结构,有着一定的开拓性,能够推动社会、经济发展的人才①。以文创产品开发为例,尤其需要创新人才②,具有创新意识的工作人员才能打破常规思维和固有观念,使文创产品不仅仅停留在对藏品仿制或者将文化符号印在日常产品中,而是将传统的文化因素与现代生活融合,创造出大众喜爱的文化创意产品,如前文已提到的故宫朝珠耳机、故宫口红。文博知识宣传方面也需要创新人才,《国家宝藏》节目受到观众的喜爱,创新节目形式就是重要原因之一。经济合作与发展组织是这样定义"跨学科"的:"跨学科是两门或者多门学科间,从最开始单纯的思想交流,延伸到具体的教育和研究,在组织、概念、数据、方法、术语、程序以及认识论间的关系。"③所谓跨学科人才,指的就是跨越了两门或多门学科知识的相关人才,博物馆是包罗万象的,藏品利用需要跨学科人才,以新媒体运营为例,需要既懂得博物馆专业知识,又熟悉版面设计、视频编辑、音频编辑等新媒体技术的复合型人才。有的博物馆微信公众平台推送消息或者介绍藏品时界面操作简单,图文并茂,结合音频视频,给网友很好的浏览体验;有的博物馆在微信公众号介绍藏品时只有图片配以简要文字,界面也没有特殊设计,给浏览者很单板、无趣的感觉。这背后就体现出了跨学科人才的重要性,博物馆缺乏的不仅是人才的数量,在人才的质量上也需要提高。

①　仲亚松.新时代创新人才的内涵是什么[N].社会科学报,2019-05-23(5).

②　毕洪亮.如何挖掘博物馆自身优势开发文化创意产品[J].文物鉴定与鉴赏,2019(7):98-99.

③　王铭,黄瑶,黄珊.世界一流大学跨学科人才培养路径研究[J].高教探索,2019(4):61-67.

4.3   藏品利用效率低的外部原因

4.3.1   法规尚待完善

法律法规具有强制性,能对行为、事件进行规范与管理。藏品立法是藏品有效利用的前提和基础,制定并确保相关法律实施,就能以国家强制力为保障,实现对藏品的合理、有效管理与利用。就藏品利用而言,虽然目前在实践上取得了一定成效,可怎么使藏品价值最大化,如何规范化以及合理化藏品利用,这些问题都是现在迫切需要解决的,藏品利用入法必须得尽快地提上日程。相关法律法规不健全、不完善,不利于藏品的有效利用。

(1)缺乏系统性的藏品利用法规。在当前已有的法律法规中,不管是中央层面的,抑或是地方层面的,都没有一部规范藏品利用过程行为的法律规范。为了确保藏品利用过程的原则性、合理化、规范化,藏品利用理应得到重视,这充实了现有法律法规,满足了法律法规自身系统完整性的需求,也有利于解决藏品利用实践中遇到的深度、广度、频率、真实性问题,体现实践中的实质诉求[1]。

(2)现行法律法规中存在制度困境。已有研究指出国有馆藏文物利用法规制度上依旧有不少困境存在,包括文物利用中的法律责任追究不够、“合理利用”界定模糊、利用方式操作规章制度不明确以及利用法律主体不清晰等,导致我国国有馆藏文物长久以来都有着利用不当或者利用不够的问题存在[2]。在当前的法律体系中,如《中华人民共和国文物保护法》《博物馆条例》《省、市、自治区博物馆工作条例》《博物馆藏品管理办法》等相关规章,要求博物馆与博物馆间的藏品必须能够互通、调拨以及调剂,将藏品利用价值发挥至最大,定

---

① 唐仲明. 文物的合理利用需要法规保障[N]. 中国文化报,2014-07-10(8).
② 李雨芊. 我国国有馆藏文物利用的法律规制[D]. 北京:首都经济贸易大学,2018:
7-11.

期进行陈展,并且对藏品合理科学分析研究,但由于制度不完善、不明晰,在实际操作中缺乏刚性和约束力。以"互通有无"为例,在法规制度中有涉及,但要真正交流藏品,博物馆会从本馆的权益和利益出发,无法真正实现有效的沟通。

(3)实践中遇到问题缺乏法律支持。藏品利用的实践中会遇到很多问题,需要法律予以解决。以文创产品开发为例,只是在政府出台的一些政策性文件中提到积极发展文化创意产业,鼓励博物馆和社会力量积极参与开发文创产品。在实践中会遇到知识产权方面的问题,现行法律中几乎没有予以明确的规定,在遇到相关纠纷时很难在法律上得到解决。由于文创产品具有多样性,文创产品开发方式想要采取法定方式来进行确定非常难,所以就出现了文创产品利用方式不确定,很难在法律中寻求到解决方案的问题。在藏品利用时会面临何为"合理利用"的问题,例如一个博物馆展品占藏品的百分比多少为合适,藏品利用比例的临界点是多少,在法规制度中没有明确规定利用的量化指标等,博物馆的藏品利用工作处于被动状态。

4.3.2 利用资金不足

博物馆经费问题是一个无法回避的问题,也是至今无法得到妥善解决的问题,资金不足是困扰每个博物馆几大难题之一,藏品利用需要投入大量的人力、财力。博物馆是非营利的公益性机构,经费主要靠政府投入,无论是中央层面还是地方政府的资金投入都是有限的,有的时候仅够维持博物馆当下的工作,经费的欠缺使博物馆藏品利用效率不能达到理想层面。

(1)国家财政拨款有限。我国博物馆经费来源的主要渠道是财政拨款,财政拨款占博物馆总收入的80%左右,包括财政补助和上级补助两部分。财政补助收入指的就是由国家财政机构发放给事业单位不同类型的事业经费,包括指定用途的专项资金,但是基本建设投资方面的拨款不包含在内。而上级补助收入指的就是由上级部门或者是主管单位发放给事业单位的,不包括周转金与直接拨款外的非财政补助收入①。从表4-4中可以看出2009—2018年国家财政拨款绝对数额逐年增加,平均每个博物馆每年的财政

---

① 李晨聪.关于我国博物馆创收问题研究[D].长春:吉林大学,2007.

拨款基本上也逐年增加,博物馆国家拨款占国家财政总支出的比重也逐年增加,以上各项指标在 2018 年略有减少。从增速上来看,2009—2018 全国博物馆数量分别比前一年增长 8.13%、8.83%、15.81%、13.16%、5.33%、5.30%、6.67%、14.89%、4.17%;博物馆获得补助收入分别比前一年增长 28.06%、42.47%、21.35%、17.04%、12.56%、10.57%、8.14%、33.43%、−4.22%。同时期进行比较,2009—2018 年博物馆数量逐年增加,增长速度波动不大,财政拨款增长速度 2009—2016 年呈下降趋势,2017 年增速加快,这与 2016、2017 年政府密集发布加强文物利用的政策有一定关系,2018 年博物馆增速减慢,财政拨款呈现负增长(见图 4-8)。从近几年的情况来看,国家对博物馆投入经费数额有所增加,确实给博物馆资金问题带来福音,但是现阶段博物馆对政府高度依赖,博物馆国家拨款在国家财政总支出中占比重还是很低的,仅 0.1% 左右,博物馆在实际运营中经费仍然是捉襟见肘,无法满足博物馆发展需求。

表 4-4　2009—2018 年博物馆国家财政拨款情况表

年份	博物馆数量	财政补助收入(亿元)	上级补助收入(亿元)	博物馆本年收入合计(亿元)	博物馆国家拨款占本年收入合计比重	国家财政总支出(亿元)	博物馆国家拨款占国家财政总支出比重	平均每个博物馆每年的财政拨款金额(亿元)
2009 年	2252	56.92	*	76.59	74.32%	76 299.93	0.0746%	0.025
2010 年	2435	72.89	*	96.12	75.83%	89 874.16	0.0811%	0.0299
2011 年	2650	99.1	4.75	120.58	86.12%	109 247.79	0.095%	0.039
2012 年	3069	120.38	5.64	149.2	84.46%	125 952.97	0.1%	0.041
2013 年	3473	140.28	7.21	175.57	84%	140 212.10	0.105%	0.042
2014 年	3658	158.47	7.54	195.55	84.89%	151 785.56	0.109%	0.045
2015 年	3852	172.85	10.7	216.99	84.59%	175 877.77	0.104%	0.047
2016 年	4109	190.20	8.29	234.85	84.5%	187 755.21	0.1057%	0.048
2017 年	4721	256.86	7.98	325.55	81.35%	203 330.11	0.13%	0.056
2018 年	4918	245.05	8.61	304.32	83.35%	220 906.38	0.11%	0.052

注:* 表示在《中国文化文物统计年鉴》中未记录。

图 4-8 博物馆数量增长率与国家财政拨款增长率曲线图

（2）博物馆自营收入比较少。事业收入、经营收入以及附属机构上缴收入都属于其自营收入①。而其中事业收入具体表现在门票收入、场地收入、流动展览收入等，经营收入具体指以通过设计、讲座、鉴定以及咨询等方式开展的活动所得到的收入；附属机构上缴收入则包含对藏品资源（知识产权）的利用、复制仿制艺术品、标本、图书等收入。根据表 4-5 所示，2009—2018 年博物馆自营收入总体来说稳步增加；如图 4-9 所示，各项指标数据呈上升趋势，2011 年、2017 年有所回落。在自营收入中，事业收入占的比重最

① 事业收入是指事业单位开展专业业务活动及辅助活动取得的收入，其中按规定应上缴财政预算的资金和应缴财政专户的预算外资金不计入事业收入，从财政专户核拨的预算外资金和部分核准不上缴财政专户管理的预算外资金计入事业收入。具体说就是指通过展示公众喜爱的历史、艺术、科学类的藏品而取得的门票收入、场地收入，还包括不定期举办的流动展览收入。经营收入是指事业单位在专业业务活动及其辅助活动之外开展非独立核算经营活动取得的收入。具体是指利用博物馆资源优势、人才优势开展的有特色的讲座、咨询、鉴定、设计等形式的活动取得的收益。附属单位上缴收入是指事业单位附属独立核算单位按有关规定上缴的收入。通过博物馆环境与展览为公众营造有特色、有情调的休闲空间和艺术化、高层次的观赏气氛，实现与旅游业、休闲娱乐产业的结合，对收藏的独有资源（知识产权）的合理利用，仿制、复制艺术品，制作标本和出版图书资料等。李晨聪.关于我国博物馆创收问题研究[D].长春:吉林大学,2007:11.

大,其次是经营收入,最少的是附属单位上缴收入。相对于 2017 年,2018 年
博物馆自营收入增加了 92.3%,其中事业收入增加了 34.99%、经营收入增
加了 257.56%,附属单位上缴收入增加了 176%,可以推测博物馆藏品资源
利用的收入增多了。在事业收入中,门票收入占主体,2008 年博物馆免费开
放以来,绝大部分博物馆都实行了免费开放,门票收入基本上是与旅游有关
的大馆才有可观的收入,如故宫博物馆、秦始皇帝陵博物馆等。博物馆自营
收入在博物馆总收入中所占比重不大,其比重 2009—2018 年呈现波动式递
减,这说明随着经济社会的发展进步,博物馆的自我创收能力不足,无法支
持博物馆开展藏品利用工作。

表 4-5　2009—2018 年全国博物馆自营收入统计表

年份	事业收入（亿元）	经营收入（亿元）	附属单位上缴收入（亿元）	自营收入总额（亿元）	博物馆本年收入合计(亿元)	自营收入占博物馆本年总收入的比例
2009 年	10.98	1.69	*	12.67	76.59	16.54%
2010 年	13.69	1.28	*	14.97	96.12	15.57%
2011 年	9.25	2.92	0.098	12.268	120.58	10.17%
2012 年	11.59	5.096	0.12	16.806	149.2	11.26%
2013 年	13.01	5.07	0.025	18.105	175.57	10.31%
2014 年	13.52	5.98	0.018	19.518	195.55	9.98%
2015 年	13.24	11.83	0.075	25.145	216.99	11.59%
2016 年	16.23	10.58	0.098	26.908	234.85	11.46%
2017 年	14.09	4.76	0.25	19.1	325.55	5.86%
2018 年	19.02	17.02	0.69	36.73	304.32	12.07%

注: * 表示在《中国文化文物统计年鉴》中未记录。

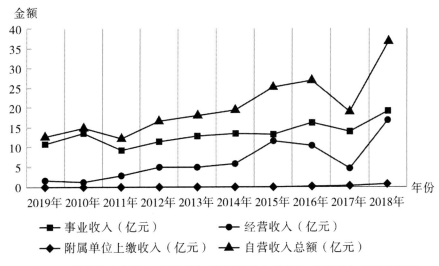

图 4-9 博物馆事业收入、经营收入、附属单位上缴收入、自营收入总额曲线图

（3）社会捐赠渠道不畅。社会捐赠资金资源主要有三种：社会团体捐赠、企业捐赠、个人捐赠。捐赠收入主要分实物和资金两种，现在我国多是实物捐赠。随着经济和文化事业的发展，企业单位对于博物馆的赞助不断增多，可是因为博物馆没有宣传推广的意识，许多企业单位并不是很了解博物馆，想要从企业单位那里得到真正的资助非常少。个人捐赠通常指的就是来自社会富裕阶层的资助，就是以个人财力来进行资助，因其偶然性，并不能有效地解决博物馆经费压力。博物馆是面向社会大众的公益事业，为大众提供服务，博物馆的发展需要大众的支持和帮助，然而我国却缺乏此类社会团体组织[①]。

总的来说，我国博物馆藏品利用的经费不足，既表现在投入总经费较少，还表现在经费来源单一，以国家拨款为主，经费有限；自营收入占一定比重，但较少，博物馆的自营创收能力较差；社会捐赠开始出现，但具有很大的偶然性，捐赠渠道不畅。利用经费不足不仅限制了藏品利用各种形式的广度、深度、频率，也使博物馆无法引进或留住专业人才。

---

① 尚东光,段鹏.我国公共博物馆资金来源渠道多元化探析[J].科教文汇(下旬刊),2008(3):133.

4.3.3 缺少馆际交流

博物馆开展馆际交流可以增进相互的了解,实现资源共享,通过相互合作,取长补短,共同发展。馆际交流有多种形式,可以通过多种载体来推进,主要包括三个层面的交流:藏品、展览的交流,理念、方法的交流,学术研究的交流[1]。也有研究指出我国博物馆之间的交流活动的主要形式是:展览交流、学术交流、人员交流[2]。频繁、有效的馆际交流可以促进博物馆藏品利用效率的提高,但是我国博物馆基于藏品资源的馆际交流比较单一,博物馆之间的互动少,影响了藏品利用的广度、深度、频率。

(1)展览交流活动未形成合作机制。展览交流是目前我国博物馆国内和国际上馆际交流的最主要方式之一,通过"走出去"和"引进来"两种方式推出精品展览,不但能够推动藏品有效利用,丰富展览资源,满足人们日益增长的文化需求,还能够增进城市与城市间、人员与人员间以及博物馆和博物馆间的文化交流。目前我国国内只有小部分博物馆开展展览交流活动,国际层面上,虽然大力提倡展览走出国门,展示中华文明的无穷魅力,但是还未形成合作机制,并不能合理、充分地利用博物馆藏品。

(2)藏品资源共享平台至今尚未建立。2012—2016 年,我国首次进行了可移动文物普查,建立中央、省、市、县四级国有可移动文物登录系统,这一次的普查力度非常大,涉及的范围也极为广泛,可以说是有史以来从未有过的。许多的博物馆都参与其中,纷纷把自己馆内的藏品录入这一平台,为建立共享平台奠定了基础。先共享才能交流,首次的可移动文物普查项目基本上将国内所有博物馆藏品资源的信息都录入到了系统当中,可现在的数据库仍然是个比较封闭的系统,不具备搜索、查阅、调取藏品信息的操作功

---

① 蒋昌宁,贾一亮.博物馆馆际交流之我见[M]//上海中国航海博物馆."文化力量与博物馆的挑战"上海中国航海博物馆第四届国际学术研讨会.上海:上海古籍出版社,2013:83-87.

② 孙亚晶.浅谈博物馆的馆际交流[M]//吉林省博物馆协会,吉林省博物院.格物集——吉林省博物馆协会第三届学术研讨会论文选编(2014—2015).长春:吉林人民出版社,2016:17-20.

能①,距离建立藏品资源共享平台还有一段很长的路要走,要形成藏品资源真正的"互通有无"仍任重而道远。

（3）围绕藏品举办的学术研讨会较少。博物馆藏品具有一定的独特性,但如前文所述,我国博物馆藏品也存在一定的同质性,例如,同一文化的遗存、同一窑口的瓷器、同一时代的青铜器等,拥有相似藏品的博物馆可以以藏品为核心开展学术研讨会,既可以提高研究水平,又可以促进博物馆交流,以便更好地利用藏品为公众服务。但是现实是我国博物馆科学研究仍是弱项,围绕藏品举办学术研讨会更加少了。

（4）文创方面还没有开展合作。开发文化创意产品,不仅能够有效利用藏品,还能够挖掘博物馆藏品特色,我国文化创意产品的开发通常都在大型博物馆,比如上海博物馆、故宫博物院以及陕西历史博物馆等,不少中小型博物馆,因为藏品资源、资金以及人才等因素,文创产品开发几乎处于"零起步"阶段。小型博物馆可以联合各方资源开发文创产品,一流的大型博物馆可以与小馆合作,采用代理销售方式,扩大销售渠道,通过馆际交流实现双赢。但是就目前来看,在文创产品的设计开发、销售等方面,大型博物馆、小型博物馆都未开展合作,这不利于博物馆藏品资源的利用。

4.3.4　外界参与性低

2007 年,国际博物馆协会在其第二十一届代表大会上,就对博物馆概念进行了修订,指出"博物馆应该是面向社会大众、并且为大众提供服务的非营利性机构"。由此可见,博物馆具备着为社会服务、推动社会发展的重要使命,因此博物馆应该吸引社会各界参与其中,让他们感受博物馆的文化魅力,也让外界参与到博物馆藏品利用中来②。就目前看来,人们对博物馆的参与性还比较低,影响博物馆藏品利用效率及藏品本体价值、情感价值、发展价值的发挥。

大众是与博物馆联系最为密切的群体之一,博物馆既然是公共文化服

---

① 许捷,胡凯云,毛若寒,等.激活博物馆藏品:从博物馆工作流的视角[J].博物院,2018(2):76-86.

② 隋永琦.公众参与:博物馆可持续发展的助推器[M]//陈浩.中国博物馆协会博物馆学专业委员会 2015 年"致力于社会可持续发展的博物馆"学术研讨会论文集.北京:中国书店,2016:249-255.

务机构,那么就应该让大众都能够参与到博物馆的活动中,和大众拉近关系,争取将藏品有效利用,从而满足大众需求,把博物馆的影响力扩展到最大;大众也可以通过参加馆内教育活动、观看展览、策展活动、文创产品开发、建设志愿者队伍等获得精神上和知识上的满足。但是目前公众主要是参观博物馆,大多处于被动的受教者,真正参与到博物馆藏品资源开发的很少。

达克尔·海曼说:"对于这个非营利的世界来说,越来越需要社会企业单位的支持,将它当作是不可或缺的潜在来源。"①博物馆需要企业参与的主要原因是拓宽资金来源。资金不足一直是制约博物馆发展的重要因素,企业捐赠是增加博物馆资金的途径之一,但如前文所述博物馆真正从企业获得资助的情况是很少的。企业参与博物馆的另一形式是企业开办博物馆,但是目前处于初级探索阶段,尚未形成规模,普遍存在规划及运营不足的问题,更别谈企业博物馆充分利用馆藏资源,发挥藏品价值。

馆校合作的理念,清末张謇就已经提出了,也是现在国家所倡导的。2015年《博物馆条例》明确规定,加强博物馆与学校的合作,教育部在《基础教育课程改革纲要(试行)》中也指出,中小学校应充分利用博物馆资源。馆校合作的方式多种多样,目前占主导地位的是参观访问类活动,几乎没有发挥学生创造力来创新博物馆藏品利用方式、开发文创产品等,没有充分把握与学校合作来开发博物馆藏品资源。

博物馆专业人才的缺乏是导致藏品利用效率低的原因之一,若能建立馆外专家服务博物馆的有效机制,可以缓解博物馆的人才缺乏压力。以文物鉴定为例,由于专业人才的缺乏,博物馆很少将其作为藏品利用的一种方式,藏品的价值是建立在专业鉴定之上的,专家参与博物馆藏品相关工作,有利于挖掘藏品价值,而目前馆外专家几乎很少参与到博物馆各项活动中来。

媒体是宣传博物馆的方式之一,包括电子媒体、纸质媒体、出版社等。尤其在信息时代,新媒体对博物馆藏品价值的传播起着很大作用。但如前文所述新媒体运营还存在不少问题,有的博物馆只是开通了微信公众号、微博,并没有好好利用新媒体为博物馆服务,还未做到扩大博物馆藏品的利用空间的程度。

---

①　魏亚明.中国博物馆合作发展研究[D].开封:河南大学,2016:14.

综上所述,博物馆的外界参与层面具有多样性,要根据各界各层次特点,寻找外界参与博物馆藏品利用的结合点,充分发挥外界参与的作用,使双方保持良好互动,融合发展,形成外界参与机制,改变外界参与性低这一局面,以提高博物馆藏品利用效率,促进博物馆文化发展传播。

4.4 本章小结

本章主要讨论了两个问题,即博物馆藏品利用效率低的表现和原因。前文用定量分析证明我国博物馆藏品展出率低的现实,本章从定性分析来审视博物馆的藏品利用效率。我国博物馆藏品利用效率低表现在广度、深度、频率和真实性问题四个方面。广度问题具体表现在文物藏品展出率低,馆际藏品量差距大、总体利用不多,藏品利用的类型不广,展览更新周期长;涉及藏品利用的数量,是藏品利用效率最表面的问题。深度问题主要表现在价值挖掘不充分、利用程度较浅、利用方式多为单向式,涉及藏品利用的内涵,是利用效率深层次的问题。频率问题主要体现在藏品周转率低、利用频率的两极分化,是博物馆应当特别注意的问题,大部分博物馆没有打开藏品利用的思路,精品被过度利用,普通藏品疏于利用,最终导致大量藏品无法被大众所观赏。真实性问题是藏品利用中绝对不允许存在的问题,藏品利用是展示中华文化的重要方式,在利用中如果出现知识性错误,严重影响利用的效果和中华文化形象。

笔者从内部和外部审视了博物馆藏品利用效率低的原因。内部原因包括藏品研究不足、展览场地限制、利用方式单一、利用观念狭隘、藏品的同质化、专业人才缺乏;外部原因包括法规尚待完善、利用经费不足、缺少馆际交流、外界参与性低。不仅对前文所涉及的影响博物馆藏品利用的因素进行了进一步分析,也对其他原因进行了探讨。在现有条件下,无法立即解决本章中讨论的问题和消除造成藏品利用效率低的因素,第 5 章、第 6 章、第 7 章将以国际视野、科学视角和技术层面探讨提高藏品利用效率的策略。

5

国外博物馆提高藏品利用效率的探索与实践

谈到博物馆的起源,可以追溯到公元前3世纪,在埃及的亚历山大城,托勒密·索托建造了缪斯神庙,缪斯神庙被认为是人类的第一座博物馆。博物馆英文为"museum",该词是根据"Muses"演化而来,而"Muses"则是缪斯女神,主要掌管科学和艺术。中国现代博物馆理念,也是对西方一些博物馆进行参考而来的。欧美国家博物馆经过长期发展,法国卢浮宫、美国大都会艺术博物馆、大英博物馆等博物馆很好地发挥了社会效益,充分发挥藏品价值,其主动探索利用藏品的实践给我国博物馆提供了经验借鉴。本章从藏品本体、场地、延伸利用及藏品利用保障措施入手,通过国外博物馆案例分析,审视国外博物馆提高藏品利用效率的方式。借助国外一些博物馆在藏品利用方面的成功经验,有利于化解我国博物馆藏品利用面临的问题和不利因素,变被动为主动,解决博物馆藏品利用的广度、深度、频率、真实性问题。

5.1 从藏品本体着手

5.1.1 策展人制度

放眼国际,有的博物馆的藏品利用效率比中国高得多,最直观的体现就是藏品的展出率,国外一些博物馆通过更换展品,举办特展等方式加速藏品周转率、更新率,取得了很好效果。如美国大都会艺术博物馆藏品已经超过300万件,其中面向公众进行展示的藏品占比30%,多达100万件。同时,除了常规的展出活动以外,其还有专门的"特展",目的就是使展出率有进一步的提升①。法国卢浮宫收藏文物、艺术精品50多万件,其定期更换藏品、举办临时展览,展出率达到60%②。在一些小型博物馆中,比如史密森尼研究院亚洲博物馆,馆内拥有藏品的数量有3.9万件,尽管固定陈列的藏品数量占比非常低,还不及5%,不过其对于陈列展品会进行定期的更换,而且每年都有各类大小型的特展,在有限的空间里充分利用各种展览形式展出馆内藏品,充分发挥藏品的作用,提高藏品利用的广度③。就临时展览而言,国外博物馆每年举办的展览比国内多很多,在一些分析中,学者对国内外博物馆的临时展览实施了对比分析,从2001年到2010年,上海博物馆相较于美国大都会艺术博物馆,其临时展览少了近300个④。

美国大都会艺术博物馆等博物馆更换展品、举办特展等不是藏的堆砌,它不仅在广度上扩展了藏品利用,而且陈展质量上乘,这与西方的策展人制度有很大关系。"策展人"英文为curator,来自拉丁语"curare",意为"to take care",这一词语始于16世纪,并且是在西方小型的、私人的博物馆中先出现的。策展人的职责就是对馆内的藏品与陈列品进行保管和研究,对于有些需要对外进行募资的博物馆,策展人也对行政和财务等工作进行管理,其在职责方面与"馆长"并无二异。随着人们文化意识的不断增强,政府对于公共博物馆的建设也逐渐给予重视,特别是在博物馆职能方面的转变,整个博物馆活动的组织与策划也由策展人负责。从18世纪开始,博物馆的规

①　段勇.当代美国博物馆[M].北京:科学出版社,2003:86.

②　王金梅.博物馆藏品利用率提升浅析:以山西博物院为例[J].文物世界,2017(2):68-70.

③　潘郁生.博物馆免费开放与提高馆藏品利用率的思考[M]//吴伟峰,黄启善,谢日万.博物馆免费开放的思考——广西博物馆首届学术研讨会论文集.南宁:广西科学技术出版社,2009:49-59.

④　杨茜.上海博物馆和大都会艺术博物馆之临时展览比较研究[J].中国博物馆,2013(1):104-108.

模逐渐扩大,在具体的分工方面也更为详细和具体,策展人主要是针对某个时期、某个地区的藏品进行研究与保管,并且专门组织策划相关展览。对于博物馆的经营管理,策展人逐渐脱离,其间的策展人与现代的机构策展人更加接近。20世纪初,西方在艺术领域取得了巨大进步,至此也产生了很多独立策展人,他们基本上都拥有比较深厚的学术思想,艺术观念也相对更加超前,尤其是这部分策展人并不依附于任何的组织或者机构,完全是由个人承担全部策展人的职责和工作[①]。在当代语境下,策展人根据隶属性质的不同分为三种类型:博物馆中会设置一个特殊职位的人,即独立策展人;另外还有客座策展人和兼职策展人。

在美国大都会艺术博物馆中,策展人并不是一个人,而是一个团队,在这个团队中基本上都是业务精英。该博物馆设置有17个艺术部门,这些部门基本上都是围绕地域进行设计的,也有某些领域内的专属部门,而且每个艺术部门还分设下辖部门,比如亚洲艺术部下辖有中国部门、日本部门、东南亚部门等,对于其中的每个门类基本上都有专家与之相对应,并且负责这一门类内的相关业务。通常情况下,在一个业务部门中,策展人的数量多少不一,但基本上也都是由一个团队构成,内部不同的人研究的领域和方向也不相同,所对应的藏品也有差异。从策展人的发展看,其存在四个阶梯(见图5-1):主任策展人(curator in charge)、策展人(curator)、副策展人(associate curator)、助理策展人(assistant curator),都是拥有专业知识的工作人员,通过实践锻炼、层层晋升,形成了规范化的策展人制度[②]。再比如美国现代艺术博物馆,其策展人的数量超过百人,也分属不同的部门,如绘画部、雕塑部、摄影部等,并且也形成内部晋级阶梯[③]。基于美国的策展人负责制,日本对其进行效仿,形成了"学艺员制度"。

① 孙珂.关于中国博物馆推行"策展人制度"的思考[J].中国博物馆通讯,2015(3):27.

② 卫艳.论美国博物馆中"Curator负责制"[D].北京:中央美术学院,2009:23.

③ 高素娜,王春辰.国内美术馆系统尚未建立策展人制度[N].中国文化报,2013-03-24(3).

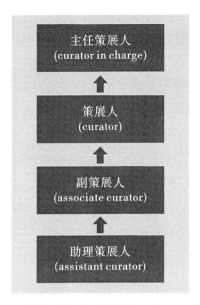

图5-1　美国大都会艺术博物馆内部 curator 阶梯

中国也有类似策展人的制度,如台湾遵循这一思想,构建了"研究院负责制"①;2008 年,香港艺术博物馆对策展人的形式也开始予以关注,并且围绕客席策展人的核心理念,相应地推出了"香港艺术:开放·对话"等主题活动,在不同的展览活动中,策展人的选择可能也是不同的,如鲍蔼伦策划的"数码演义",任卓华策划的"寻找麦显扬",皮道坚策划的"原道——中国当代艺术的新概念",等等。这些展览活动基于不同的层面实现了对香港艺术发展的深层次挖掘与探索,也使观赏展览的人形成了更为多元的文化艺术体验②。

2012 年 12 月,我国出台了《关于加强博物馆陈列展览工作的意见》,其中指明了我国博物馆工作要加强创新,可以积极地借鉴国外的有益经验,尝试策展人制度③。在我国一些博物馆挑战"三部一室"(保管部、陈列部、群工

---

① 田甜.论中国博物馆"策展人负责制"的建立[D].南京:南京艺术学院,2012:1.
② 张颖岚.博物馆策展人制度及策展人才培养[N].中国文物报,2015-04-28(6).
③ 孙珂.关于中国博物馆推行"策展人制度"的思考[J].中国博物馆通讯,2015(3):27.

部与办公室)管理模式,如天津博物馆所采取的就是"业务主管制",广东美术馆则为"策展人制",湖南博物院为"研究院主管制"。从中不难发现,尽管上述博物馆对于策展人的称呼不同,但其实质上也在向着策展人负责制靠拢①。经过摸索和实践,我国博物馆出现原创展览数量增加、研究人员向策展人员转型、策展人带领下跨界合作等变化②,然而由于各种原因制约,我国博物馆策展人制度还处于探索阶段,还没有建立起来。西方博物馆策展人制度为我国提高藏品利用效率提供了经验借鉴,策展人制度为展览的数量与质量提供了保证,也为藏品利用的广度和深度提供了保证。

5.1.2　文物登录制度

故宫博物院前院长单霁翔表示,针对我国的文化遗产,应相应地构建登录制度和调查制度,以便能够与世界接轨。根据这一制度,对于博物馆中的大量文物都需要进行登记,并且注册在案,这样在管理与保护方面能够拥有相对更高的效率③。文物登录制度在国外是比较常见的一项制度,尤其将其用于文化遗产的保护方面,国家能够对自身的文化资源形成更加客观的认识,并从中更加准确地获得相关藏品的信息,进而有针对性地实施管理。博物馆藏品的保护以及管理所要实现的最终目标体现在推动社会发展和为大众服务上,文物登录制度有利于提高馆藏资源利用效率,使文物资源的流通效率更高,实现整个社会共享这些丰富的文化资源。

结合不同国家的具体情况,在对文物登录制度进行应用的过程中,所表现出的特性也是存在差异的,而且无论是命名方式、登陆范围,还是法律依据、管理部门等也各有不同(见表5-1)。

---

① 卫艳.论美国博物馆中"Curator 负责制"[D].北京:中央美术学院,2009:1.

② 段晓明.中国博物馆策展人制度本土化的历程与发展[J].东南文化,2018(5):101-106.

③ 单霁翔.从"文物保护"走向"文化遗产保护"[M].天津:天津大学出版社,2008:8.

表5-1　各国登录制度比较表①

	法国	英国	美国	意大利	日本	澳大利亚	韩国
命名方式	文化遗产普查总目录	登录建筑制度	国家历史场所登录制度	全国文化遗产登录编目工作	文化财指定制度与文化财登录制度	遗产场所登录制度	韩屋登录制度
管理部门	国家文化遗产普查委员会	环境部/国家遗产部	国家公园局	中央编目与登录中心	文部省/文化厅	国家、联邦、州三级政府负责制	首尔市政府
法律依据	《第2004—809号地方行政机构自主与责任法》(2004)	《规划(登录建筑和保护区)法》(1990)	《国家历史保护法》	《巴萨尼尼法案》	《文化财保护法》	《环境保护和生物多样性保护法》《可移动文化遗产保护法》等	《首尔特别市韩屋保护及振兴的条例》等
登录范围	物质文化遗产(一般上限为公元400年,下限为普查时间的前30年)	建筑物、构筑物等	地段、史迹、建筑物、构物、物件	国有、公有文化遗产和重要私有文化遗产	有形及无形文化财	自然遗产、原住民遗产和历史遗产	历史文化街区、传统建筑密集区

　　1887年,法国就已经制定了文物登记制度,出台了《历史古迹法》,后又于1913年对其进行了修订。2004年,出台实施了《地方行政机构自主与责任法》,其中对地方政府在文化遗产普查方面的职责予以明确。2007年,国家文化遗产委员会的建立确立了法国常态化以普查登记为运行模式的文物登录制度,其所遵循的宗旨就是要使大众对文化遗产有更深的认识和了解。

　　英国1944年《城乡规划法》提出登录制度,1990年在该法律的基础上出台了《规划(登录建筑和保护区)法》,其目的就是对各种建筑进行注册登录,涉及一些古迹建筑的产权关系、改建、修缮、资助等情况,在古迹建筑的保护中并非沿用其他国家常用的"冻结式保护",而是允许对古迹建筑做出一定

　　① 参考资料:杨颖.我国可移动文物登录制度研究[D].济南:山东大学,2017:17;张松,胡天蕾.澳大利亚遗产登录制度的特征及其借鉴意义[J].城市建筑,2012(8):30-33;张松.国外文物登录制度的特征与意义[J].新建筑,1999(1):31-35;魏寒宾,边兰春.文化遗产的保护与可持续发展:以英、日、韩三国文化遗产登录制度为例[J].科技导报2019,37(8):40-48.作者补充内容自编表格。

幅度的修改。

美国 1966 年《国家历史保护法》确立了国家历史场所登录制度是出于美国在公共事业建设过程中对很多具有历史、建筑、考古乃至特定文化意义的历史性场所进行保护的需求。登录范围包括地段、史迹、建筑物、构筑物、物件五个类别,满足《国家登录评估条例》的各项要求的文物可以由财产所有者、保护组织、政府机关等提出申请,不需要地方政府的同意,申请表格最终由国家公园局审查。在美国,财产所有者有权利拒绝登录。

意大利 1975 年成立了中央编目与登录中心,是领导全国文化遗产登录编目工作的中央机构,1997 年颁布的《巴萨尼尼法案》,首次站在法律的层面对中央政府和大区政府共同负责遗产登陆编目予以明确。在主导权方面,中央适度放权,地方权重升级,以此形成两者更为高效的互动,通过这种权力下放,意大利建立了统一的具有长效机制的文物登录编目制度。

日本文物登录制度特色非常鲜明,制度构成涉及两个方面,一是文化财指定制度,二是文化财登录制度。1897 年,《古社寺保存法》中,第一次将文化财指定制度提出来,无论是有形文化财还是无形文化财都可以纳入;而对于日本的文化财登录制度,1996 年《文化财保护法》予以明确,在解除程序方面也比较成熟,针对一些失去价值或其他事由需要解除的文化财产,可以进行解除并公布。

澳大利亚 1999 年的《环境保护和生物多样性保护法》中具体对遗产场所登录制度予以明确,同时在标准、提名、管理、规划等诸多方面都进行了细化。如今,澳大利亚针对遗产的保护所采取的是三级政府负责制,该特征也能够从遗产登录制度方面反映出来,其遗产名录分为三个层级——国家遗产名录、联邦遗产名录、州遗产登记册和地方遗产名录。

韩国文物登录制度起源于韩屋登录,是在 2001 年出现的,该年韩国出台了《北村营造基本规划》;次年,韩国又颁布了《首尔特别市韩屋支援条例》,后经修订为《首尔特别市韩屋保护及振兴的条例》,其中对韩屋的登录情况给出比较明确的定义,同时也使整个流程更加清晰地呈现出来,对于政府在此方面所形成的财政补贴政策也有相应的记录。韩国所实施的这种登录制度,始终都是"由上而下"所形成的垂直体系,其体现了政府支持与居民参与共同促进韩屋合理利用。

纵观各国文物登录制度,虽然各具特点,登录对象也有所不同,但是也有共同处:从法律上确立了登录制度,并且不断从法规制度上完善登录制度的内容、范围、类别等,使其得到法律上的保护;设立登录的中心管理机构,从各方面给予支持;制定统一工作规范保证登录的顺畅实施;形成统一的、规范的、常态化工作机制。我国针对可移动文物的首次普查的目的就是要对文物登录制度进行构建,因而这一普查活动可认为是文物登录制度的先导性探索和实践,不但是对原有工作的经验总结,同时也是一种积极主动的创新,在我国文物保护方面有着里程碑的意义①。我国应该结合本国资源特点,借鉴国外经验,探索建立具有中国特色的文物登录制度,为提高藏品利用效率奠定基础。

5.1.3　重视科学研究

科学研究是博物馆专业工作的基础,是博物馆文化软实力和综合竞争力的主要指标之一。我国博物馆科研力量薄弱、科研水平较低,影响了藏品利用的广度、深度、频率、真实性,应积极借鉴国外博物馆经验。20 世纪 60 年代以来,国外博物馆就非常重视科学研究,从最早博物馆起源就有所体现。以缪斯神庙为起点,就已经开始形成了具有一定专业性的博物馆,对于各类藏品进行保护,并且设置有陈列室和研究室,供学者观摩和研究。

---

①　杨颖.我国可移动文物登录制度研究[D].济南:山东大学,2017:32. 文中指出:普查与文物登录制度的共同特征:同属于国家行为、同针对文物资源及其信息、同属于文物管理、同采用调查登记方式。二者的区别:从根本性质上来说,可移动文物普查是一项文物工作,体现了当前阶段国家文物工作规划中的战略性重点;文物登录制度是一项基础性的文物管理制度,为日后建立完善的文物保护管理体系服务。从运作时间上来说,可移动文物普查有明确具体的工作时间要求,有硬性的考核指标,要按时完成计划中的任务,同时又具有不定期的特点;文物登录制度是长期的常规性的工作过程,通过建立统一的工作流程规范和运行机制,稳定发挥着日常文物登记管理工作的职能。从工作目的上来说,可移动文物普查服务于国家对可移动文物资源现状的调查,探索文物登录管理机制与为社会公众提供服务也是它的工作目标;文物登录制度运行的目的则在于提供一种长期性的国家文物资源管理机制,对文物资源进行统一规范的登记管理,同时也能够为文物资源的保护和利用提供信息服务。

（1）对研究机构的设置非常重视。有的博物馆直接设有附属研究院或研究所，甚至设有学校，专门进行研究工作。美国旧金山探索馆、美国自然历史博物馆、英国国家海事博物馆、德意志博物馆等，既是博物馆，也是著名的科研院所，有完整的科研体系。美国史密森尼博物院总部是世界最大的博物馆体系，同时也是一个研究中心①。为了对具有博物馆特色的科研工作进行鼓励，使博物馆在科研方面的作用和优势更加充分地展现出来，在馆内研究部门的设置方面，日本对此始终都是非常重视的。比如，在东京国立博物馆中，其一项核心的业务就是对博物馆内的藏品进行研究，而且研究部门规模较大，约占全馆业务人员的50%，其收藏、陈列、学术活动都是建立在坚实的研究基础之上的。馆内专门设有综合研究大学，同时还有相应的培训部，该大学面向国内外学者提供科学研究，也可以在其中进修。日本国立历史民俗博物馆主要是对日本历史和稀有文物进行研究，并设有相应的部门。日本国立民族学博物馆对馆内藏品进行研究，主要存在五个部门，各自分管不同的领域，承担着藏品征集、展示、学术研究等任务，分工明确，职责清晰②。

（2）重视博物馆研究队伍建设。国外博物馆对研究人员实力的要求越来越高，一些著名博物馆集中了许多当代各国著名学者，将博物馆打造成相关学科的研究中心和培养专业人才的重要基地。英国自然历史博物馆中，来自全球的标本数量超过7000万件，涉及动植物、矿物、地理、天文等很多门类，而研究人员在馆内人员总数中占比超过40%，仅在动植物领域就涉及古生物学、昆虫学等部门，并且这些研究人员除了在馆内进行科学研究，有时也回到野外乃至全球各地采集样本。美国自然历史博物馆将科研作为本馆两大基本使命之一，设有5个科研部门，拥有科学家200多名，分布于各部门开展科研工作。且博物馆设有研究生院，设有比较生物学博士学位点，培养专业人才，并不断加强与国内外博物馆和科研机构的合作力度，积极开展科学交流和研究活动③。东京国立博物馆在研究人员的引入方面拥有相对较

---

① 杨海燕.中西方博物馆比较研究[D].济南：山东大学，2009：72.

② 中国农业博物馆考察组.关于日本、韩国博物馆的启示和思考[J].中国博物馆，2003（1）：22-23.

③ 杨海燕.中西方博物馆比较研究[D].济南：山东大学，2009：72-73.

高的门槛，一般只有学历较高的人才有资格到馆内进行学习和深造，而对于一些普通的业务人员，也必须满足国家公务员的标准和要求，若要在馆内真正上岗，还需要通过馆内的培训与考核①。

（3）科研与博物馆业务工作紧密联系。国外博物馆的科研精神还体现在博物馆展览、教育和服务大众各个方面。在日本未来科学馆中，不同展区内均有高级科研人员的参与，并在其中主导开展工作，这样能够促进技术交流，使参观者对于其中所涉及的科研项目有一定的认识与了解。德国博物馆雄厚的研究力量是其永葆新鲜魅力的秘诀所在，让观众"百进不厌"，科研让"冰冷""木讷"的藏品"活起来"。德国的博物馆的主题讲解内容非常丰富，参观者能够通过讲解深入了解参观的内容，这也是一种科学精神的传递。国外的科技博物馆尤其受到观众的喜爱，科技馆数量不多，在博物馆总数中的占比不足两成，但所接待的观众在全国超过 50%。对于人们青睐于这些博物馆的原因，科研成果的展示和讲解在其中占有很大比重②。

5.2　从场地方面着手

博物馆展览数量与展览用房面积有着极强的相关性，提高藏品利用效率的最直接方式之一是从扩大场地着手，国外博物馆注重开辟大量展厅，如卢浮宫拥有展厅 250 多个、艾尔米塔什博物馆有 400 多个展厅③、维多利亚与艾尔伯特博物馆有 146 个展厅等。但是在现有条件下，我国博物馆不可能以开辟大量展厅的方式扩展藏品利用空间，笔者结合国外博物馆经验，主要从开放博物馆内部空间——库房，拓展博物馆展厅空间——高密度陈列方

---

①　中国农业博物馆考察组.关于日本、韩国博物馆的启示和思考[J].中国博物馆，2003(1):22-23.
②　杨海燕.中西方博物馆比较研究[D].济南:山东大学，2009:73.
③　王金梅.博物馆藏品利用率提升浅析:以山西博物院为例[J].文物世界，2017(2):68-70.

式,开发博物馆外部空间三个方面借鉴国外博物馆从场地着手提高藏品利用效率。

5.2.1 开放内部空间——库房

博物馆空间是有限的,在有限的空间里,从内部着手,开放库房无疑是提高藏品利用效率最直接有效的方式。这里提到的"开放库房",按照台湾学者陈怡萱的表述,属于"开放式典藏",这种空间设计不但具有典藏的功能,还能够让人们更好地进行观摩,与封闭式的典藏是截然相反的①。博物馆对库房进行开放,也是要让公众能够更加深入地了解到各类展品的"台前幕后",进而使学习和研究能够更加全面。

(1)透明化墙面。这是一种单向的偏静态的开放方式,以玻璃为媒介,将藏品储存状况透明化,观众隔着透明的墙面进行参观。国外的部分博物馆在对库房进行开放的初级阶段,通常所采用的方法都是使墙体透明,这样不但能够使观众了解到博物馆库房内部的"内容",同时还能够对库房内的藏品形成更好的保护,这种做法在初期是比较先进的。这种方式一是基于保护藏品,藏品保存需要对温湿度等环境进行控制,玻璃隔离可以使观众参观库房,也保证了藏品保存的封闭空间;二是利用玻璃隔离使文保工作人员的工作不被影响,也让观众了解到库房工作,加深认同感。英属哥伦比亚人类学博物馆建立了加拿大第一家可视库房,拉近了藏品与民众的距离。该库房里的藏品按一定系列陈列并开放。在对库房进行分区时,主要有美洲、西海岸、亚太三个区;研究区是对观众开放的,观众可以在研究区进行参观;二楼则是图书馆,能够对各类文献进行检索和查阅,信息合成中心也位于二楼②。

(2)藏品中心形式。藏品中心与一般库房相比拥有更大的空间,将藏品集中到公共空间让观众进行观摩,从而形成更为理想的观感,公众的积极参与也能够使藏品拥有相对更高的利用效率。国外很多博物馆都采用这样的

---

① 陈怡萱.参加开放式典藏库文物维护工作坊学员之学习经验[J].科技博物,2012(1):171-198.

② 杨海燕.中西方博物馆比较研究[D].济南:山东大学,2009:64.

方式,不但不会对科学研究造成影响,而且公众的参与感也将更强,藏品中心多为部分开放和临时开放形式。按与博物馆距离分为异地藏品中心和馆内藏品中心,如英国伯明翰博物馆和美术馆的藏品中心地处伯明翰的郊外地区,该处对外开放的时间是每月的第四个周五,但参观者需要提前进行预约①。英国曼彻斯特科学与工业博物馆的藏品中心有很多典型的展品,以图书、档案等为主,参观者能够到博物馆对这些资料进行利用,同时又在一定程度上解决了陈列空间不足的问题,提升了藏品利用效率,兼顾了公众参与和藏品管理②。

(3)原始状态直接开放。这种方式不是常态的,一般是以有限制的形式进行,在工作人员引领下,在特定时间,观众通过申请入库参观,可与库房工作人员进行交流。由于库房已经完全直接地开放,这样会使观众对博物馆藏品形成更为直观的认识与了解,参观者的好奇心也能够得到极大的满足。伦敦科学博物馆推出"博物馆库房之旅"③,首先对观众进行调查,根据研究结果,确定观众最感兴趣的参观主题,专家陪同游走库房,诠释主题藏品,加深观众的学习体验。罗顿科学博物馆的大型藏品库充分利用现有库房空间,将大型藏品与小型藏品以科学的排列方式分开存放,观众在库房参观时有别样的视觉效果体验④。英国巴斯时装博物馆刻意模糊展厅展品和库房藏品的概念,举办专门的"幕后"展览,其展厅实际上就是博物馆库房,以库房保管的形式展出各类时装⑤。

(4)设置学习室或研究室。主要涉及两方面:一是围绕学术研究的需求展开的,主要是向博物馆提出申请,取得特定的藏品以供研究和学习,既可以激发观众的研究兴趣,又可以挖掘藏品内涵,形成良性互动的观众—藏品

---

①　黄洋. 从幕后到台前:让博物馆库房的文物"活"起来[N]. 中国文物报,2016-10-25(7).

②　Robin Holgate. Case study:collection centres[J]. Museum Association,2002(19):56-58.

③　Caesar L G. Store Tours:Accessing Museums' Stored Collections[J]. Papers from the institute of archaeology,2007,18(S1):3-19.

④　Javier Pes. The move towards open storage[J]. Museum Association,2002(19):50-52.

⑤　黄洋. 从幕后到台前:让博物馆库房的文物"活"起来[N]. 中国文物报,2016-10-25(7).

模式；二是将博物馆藏品调拨到专门的学习室或者是馆外的学校、社区，利用藏品传播知识。如美国自然历史博物馆在馆内设有博物馆学家中心，藏有标本和观察标本的仪器，观众可以很方便地观察、学习、鉴定标本。又如东京国立科学博物馆专门为对自然史有兴趣的人开放专题藏品和陈列室，指导他们深造①。

我国博物馆也开始积极摸索开放库房，如南京博物院的历史馆展厅有五个极具特色的"文物标本室"，以分层的方式展示文物；宁波市天一阁博物馆中，其北面的书库不但有着丰富的藏书，同时藏书放在大型的展柜里供参观者参阅②；大庆博物馆不仅在展厅中晒起了库房，而且还把藏品库房实物向社会公众开放，并配有公众研究实验室③；故宫博物院南大库"仓储式"展示了明清时期的一些家具用品，层层地堆叠在一起④。从我国博物馆的发展看，对于国外博物馆库房开放的一些经验可以适当进行参考，总结国内开放库房的实践，继续探索库房开放的各种形式，不断提高藏品利用效率和公众参与程度。

5.2.2　拓展展厅空间——高密度陈列方式

高密度的博物馆陈列指的是博物馆所展出的展品数量极多，在参观者能够看到的地方通过重复堆叠等方式使博物馆陈列形成相应的变化，从整体上满足相应的设计曲线，给人一种极为震撼的视觉效果与感官体验⑤。在有限的陈展空间里，高密度陈列方式可以有效提高藏品的展出率。前文已述我国博物馆的展品密度是偏低的，没有充分利用已有场馆的空间，是造成

---

① 杨海燕.中西方博物馆比较研究[D].济南：山东大学，2009：63.

② 黄洋.从幕后到台前：让博物馆库房的文物"活"起来[N].中国文物报，2016-10-25(7).

③ 谭小荣.博物馆藏品库房面向社会开放的几点思考：来自大庆博物馆"展厅晒库房"的启示[M]//广西博物馆协会，广西壮族自治区博物馆.博物馆藏品架起沟通的桥梁——广西博物馆协会首届学术研讨会暨广西壮族自治区博物馆第七届学术研讨会论文集.南宁：广西科学技术出版社，2014：54-63.

④ 倪伟，浦峰.故宫打开家具仓库 南大库"仓储式"展示明清宫廷家具[N].新京报，2018-09-20(A10).

⑤ 丁三，沈平.高密度陈列的实践和理论探讨[J].中国博物馆，1998(4)：27.

博物馆藏品利用效率低的原因之一。相比之下,以英国、美国、法国、埃及、日本为代表的高密度陈列方式充分利用展览空间,注重从展品出发激发观众的思维,给我国博物馆提供了另一种陈列形式的借鉴。

在英国一些博物馆采用类似标本摆放的方式陈列藏品,尽可能地利用空间展示文物,以此增加展厅的陈列品数量,如维多利亚·艾尔伯特博物馆瓷器陈列,使用立体摆设手法,在玻璃展柜里密密麻麻陈列着藏品,就像进入了文物库房一般。除了瓷器,还有银器、乐器、玻璃艺术品等都采用了这种陈列手法,可以毫不夸张地说,其陈列密度是我国同类型展品陈列的 3 ~ 4 倍。该馆东方部负责人表示这是因为馆藏有 450 多万件,馆方希望尽量多地为观众展示精品,让观众通过对众多藏品的欣赏去感受、思考,以达到震撼的效果。如大英博物馆的陶器陈列也采用高密度的陈列方式,尽可能地向观众全面展示藏品。美国空军国家博物馆在展示飞机模型时,根据模型大小采用了分层立体展示,充分利用了空间,密集地展示了众多飞机模型。美国亚特兰大可口可乐博物馆充分利用墙面,将不同时期不同类型款式的可口可乐包装瓶贴于墙上,尽可能地向观众展示可口可乐产品的完整面貌。埃及国立博物馆的展品密度更加出人意料,比一般文物商店的陈列密度还要高,在展示不同时代的印章时,该馆在偌大的玻璃展柜中放置了大大小小 200 ~ 300 件各式印章,让观众应接不暇,在视觉上产生强烈冲击。日本佛冈民俗博物馆的墨斗展示厅,为了展出属于不同时代的各式各样的 100 多件墨斗,在仅仅 20 米的狭长展线上,通过平面摆设、悬挂布置等方式,让观众感觉形态各异的墨斗"接踵而至",这种丰富且具有个性的宏大陈列给人深刻的印象,并引发思考和启迪①。

目前我国有一些大型博物馆也开始采用高密度陈列,如河南博物院在 3 米长的展柜里展示了 8 件铜鼎;青海省博物馆的土陶器陈列室,在扇形墙上放置托架,悬置 30 ~ 40 件陶器;广州博物馆的西村窑复原陈列,将大量瓷片做了堆积处理;北京市文物局在白塔寺二殿 240 平方米的殿堂空间,展出佛教铜造像 10 000 尊。这些都是对传统陈列风格的一种突破。借鉴西方高

① 邢照华.浅议陈列设计中的展品密度问题[J].北方文物,2003(3):98–100.

密度陈列经验并不是意味着展品越多越好,展品密度不宜过低,也不宜过高。研究表明,对于展品在空间中所占的比例,应该使之处于 40% ~ 60% 的区间内为宜,如果超出这个区间,要么空间利用率低,要么显得杂乱无章,给人非常拥挤的感觉①。

多元化的陈列艺术,体现了博物馆不同的展示理念,也影响着藏品的利用效率。高明的高密度陈列方式的运用不是藏品的简单堆砌,是经过精心设计的,有意识地改变陈列密度,要注重对细节的掌控,从整体环境的层面进行构思设计,使内部空间能够更具层次感,有效地拓展现有展览空间。我国在改进传统陈展方式的时候,可以对国外一些密度较高的空间陈列进行参考,使观众能够对藏品形成更为深刻的理解,尤其是要将藏品的内涵更加充分地展现出来,从而实现藏品价值和博物馆功能。

5.2.3 "藏品+"模式开发外部空间

从当前博物馆的发展看,在功能方面更趋多元,尤其是很多高新技术的应用,更增添了博物馆的展示效果,在与企业进行合作后,形成了更为多元的业态,至此"博物馆+"2.0 时代真正到来②。博物馆的陈展空间是有限的,提高藏品利用效率可以将眼光放到博物馆之外的空间,开创"藏品+"模式,通过开发外部空间拓展藏品展示场地。国外博物馆积极探索开发外部空间,包括酒店、购物中心、地铁、机场、企业、社区等,值得我们学习借鉴。

(1)"藏品+酒店"。土耳其卡帕多西亚博物馆酒店中,有很多非常古老的藏品,这些藏品就放在酒店博物馆中,而在酒店客房中,也有很多极具价值的藏品,这些藏品也都是被专家进行验证过的,这也使该酒店成为一座能够"身临其境"的博物馆。美国路易斯维尔 21C 博物馆酒店是一家免费开放的艺术酒店,世界各地艺术家可以来酒店举办雕塑、摄影等展览,酒店也为

---

① 李卫平.限制的空间:博物馆展厅的平面布局[M]∥中国博物馆协会博物馆学专业委员会.中国博物馆协会博物馆学专业委员会 2013 年"博物馆建筑与功能"学术研讨会论文集.北京:中国书店,2014:165-171.

② 文博圈."博物馆+"已经进入 2.0 时代[2019-09-21].https://m.sohu.com/a/209149623_488370.

公众举办具有浓郁艺术特色的展览①。在欧洲,像法国和意大利这类文化底蕴深厚的国家,不难找到规模不等的博物馆型酒店②。

(2)"藏品+购物中心"。日本的啦啦宝都世博城地处大阪,它是日本目前最大的复合型商业设施,日本游戏巨头世嘉公司与英国广播公司在此开设日本第二个自然超体感型博物馆。该博物馆采用了当前非常先进的技术,以自然节目 BBS earth 为基础,向大家呈现自然奇观,观众能真正实现一种身临其境的感觉,很多参观者都表示这种感觉让人流连忘返,其中不但有丛林、寒地、深海,还有沙漠、火山等,身处这样的自然景观下,着实让人叹为观止③。

(3)"藏品+地铁"。在瑞典斯德哥尔摩任何一个地铁站,环顾四周,会感觉身处世界上最大最具有震撼力的博物馆,在绝大部分地铁站都能够欣赏到雕塑、壁画、浮雕、书稿等展品,时间跨度也非常大,从 20 世纪 50 年代到现在很多的艺术品都被用在了地铁艺术的展示中④。

(4)"博物馆+机场"。这种模式也同样存在,在荷兰的史基浦机场,是迄今为止全球唯一的博物馆机场,游客可以在机场停留时对其中的展品进行免费的参观。其陈列品中比较有名的是 17 世纪荷兰"黄金时代"的 10 件传世之作,包括伦勃朗 1633 年为妻子所创作的肖像画,也有扬斯滕《旅店内景》油画作品,而这些画作的价值极高⑤。博物馆送展览进社区、进企业是国内外很多博物馆都采用的"走出去"方式,在此不赘述。

国内也在积极探索"藏品+"模式,在"藏品+酒店"方面,西安威斯汀大酒店属于喜达屋酒店及度假酒店国际集团旗下唯一的博物馆酒店,酒店内藏品的数量超过 1200 件,很多都是极具价值的文物,让人眼界大开。这些展

①　张斯齐.跨界融合:民族博物馆文化主题酒店可行性分析[D].北京:中央民族大学,2013:8-9.

②　章开元.酒店就像博物馆[J].饭店现代化,2006(9):70.

③　游艺风.日本这家购物中心体验至上,八个主题馆玩遍游泳馆、博物馆、游乐园[EB/OL].(2017-12-07)[2019-09-21].https://www.sohu.com/a/209085771_274750.

④　文博圈."博物馆+"已经进入 2.0 时代![EB/OL].(2017-12-07)[2019-09-21].https://m.sohu.com/a/209149623_488370.

⑤　王晓易.购物中心+博物馆 是机场更是休闲天堂[N].东方今报,2013-07-04(A05).

品充分展现出西安这座古城的历史积淀,也诉说着中华五千年的历史变迁。博物馆占地面积超过 7000 平方米,其中有 3 个展厅,很多艺术品静静地躺在展厅内,其中以"色挂形象穷神变——中国古代壁画源流展"为主题的展览,呈现出我国古代壁画艺术的精湛技艺①。2012 年,北京海淀区稻香湖景酒店举办了一场大型的文化展——"大美海淀·奇石文化展",让人们在酒店里休闲之余,享受艺术的文化陶冶②。

在"藏品+购物中心"方面,广州太古汇是高端综合性购物中心,其与英国国立维多利亚·艾尔伯特博物馆进行合作,向人们展示主题为《鞋履:乐与苦展览》的艺术展览③;上海 K11 购物艺术中心的博物馆零售模式也带给人们一种另类的体验④。

在"藏品+地铁"方面,成都地铁 7 号线,乘客在地铁上就能够看到四幅惟妙惟肖的画面,分别为骑神鸟的射箭者、祭坛与祭司、金沙武士、黄金面具。在地铁车厢的内部,模仿敦煌壁画表现形式,使乘客在地铁上就能够深刻感受到中华这一泱泱古国的历史文化,将一场惊世骇俗的祭祀活动呈现出来⑤。

时代造就了"博物馆+"的无限可能,藏品的利用也要积极发散思维,除了实体空间的开拓,还要探索与时尚、综艺、影视、动漫、话剧、音乐会、健身、餐厅等的结合,博物馆要积极行动起来,将藏品的价值发挥到最大,博物馆人通过开创性、创新型的形式使藏品在新时代发出最强音。

---

①⑤　文博圈."博物馆+"已经进入 2.0 时代!〔EB/OL〕.(2017-12-07)〔2019-09-21〕.https://m.sohu.com/a/209149623_488370.

②　千洵."酒店式博物馆"中的奇石艺术:记"大美海淀·奇石文化艺术展"〔J〕.中关村,2012(8):111.

③　彭颖.购物中心转型 热衷建博物馆〔N〕.南方日报,2018-05-30(ZB03).

④　吴桐."博物馆零售业":上海 K11 高端购物中心融入艺术项目之建构〔J〕.美与时代(城市版),2015(10):72-73.

5.3　从延伸利用着手

博物馆借鉴国外实践经验提高藏品利用效率,不仅要从藏品本体、场地方面入手,为解决藏品研究不足、展览场地不足等原因造成的利用广度、深度、频率、真实性问题提供参考借鉴,还要从延伸利用着手,探索解决因外界参与性低、利用方式单一造成的藏品利用效率低问题的方式。笔者主要从注重教育服务工作、藏品数字化工作、文创产品开发方面来借鉴国外博物馆如何延伸藏品利用的经验。

5.3.1　注重教育服务工作

教育服务毫无疑问是中外博物馆工作中的重中之重,我国博物馆虽然也开展教育活动,但在专业性、关注度等方面仍然存在不足,理论和实践方面的经验仍然是比较欠缺的,基本上多数人只是参观者,而学习者甚少。同时,博物馆和学校、教育机构等所进行的联系和交流也不够深入,这也使藏品利用的程度和受众面都有限。国外博物馆在人力、财力、物力方面都给予教育服务工作高度重视,对于在教育服务工作中提高藏品利用效率,可以借鉴其利用藏品开展教育活动的探索,以及针对不同群体采取不同教育方案以开拓受众面。

(1)利用藏品开展教育活动。美国大都会艺术博物馆和中小学之间的合作与交流比较深入,现已联合开发了百余个与教育有关的项目,项目的课程计划是根据学校课程进度制定的,如大学教师利用馆内藏有的古代雕塑,配合“视觉与空间”课程,在博物馆内授课,让学生从不同角度观察、理解空间构图。美国自然历史博物馆针对不同年级、不同兴趣,配置不同馆内藏品,将藏品放于集装箱,变成移动博物馆进入学校。工作人员可以向学生们讲解移动博物馆内的藏品情况和内涵,学生通过触摸某些文物实现零距离接触藏品。芝加哥菲尔德自然史博物馆推出的“教育资源出借”项目由来已久,博物馆结合自身的藏品资源,在具体进行陈列的过程中,展览箱、体验箱的数量分别为900个和150个,展览箱中的文物都有文字介绍和说明。大英博物馆也有类似的藏品租借服务,学校通过申请可以挑选博物馆适合出借的藏品。英国雷丁博物馆每年制作4000多个"外借文物盒子",配合学校教育需求。苏格兰的格拉斯哥博物馆的"开放博物馆"项目为社区群体设计了20个文物展览体系,英国什罗普郡与其他郡县联合开发"移动博物馆",旨在使一些更加偏远的乡村地区也能够看到展示的藏品,并以此向公众进行宣传和教育,使公众能够更多地了解到与考古有关的知识①。

(2)针对不同群体采取不同教育方案。美国纽约布鲁克林博物馆开办6~8岁的文字游戏班、9~12岁的写作实习班,不同年龄的青少年可以根据自我能力参加感兴趣的不同内容的实习班。美国波士顿科学博物馆针对少年儿童开展科学启蒙教育,具体是按照年龄进行划分,向不同的小朋友展示的内容也有一定的差异。法国拉维莱特科学与工业中心有针对3~6岁儿童的发现厅,以及为3~17岁儿童少年开放的阅览室。美国达拉斯艺术博物馆创意连接中心面向不同年龄段的群体开放,使之都能够到博物馆中进行学习,部分展区还专门设计了能够动手实践的器具和模型,让人们更加深刻地感受这里的艺术气息②。另外,对于一些比较特殊的群体,一些博物馆也做了有针对性的设计,比如克利夫兰艺术博物馆就以电台广播的形式,向一些无法下床的老人和残疾人推送广播,对馆内藏品进行介绍③。

5.3.2　藏品数字化工作

藏品数字化是实现藏品资源共享的前提,也是有效提高博物馆藏品利用效率的基础。面对大量的藏品,数字化工作是博物馆一项大规模的重任。大英博物馆在数字博物馆建设方面的做法是值得我们借鉴的。

2006年,"众包"一词由美国撰稿人杰夫·豪提出,他供职于《连线》杂

---

① 魏巍.博物馆文物藏品利用研究[D].济南:山东大学,2015:52-54.
② 高茜,邵子航.国外场馆教育实践探索与启示:以美国自然历史博物馆为例[J].开放学习研究,2017(5):28.
③ 杨海燕.中西方博物馆比较研究[D].济南:山东大学,2009:69-71.

志,本来其所指的是企业或是机构将过去员工的任务外包给大众网络的一种做法。也就是说,"众包"就是将一些十分耗费时间和人力的大型任务分解成小型的、简单的任务块,并通过互联网平台这个媒介,将小型任务块分配给成千上万的网民,最终聚少成多,通过众人的通力协作,完成大型任务。借助大众力量完成大型烦琐任务是众包模式应用的首要条件,在这种模式下,人们能够充分发挥出各自的智慧和能力,使所交予的任务更好地完成,如信息收集、规模作业等。从全球范围来看,最大的众包项目无疑是拥有超过 5000 万用户的维基百科。众包概念自 2006 年提出发展至今已十多年,在商业、公益、科研、考古、文博等等领域都取得了瞩目的成就。

2013 年,大英博物馆联合伦敦大学学院、英国国家人文艺术研究会在文博领域开创了一种全新的工作方式,并发起 MicroPasts 项目。该项目是以互联网众包模式为基础形成的,具体方法是采用分布式协作,在考古、历史、文化遗产等方面进行试验项目。通过这一项目,来自世界各地的数千名志愿者通过网络"集结"在一起,对大英博物馆的藏品——"青铜时代"系列文物中所涉及的数据实施数字化处理。20 世纪初,基于"青铜时代"文物所形成的手写藏品索引卡数量超过 3 万张,这些索引卡通过该项目完成数字化转录[①]。MicroPasts 是一种实践性探索的课题项目,突破时间、空间等限制,结合专业人员和志愿者,通力协作完成任务,完成过去需要消耗大量时间和精力的任务。

大英博物馆通过众包模式的方式开展藏品数字化工作,这相对于传统方式是独特新颖的。截至 2018 年年底,我国有博物馆 4918 家,文物藏品 3754 万多件/套[②],在开展海量的藏品数字化处理等工作时,大英博物馆的成功经验无疑具有启发借鉴意义。在国内,中国自然标本馆的公共科学平台是我国国内数字化处理相对较好的平台,该平台会定期进行更新,并且将一

---

① 刘文杰."互联网+"在数字化博物馆建设中的应用:以大英博物馆"众包模式"完成藏品数字化工作为例[J].博物馆研究,2017(1):21-28.

② 中华人民共和国文化和旅游部.中国文化文物统计年鉴(2019)[M].北京:国家图书馆出版社,2019:286.

些新的照片进行整理,目前平台上的图片已经逾 400 万张①。通过集大众之力,公共科学平台在生物多样性的调查与监测工作中取得了显著成果。众包模式在文博领域的应用具有不容小觑的积极作用,在"互联网+"背景下,其高效率、低成本的特点,对于提升工作效率,加快藏品数字化建设有重要作用。

5.3.3　文创产品开发

我国博物馆文创产品开发起步较晚,20 世纪 90 年代后期,博物馆才开始探索开发文创产品领域②。与欧美国家相比,我国的文创产品开发还处于起步、探索阶段,除故宫博物院等几个实力雄厚的大型博物馆外,大多数博物馆都存在缺乏创新的情况,怎样才能使国内的博物馆基于自身的藏品实现在文化产业方面的创新,这点是值得深思的问题。西方博物馆文化创意产业起步较早,1921 年,法国博物馆就已经开始和一些企业、商会、组织机构等进行合作,对博物馆的商业价值进行发掘,同时对博物馆文创产品进行销售。经过长时间的探索与积累,很多西方的博物馆在文化创新方面都表现突出,产品的生产和销售等也形成了相应的体系,形成了相对独立的产业链条,这些都可以为我国博物馆的建设与发展提供借鉴和参考。

(1)"从藏品中获得灵感"是西方国家在文创产品研发时一贯遵循的原则,每个博物馆都是立足于本馆具有特色的藏品。史密森航空航天博物馆主要都是航空航天类的展品,他们依托于自身的专业特长,选择制作一些按照比例进行缩放的航天仿真模型,该模型做工考究,外观效果非常逼真,备受美国青少年的追捧③。德国贝多芬纪念馆则基于贝多芬的一系列作品,对文创产品进行开发,别具特色④。法国的卢浮宫是全球最著名的博物馆之

---

① 李瑜.启蒙"公民科学"[N].中国科学报,2014-01-03(1).

② 王春山.中国与西方博物馆文化创意产品开发比较研究[J].自然科学博物馆研究,2017(1):62-68.

③ 葛偲毅.国外博物馆文化产品开发与营销对我国的启示[D].上海:复旦大学,2012:11.

④ 王春山.中国与西方博物馆文化创意产品开发比较研究[J].自然科学博物馆研究,2017(1):65.

一,1204 年建成,先后有 50 位国王在此居住,拥有非常浓郁的法国王室气息,卢浮宫博物馆围绕这一特点对文创产品进行开发。其中,法国路易十六的王后玛丽·安托瓦内特的生活极尽奢华,彰显出 18 世纪法国王公贵族的生活品质,卢浮宫开发了 100 多件精美绝伦的玛丽·安托瓦内特系列文化产品,包括珠宝复制品、故事出版物、肖像织物、雕塑、印刷品等。大英博物馆围绕"路易斯套棋"对文创产品进行设计,包括套棋棋子(见彩页图 13)、耳坠、项链、书签(见彩页图 14)①等,使人们的好奇心得到极大的满足。

(2)注重艺术性和实用性。大多数全球著名的博物馆在设计方面是非常有新意的,无论是藏品包装还是藏品本身都非常精致典雅,彰显出自身在文化方面的艺术气质。西方博物馆在兼顾艺术性的同时也注重实用性,以大英博物馆为例,在其藏品中有一件古埃及的猫雕塑,由于埃及历史文化的影响,猫神贝丝塔特在埃及有着特殊的意义,它被视为是母亲的保护神。大英博物馆据此设计出一系列实用性产品,如雨伞、手表、丝巾、古埃及猫雕塑复制品、项链、耳坠、手机壳、包、胸针等(见彩页图 15~18)②。又如英国维多利亚与艾尔伯特博物馆关注于人的生活用品,设计了很多对外出售的玻璃制品、陶瓷制品、地毯等家居产品③。

(3)多品类,多价位,关注个性化与差异化的需求。《蒙娜丽莎》这幅藏品在世界范围内是极具影响力的,卢浮宫凭借着该作品在衍生文化方面做文章,其中不乏很多高档的丝织品,而且各类商品的包装都非常精美,还包括明信片等一些价格便宜的印刷品。大都会艺术博物馆的文创产品既有展现古埃及女祭司风貌的面具,售价 1.99 英镑,又有标价 5000 英镑以上的精美复制艺术品。纽约现代艺术博物馆也在博物馆文创产品方面进行拓展,不但有 2 美元的碟片,也有 5000 美元的家具,而其中多数都是与家居生活相关的。大部分博物馆基本上都有发展自身的文创产品,这些文创产品满足

---

① 王春慧.博物馆文化衍生产品开发思路探析:以大英博物馆为例[J].中国港口,2018(S1):96.
② 王春慧.博物馆文化衍生产品开发思路探析:以大英博物馆为例[J].中国港口,2018(S1):95-96.
③ 王春山.中国与西方博物馆文化创意产品开发比较研究[J].自然科学博物馆研究,2017(1):65.

不同消费群体的需求,差异化的开发方式体现出以人为本的理念。

(4)文创产品附有说明卡。主要是利用说明卡中的内容,使参观者能够对产品的设计理念形成更为深入的理解,或者是卡上面描述了产品的由来以及背后的故事,使参观者不仅仅带走一件产品,还在购物的同时将文化带回家,并传播给更多人。如大都会艺术博物开发的一款独特的胸针——以色列燃烧的叶片针,是按照历史记载的著名灌木叶设计,灌木叶源于圣经中的一个故事,博物馆就将这一典故写到了说明卡上。美国国家历史博物馆的泰迪熊玩偶也有其故事渊源:美国总统在打猎的时候所遭遇的一段故事。纽约现代艺术博物馆出品书说明文创产品中象征着某件藏品的文化元素或产品起源的故事。

(5)依靠馆外力量开发文创产品。博物馆若只是凭借自身的力量,那么整个文化产品的体系是很难完全建立起来的,因而需要将一些工作交给专业公司来完成,这样能够使产品的开发效率有显著的提升。1955年,"博物馆商店协会"在美国创建,其本身属于非营利性的组织,在博物馆和企业之间发挥纽带作用,使整个文化产品形成相应的体系,促进整个产业的集聚,使文化产品能够创造更多的利益和价值。

上述内容是西方博物馆在文创产品开发与经营方面的一些经验,这些可作为我国博物馆在文创产品开发方面的参考,避免我国博物馆文创产品出现同质化,设计简单化,缺乏创意,产品制作粗糙,藏品内涵挖掘不够,开发力量薄弱等问题。国外政府对博物馆文创产业的重视和政策扶持,以及产业链式的开发文创产品的方式,对国内博物馆具有重要的借鉴意义。

5.4 藏品利用的保障措施

经费和人才是提高博物馆藏品利用效率的有力保障,国外博物馆多元化、多渠道经费来源和通过建设志愿者队伍缓解人员和人才压力的做法,值得我国博物馆学习和借鉴。

5.4.1 多渠道经费来源

博物馆的运营与资金有密切关系,对于大部分国外的博物馆,在经营方面主要还是自筹资金,政府在财政方面的补贴是相对较少的,如募捐、基金、巡展等方式是国外博物馆资金来源的主要渠道,这也使博物馆更加关注公众对博物馆的建议。根据澳大利亚 2004—2008 年财政报告,澳大利亚博物馆获得的综合基金拨款由 2004 年的 77.21% 下降到 2008 年的 0%,而捐款和赠款占总收入的比重由 2004 年的 5.25% 上升到 2008 年的 86.64%[①];美国科技类博物馆 2009 年公共资金仅占总收入的 17%[②];2014 年美国大都会艺术博物馆的年度总收入中,纽约市的公共事业补贴仅占 6%[③];美国史密森尼博物馆是在全球范围内最大的博物馆群,其可支配收入每年大概 6000 万美元,一半来自自营收入,另一半来自利息收入、私人捐赠等[④]。国外博物馆自有资金来源渠道主要包括:门票收入、社会赞助、商业经营、出借藏品、会员费、债券筹资等。

从博物馆本身的收入方面看,门票在其中的占比是最高的。比如,2014 年,卢浮宫门票收入累计为 6500 万欧元,在其自有收入中所占比例已经达到了 64%。再如,蓬皮杜艺术中心为使自身的收入能够有所增加,将原来 5.5 欧元/张的门票调价至 14 欧元[⑤]。美国大都会艺术博物馆在门票方面则采取的是"建议票价",这种形式是参观者可以支付门票费用,也可以不支付门票费用,但其中有一项特别提示,即"希望参观者能够全额支付门票,以补贴特别展览"。另外,在门票价格方面也是阶梯式的,其中,会员免费,12 岁以下儿童免费,成人票 25 美元,老年人票价 17 美元,学生票 12 美元。2014 年美国大都会艺术博物馆参观者 620 万,门票收入 3790 万美元,意味着平均票价为 6.11 美元,这种建议票价制度值得我国博物馆借鉴。

---

① 刘洋.澳大利亚博物馆资金结构的初步分析[D].长春:吉林大学,2009:15-18.

② 钱雪元.简析美国科技博物馆的资金来源[J].科普研究,2011(4):68.

③ 马健.美国非营利艺术机构的债券筹资:以大都会艺术博物馆为例[J].美术观察,2016(4):146.

④ 周静.现代博物馆管理模式探析[J].东南文化,2009(4):96.

⑤ 张舜玺.法国博物馆运营的资金来源[N].学习时报,2016-02-18(2).

社会赞助是国外博物馆广泛运用的资金筹措方式,主要包括个人赞助、基金会赞助、企业赞助。美国的私人捐赠对博物馆的贡献非常大,1998年起,科学院院士、加州大学伯克利分校教授、生物化学家丹尼尔·科什兰德捐款3000万美元,创立以其亡妻玛利亚·考斯兰特的名字命名的科学博物馆。2004—2005年,玛利亚·考斯兰特科学博物馆就受到全球数百位院士级人物的私人捐赠,数额累计已经超过543万美元①。基金会资助是国外某些博物馆得以运行的基础,美国盖茨基金会2005年向计算机历史博物馆捐赠1500万美元;硅谷地区的创新博物馆设立的教育基金每年有超过240家企业捐赠②;由美国石油巨子保罗·盖蒂遗产创立的盖蒂基金会资助盖蒂博物馆的运营,按照美国税法,基金会每年必须将运营资金的4.25%用于艺术事务,才能减免赋税③。寻求企业赞助是博物馆筹措资金的新方式,大英博物馆的“全球合作伙伴”项目是指需要资金时向公司、法人团体筹款,对于向其筹款的公司团体则视为全球合作伙伴,世界上很多知名企业都与其建立了这种合作伙伴关系,如摩根士丹利、汇丰银行等④。法国的路易威登在巴黎市卡尔纳瓦莱博物馆办展,卡迪亚公司在大皇宫办展都是与企业合作的典型⑤。在互联网时代,社会赞助也有新的形式,如在网络上开展众筹。2010年卢浮宫发起“全民赞助”行动,民众可通过网络进行捐赠,这些捐赠在胜利女神像修复等工程中被使用。奥赛博物馆则面向社会进行众筹,累计筹得善款超过3万欧元,这些资金主要是用于对库尔贝所创作的《艺术家的画室》进行修复⑥。2015年7月,美国史密森尼博物馆也进行了众筹,其所选择的是网络平台Kickstarter,众筹活动的主题是“Reboot the Suit”,并且在短短5天时间为修复馆藏阿姆斯特朗宇航服筹集到50万美元⑦。

---

① 钱雪元.简析美国科技博物馆的资金来源[J].科普研究,2011(4):71.

② 钱雪元.简析美国科技博物馆的资金来源[J].科普研究,2011(4):70-71.

③ 狐爱民.美国博物馆资金来源研究[J].商业会计,2015(5):52.

④ 侯珂.从大英博物馆的筹款经验看我国博物馆的筹款[J].文化学刊,2012(1):135.

⑤⑥ 张舜玺.法国博物馆运营的资金来源[N].学习时报,2016-02-18(2).

⑦ 刘文杰.“互联网+”在数字化博物馆建设中的应用:以大英博物馆“众包模式”完成藏品数字化工作为例[J].博物馆研究,2017(1):21-28.

商业经营为博物馆收入注入了新生力量,主要包括出售出版物、文创产品、场地租赁、藏品影像授权等。美国大都会艺术博物馆在海内外开设24个博物馆商店的分店,用具有自身独特品牌的出版物、文创产品等每年为博物馆带来超过1亿美元的收入,其艺术品开发每年销售额达到四五亿美元[①]。卢浮宫的资金来源主要是文创产品的销售所得,其所销售的商品种类已经在300种以上,而且在场地租赁方面还包括停车场、会场和其他公共空间的出租等所形成的收入,以此对博物馆资金进行补充。法国的国家博物馆联合会对馆内藏品的影像进行授权,对其授权的博物馆数量已有68家,所涉及的图像超过60万个,被使用的授权图像数量每年超过90 000个,由此创收可达360万欧元/年,但在法国国家博物馆联合会的授权所得中,会按照比例向提供图像的博物馆返还相应的费用[②]。

博物馆还有一项业务也能够产生收入,即藏品租赁。一些博物馆为吸引参观者,向一些拥有优质藏品资源的博物馆短期租赁藏品开展巡展,而借出藏品的博物馆将会因此获得相应的租金。奥赛博物馆就组织过名画的全球巡展,其中包括很多名家大师的作品,如凡·高、莫奈等,并因此获得了1000万欧元的收入。2014年,卢浮宫在各省巡展了馆内超过3万件的藏品,后又将超过2000件的藏品在世界进行巡展,由此所获得的收入超过500万欧元,而这些都归入其自有收入中,在全部收入中所占比例约为5%。

会员费也是西方博物馆很有特色的一个资金来源。在美国几乎所有博物馆都推行会员制,会员的等级不同,会费也存在一定的差异,所享受的优惠也会随之产生相应的变化。比如,美国大都会艺术博物馆中,其会员主要有两种,一种是基本会员,基本会员的种类又细分为12类;另一种是法人会员,法人会员则又被细分为4类。针对不同等级的会员,其所享受的优惠服务以及其他方面的"特权"也是不相同的。2014年美国大都会艺术博物馆会员费总收入达到2870万美元[③]。国外博物馆还通过成立不同的兴趣协会与

---

① 狐爱民.美国博物馆资金来源研究[J].商业会计,2015(5):53.
② 张舜玺.法国博物馆运营的资金来源[N].学习时报,2016-02-18(2).
③ 马健.美国非营利艺术机构的债券筹资:以大都会艺术博物馆为例[J].美术观察,2016(4):147.

博物馆之友收取会费,加拿大皇家安大略博物馆专门成立一个兴趣协会,该协会主要是针对中国藏品的,协会会员要对这些中国藏品进行参观和研究,则必须缴纳相应的费用,但这也是一种相对特殊的"待遇",因为某些中国藏品并不对外展示①。

债券筹资在博物馆领域比较鲜见,不过却是一直伴随着西方博物馆的发展,也是较为重要的募资途径之一。2015年,美国大都会艺术博物馆要翻修,在资金方面出现问题,由此对外发行了累计为2.5亿美元的应税债券。穆迪投资对其此次发行的债权比较看好,遂给出了3A最高评级②。

博物馆也可以在海外按照特定的流程设立分馆,这能够为博物馆创造一定的收益。2007年,法国、阿联酋两国达成协议,在中东地区设立卢浮宫分馆,不但名称使用的是"卢浮宫",而且展示的一些藏品也是借用卢浮宫的,包括专家咨询也是由卢浮宫总馆进行调拨并负责,但这些阿联酋分馆都需要向卢浮宫支付费用,而这次两个国家的合作为卢浮宫所创造的收益超过10亿欧元。2015年,蓬皮杜文化中心计划建设多个分馆,这些分馆分别设在西班牙、俄罗斯、中国、巴西、印度等国。

5.4.2　建设志愿者队伍

西方博物馆志愿者组织发展由来已久,是博物馆重要的人力资源,规模壮观,并逐渐形成制度化。博物馆志愿者是指义务为博物馆提供服务的群体或者个人,所提供的服务是无偿的,其目的并不是获得报酬。这些志愿者会按照馆长或者管理人员的要求,在博物馆内从事义务劳动,多数都是为了实现自我价值的,或者只是为了自身在精神上能够获得满足感③。美国自然历史博物馆前馆长托马斯·尼科尔曾谈到,如果博物馆没有志愿者的协助,各项工作可能会陷入停滞④。对于国外博物馆的志愿者这种服务模式,我国

---

① 魏巍.博物馆文物藏品利用研究[D].济南:山东大学,2015:55.
② 马健.美国非营利艺术机构的债券筹资:以大都会艺术博物馆为例[J].美术观察,2016(4):146.
③ 裴佳丽.博物馆志愿者管理研究[D].郑州:郑州大学,2013:2-3.
④ 陆建松.博物馆学研究的新视野与新成果:《世界博物馆最新发展译丛》书评[J].东南文化,2017(2):126.

可以在考虑实际情况的条件将其适当引入。

国外博物馆志愿者队伍主要有以下特点。

首先,志愿者服务意识强、规模大。1907 年,美国波士顿艺术博物馆就面向社会招聘义务志愿者。数据显示,目前全美有超过 95% 的博物馆都有志愿者协助,志愿者人数已经达到了博物馆正式员工的 5 倍多。其中,1975年、1991 年美国博物馆的志愿者人数分别为 6.22 万人和 38 万人,15 年间志愿者人数翻了 6 倍。志愿者为博物馆也同样在创造着经济价值,累计已经超过 1760 亿美元①。在史密森尼研究院,其内部正式员工的数量累计有 6000人,但是志愿者人数已经有 6500 人,比正式员工还多出 500 人②。美国大都会艺术博物馆志愿者达 1400 名,且等待审批的志愿者申请表超过 2000 份。旧金山亚洲艺术博物馆从 20 世纪 60 年代启动志愿者工作,2016 年志愿者超过600 人③。美国自然历史博物馆志愿者人数超过千人,澳大利亚战争纪念馆大约有 300 名志愿者。据 2011 年大英博物馆资料显示,其约有 570 名志愿者④。

其次,服务岗位丰富、作用大。志愿者在博物馆义务工作涉及很多方面,如接待工作、管理工作、技术研究、宣传推广、藏品捐赠等。澳大利亚战争纪念馆中,志愿者服务内容就很多,主要有向游客进行导览、参与馆内学术研究、扩大志愿者群体等。这些志愿者对于馆内的展品都有着相对较深的认识,甚至可以在某些时候"兼任"导游,向参观者进行讲解,而在技术层面则参与一些藏品的修复及保护工作。美国自然历史博物馆志愿者工作的主要内容涉及服务咨询、展厅讲解、图书编辑、行政管理、藏品保护等⑤。艾尔米塔什博物馆志愿者工作领域包括六个方面:协助安检工作,帮助开展科研工作,从事秘书和速递工作,参与设计及实施项目,协助教育课程、讲座

① 刘修兵.现代博物馆离不开志愿者[N].中国文化报,2010-12-01(2).

② 刘鹏,陈娅.大都会艺术博物馆志愿者运作模式对国内美术馆的借鉴[J].美育学刊,2016(4):56.

③ 刘政.旧金山亚洲艺术博物馆志愿者工作机制考察[N].中国文物报,2016-08-02(6).

④⑤ 彭玮.我国博物馆志愿者管理研究:从心理契约角度谈起[D].北京:中央美术学院,2014:20-23.

及研讨会,帮助运送艺术品、举办展览等①。大都会艺术博物馆志愿者分为 3 个大类 17 小类,分类非常细致②。志愿者中的科研人员对博物馆藏品利用意义很大,美国自然历史博物馆无脊椎动物科的寄生虫学家霍勒斯·斯顿卡德博士是志愿研究人员的一个典型例子,他原为纽约大学的生物系主任,任教时就是该馆志愿者,退休以后一直坚持每周为博物馆工作 5 天,像他这种拥有专业知识为博物馆奉献的科学家超过 90 人③。

再次,人员构成多元化。国外博物馆志愿者队伍横跨各年龄、各阶层、各行业,充分体现了博物馆的公众参与度。澳大利亚战争纪念馆志愿者有着不同的背景,来自各行各业,年龄从 16 周岁到 70 周岁不等④。旧金山亚洲艺术博物馆除特殊岗位有特殊要求,一般只要求年满 16 周岁即可申请做志愿者⑤。大英博物馆要求,若志愿者的年龄没有达到 18 岁,必须获得监护人的准许,并向博物馆提交申请,同时要将健康评估报告、无犯罪证明等一并提交。美国大都会艺术博物馆只对修道院博物馆学生团体导览申请人提出相关研究经验的要求⑥。

最后,机制建设完善。志愿者从申请到服务,西方博物馆有一套完善的流程和规定,保证了志愿者工作的制度化、常态化、专业化。例如美国大都会艺术博物馆志愿者要通过"阅读申请—初步筛选—详细分析—3 名老义工面试"的考核才能被录用,录用之后与博物馆签订合约,并参加由教育部负责的培训,通过考核才能正式上岗⑦。澳大利亚战争纪念馆、美国自然历史博物馆、旧金山亚洲艺术博物馆、大英博物馆、艾尔米塔什博物馆等都有一套申请、面试、录用、培训、试用期、上岗要求等规定。有的博物馆还对志愿

---

①⑥　卢永琇.中外博物馆志愿者培训与管理机制探讨[J].博物院,2018(3):109.

②　刘鹏,陈娅.大都会艺术博物馆志愿者运作模式对国内美术馆的借鉴[J].美育学刊,2016(4):57.

③　黄建国.美国"博物馆之友"内涵和职能初探[D].重庆:重庆师范大学,2009:22.

④　彭玮.我国博物馆志愿者管理研究:从心理契约角度谈起[D].北京:中央美术学院,2014:20-23.

⑤　刘政.旧金山亚洲艺术博物馆志愿者工作机制考察[N].中国文物报,2016-08-02(6).

⑦　黄建国.美国"博物馆之友"内涵和职能初探[D].重庆:重庆师范大学,2009:23-24.

者服务时间、年限有详细规定。如旧金山亚洲艺术博物馆规定志愿者到博物馆工作的频率必须在每月 2 次以上,单次工作时长要在 4 小时以上,全年累计时长要达到 96 小时,并且志愿者还要做出承诺,服务工作必须要达到 1 年的期限。美国大都会艺术博物馆这方面的规定更加细致,不同岗位有不同要求,比如会员服务中心的志愿者必须连续工作超过 5 个小时,并且在每周必须有一天到馆内工作,工作时长要在半天以上;如果是导览志愿者,导览活动与学年两者是保持一致的,通常从 9 月份到第二年的 6 月份提供服务,而且服务时长通常都要超过 3 年①。

5.5 本章小结

本章主要以提高博物馆藏品利用效率的国际视野来讨论国外博物馆藏品利用方面的可供借鉴之处。在有限的人力、物力、财力等条件下,国外博物馆为提高藏品利用效率在各方面的努力和实践值得我国博物馆借鉴。从藏品本体着手,以完善的策展人制度保证陈列展览的策划和实施,提高了藏品的周转率、更新率;完善的文物登录制度给我国以启示,建立文物登录制度,为藏品资源的利用与共享奠定基础;重视科学研究机构的设置和科研队伍的建设,以及加强科研与博物馆业务工作的联系来提高科学研究水平,为提高博物馆藏品利用效率以及博物馆文化软实力和综合竞争力提供借鉴。从场地方面着手,以开放博物馆内部空间——库房;以高密度陈列方式拓展博物馆展厅空间;以"藏品+"模式开发博物馆外部空间,如酒店、购物中心、地铁、机场、企业、社区等。延伸利用方面,从注重教育服务工作、利用众包平台进行藏品数字化工作、文创产品开发来借鉴国外博物馆如何延伸博物馆藏品利用的经验,解决藏品利用效率低的问题。最后,从国外博物馆多元化、多渠道经费来源和通过建设志愿者队伍缓解人员和人才压力,来借鉴国

① 卢永琇.中外博物馆志愿者培训与管理机制探讨[J].博物院,2018(3):110.

外博物馆提高博物馆藏品利用效率的有力保障——经费和人员。不过,在信息时代背景下,博物馆的发展也应该与时俱进,要充分运用互联网等现代化技术手段,使博物馆的信息化水平得到进一步的提升。博物馆藏品利用的研究需要"智慧"理念的研究视角,以科学技术的革新促进博物馆的升级转型。

6

智慧理念下博物馆提高藏品利用效率方式分析①

藏品资源是博物馆的根本资源,同时也是博物馆存在与发展的基础,对藏品资源进行合理、科学、高效的利用,有利于提升博物馆的软实力。近几年,"互联网+"开始与各个行业实现了融合,博物馆未来也朝着数字化、智慧化的方向发展。在大数据、物联网、云计算等技术的不断发展之下,新一轮科技与产业革命聚焦于人工智能领域,从而开启人类社会智能化发展的新方向。人工智能(AI)是计算机科学的重要分支,20 世纪 70 年代开始,人工智能、能源技术、空间技术便被列为世界三大尖端技术;21 世纪之后,人工智能、基因工程、纳米科学成为 21 世纪的三大尖端技术。以此来看,无论是 20 世纪还是 21 世纪,人工智能都属于人类重点关注的尖端技术类型。2016 年,AlphaGo 打败了世界围棋高手,人们对人工智能有了新的认识。人工智能技术的发展速度十分迅速,并快速在医疗、军事、通信等多个不同的领域不断拓展其应用范围,虽然我们还没有真正迎来人工智能的新时代,但是人类正在努力朝 AI 时代发展。美国博物馆协会曾表示:人工智能将是未来最大的趋势之一②。博物馆中的文化是人类文明发展与传承的载体,随

---

① 该章部分内容来源于笔者三篇论文:李姣,陈洪海."智慧"让文物活起来[N].光明日报,2019-01-14(12);李姣.智慧博物馆与 AI 博物馆:人工智能时代博物馆发展新机遇[J].博物院,2019(4):67-74;李姣.人工智能在博物馆文物资源管理方面的应用趋势探讨[J].文博,2019(2):86-90.

② Berger Bennat. AI-enabled technologies could help museums survive the digital age [EB/OL]. (2017-11-06) [2019-09-23]. https://venturebeat.com/2017/11/06/ai-enabled-technologies-could-help-museums-survive-the-digital-age/,2017-11-06.

着 AI 时代的到来,博物馆也在不断地从初级智慧化朝着高级智慧化方向发展,人工智能技术便是其发展的主要方向,这同时也是博物馆不断转型升级的重要趋势,博物馆应基于智慧、智能的层面加强对藏品的利用,更好地服务于社会。

6.1　智慧理念下的博物馆

从博物馆的发展历程来看,我国经历了古代的天禄、兰台、天章阁等皇室收藏,近代公共博物馆与现代数字博物馆的发展之后,在互联网、物联网、云计算等技术的支持之下,21 世纪博物馆逐渐向着智慧化的方向演进和发展。

6.1.1　智慧博物馆起源

2008 年 11 月,IBM 公司率先提出了要发展"智慧地球"这一概念;2009 年 1 月,美国总统奥巴马对"智慧地球"的发展思路予以肯定[1];2009 年 8 月,IBM 的《智慧地球赢在中国》计划书发布,这代表着我国"智慧地球"战略的开启。"智慧地球"在全球范围内得到了认可,各项技术也成为各国科技研发重心。基于此,"智慧博物馆"的理念也由此而生。2012 年 4 月,法国卢浮宫与 IBM 进行合作,从而完成了欧洲的首个智慧博物馆的建设,自此之后,智慧博物馆成了一时的关注热点。至 2014 年年底,我国国家文物局选定了秦始皇帝陵博物院、内蒙古博物院等 6 家博物馆作为试点单位,着手建设智慧博物馆。在几年的发展过程中,对于智慧博物馆的建设在摸索中不断进步,推动着博物馆基于数字化向智慧化方面的不断发展。

时任国家文物局副局长宋新潮表示,智慧博物馆是科技进步之下的必

---

① 　陈刚. 从数字博物馆到智慧博物馆的发展趋势与挑战[M]∥北京数字科普协会. 融合・创新・发展——数字博物馆推动文化强国建设——2013 年北京数字博物馆研讨会论文集. 北京:中国传媒大学出版社,2014:281-287.

然趋势。基于狭义层面而言,智慧博物馆是一种智能化的系统;基于广义层面而言,它是以实体博物馆为基础,构建完整的博物馆智慧生态系统,它可以打破地域、文物、城市、遗址等限制,形成一个一体化系统①。智慧博物馆形成了"物—数字—人"的双向多元信息交互,实现了服务、保护、管理等层面的智慧化发展。

所谓智慧服务,以公众需求为中心,利用消息推送、虚拟参观、数字导览等多种形式,与观众之间形成良性互动,让观众在博物馆中感受无处不在的服务。智慧博物馆的社会服务要求能随时随地感知观众个体和设定群体的需求变化,通过互联网/移动通信网络传输至云端储存和计算资源池,进行大数据分析和智能化处理,并及时反馈给观众。例如,利用网络预约获取观众个人信息,利用藏品影像浏览行为记录观众的偏好,利用电子门票或 Wi-Fi 定位等技术精确定位观众在展厅的位置,可以为博物馆观众定制个性化的参观游览路线,提供区分年龄、性别和文化习惯的定制化现场讲解,推送个性化博物馆展览活动和各类文创信息,为博物馆展厅和安保工作人员提供实时的展线客流和观众集聚情况,为展览策划人员设计科学、合理的展览大纲和展线提供依据等。智慧保护的核心是借助于无损技术、智能感知技术,实现文物的预防性保护,对于文物的实际保存环境进行实时监测,构建"监测—评估—预警—调控"的保护体系。对于智慧博物馆的保护要求能及时感知藏品信息、库房与展厅微环境信息,采集整理博物馆保护研究工作的历史信息和知识规则数据,建立数学模型,通过博物馆保护研究大数据分析处理,直接控制和调节藏品微环境、展厅、库房等设备设施,或为预防性保护和文物本体修复研究工作重大决策提供辅助支持。智慧管理基于内外管理两个层面,其中,内部管理具体是基于当前博物馆的实际资源,比如藏品、财产、人力等,加强管理;外部管理具体是指博物馆与外部关系的处理。智慧博物馆的综合管理主要集中在博物馆环境、藏品、资产、工作人员、观众行为等实施智慧化的管理,对于传统模式是一个颠覆性的改革,打破目前的人、财、物管理信息系统相对孤立的现状,从而令博物馆的藏品、资产、人之间形成一

---

① 宋新潮.智慧博物馆的体系建设[N].中国文物报,2014-10-17(5).

定的关联性,加强高效管理与智慧化管理,减轻工作压力,确保管理的有序进行,我们可以认为智慧博物馆=数字博物馆+物联网+云计算①。

6.1.2　技术系统

智慧博物馆具有四个鲜明特征:全面的感知、范在的互联、海量的数据以及精确的运算②,与智慧博物馆建设相关的技术主要是物联网、大数据、移动互联、云计算,这些属于智慧博物馆建设中的核心技术。

引入物联网之后,可利用传感技术,实现对博物馆的藏品、环境、人员的识别、监控、定位、管理等,实现实体"物"之间的关联性,借助于互联网实现博物馆"人、藏品、教育"的合理融合③。物联网技术令博物馆的传感器、智能芯片大量存在,博物馆物联网里的"物"涉及各种领域的内容,比如藏品、库房、设备、工作人员、观赏者等,"联"是实现信息的交互连接,从而实现"物"之间的交互与共享;"网"是指将"物"形成一张网,实现博物馆对象、数据之间的连接,从而对博物馆展开动态管理与监控。物联网技术引入之后,令博物馆"耳目通达、融会贯通",前者是指可以借助于不同的传感器,对博物馆内的各项数据进行采集,而后者则是指借助于网络手段来完成信息通信与交换④比如在敦煌莫高窟中共计有200余个传感器,从而对其洞窟内的实际环境进行实时的监控,通过传感器采集洞窟的温度、湿度、二氧化碳浓度数据,以及引起这些数据变化的客流量、风速、沙尘等数据,在温湿度、二氧化碳浓度超出警示值时,采取暂时停止观众入窟参观、开启主动送风设备、启动自动过滤纱帘等方式,使洞窟内的温湿度保持恒定以及降低二氧化碳的浓度。

　　① 陈刚.从数字博物馆到智慧博物馆的发展趋势与挑战[M]//北京数字科普协会.融合·创新·发展——数字博物馆推动文化强国建设——2013年北京数字博物馆研讨会论文集.北京:中国传媒大学出版社,2014:281-287;宋新潮.智慧博物馆的体系建设[N].中国文物报,2014-10-17(5).

　　② 云思.博物馆的"智慧化生存"[J].上海信息化,2016(3):59-62.

　　③ 刘绍南.智慧博物馆支撑技术应用探讨[J]//首都博物馆论丛,2017(0):366-372.

　　④ 中国博物馆协会登记著录专业委员会.中国智慧博物馆蓝皮书(2016)[M].北京:红旗出版社,2016:25.

移动互联网的使用可以令博物馆更好地开展其各项业务,借助于微信、微博、App 等多种不同的途径,实现博物馆与观众之间的良性互动。4G、5G 等网络的不断发展使得信息通信能力得到飞速提升。一方面可以让智慧博物馆的建设拥有更好的网络条件,另一方面也实现以桌面交互为中心的数字博物馆向"智慧博物馆"转变,可以更加随时、随地使用信息。再加上智能手机、平板电脑等终端与移动网络实现了互促,移动终端令移动信息的采集更加便捷,智慧博物馆与各个领域的信息交互也更加便捷,移动互联网的存在,为博物馆的"行动迅速、随机应变"提供了基础支撑①。

大数据具体是指海量的数据,这些数据价值密度通常都较低,因此需要秒级快速处理②,它是智慧博物馆达到"谋虑深远、决胜千里"的核心支撑条件。博物馆拥有资源数字化、数据分析、信息互联等形式之下所形成的海量数据。只有将这些数据进行及时保存,并借助于智能数据分析手法对其实施合理加工,才能确保智慧博物馆可以"决胜千里"地谋划。智慧博物馆可以对博物馆相关的多种数据快速地采集,并对数据展开分析,获取最有价值的信息体系,在此基础之上形成新的推广形式。当前大数据的发展还刚刚起步,但是已经具备其重要的价值③。

云计算技术让智慧博物馆的海量数据有了便捷的管理与分析方法。云计算是实现智慧博物馆"算度精准、能文善辩"的基础,"算度精准"的实现要对博物馆的海量数据进行深入的研究,借助于不同的先进数据挖掘与分析工具、科学模型等,结合其十分强大的计算系统,从而实现对大量复杂数据的深入分析与准确计算;"能文善辩"的实现需要智慧博物馆利用直观、形象、三维虚拟化的表达形式,并实现与用户之间交互的动态变化④。博物馆

---

① 中国博物馆协会登记著录专业委员会.中国智慧博物馆蓝皮书(2016)[M].北京:红旗出版社,2016:27.

② 陈刚.从数字博物馆到智慧博物馆的发展趋势与挑战[M]//北京数字科普协会.融合·创新·发展——数字博物馆推动文化强国建设——2013 年北京数字博物馆研讨会论文集.北京:中国传媒大学出版社,2014:281—287.

③ 中国博物馆协会登记著录专业委员会.中国智慧博物馆蓝皮书(2016)[M].北京:红旗出版社,2016:28.

④ 中国博物馆协会登记著录专业委员会.中国智慧博物馆蓝皮书(2016)[M].北京:红旗出版社,2016:26.

用户通常情况下不会自己构建一个云计算中心,而是通过专业的提供方来获取相应的服务资源,构建一个计算资源池,从而对资源展开集约化管理、规模化经营,当前在云计算方面可以为博物馆提供的服务有:基础设施即服务(IaaS)、平台即服务(PaaS)和软件即服务(SaaS),实现这些的过程中,成本虽低,但是其效能却十分可观,并且具备可拓展性特征,比如首都博物馆目前已经完成了 IaaS 的私有云服务平台的建设①,实现博物馆技术应用的低成本、高可靠性、可扩展性目标。

6.1.3　智慧博物馆藏品利用的实践应用

　　国内外目前已经有大量的博物馆在实施智慧博物馆的全面建设,比如国内的 6 个试点单位,国外的卢浮宫、克利兰夫艺术博物馆等。依据智慧博物馆藏品的利用与实践,具体应用可分为生动立体的藏品智慧展示、透彻感知的藏品价值传播、全面互动的藏品教育与研究、创新多样的藏品纪念与回忆。

　　(1)生动立体的藏品智慧展示。传统实体博物馆的展示与参观模式与当前的公众需求已经不相匹配,博物馆的藏品资源如果缺乏新的陈展方式、陈列手段和体验模式,博物馆对于提高藏品利用效率和吸引游客都将面临巨大困难。藏品陈列与展示不再是以图片、实物等静态的形式进行展示,而应实现对藏品价值的深入挖掘。在"互联网+"的发展之下,数据化建设中的AR(增强现实)、VR(虚拟现实)、MR(混合现实)创新了藏品展示方式。2016 年首都博物馆举办"王后・母亲・女将——纪念殷墟妇好墓考古发掘四十周年特展"(见彩页图 19),借助于 VR 技术实现了对殷商建筑、文物的复原,通过十分生动、形象的技术与手法,将妇好墓的整体建筑构造展示给观众,甚至可以看到其下葬的整个过程。天水民俗博物馆借助异形投影等技术,基于现有模型实现了各种秦腔脸谱的幻化②。2017 年 5 月 18 日,秦始皇帝陵博物院与百度合作,利用矩阵全景技术,基于"毫米级"的技术,实现了兵马俑一号坑中遗迹的重现,并借助于 AR 技术,实现了与秦始皇兵马俑的"交互复

① 刘绍南.智慧博物馆支撑技术应用探讨[J]∥首都博物馆论丛,2017(0):366-372.
② 连晓芳.博物馆如何"+科技"[N].中国文化报,2017-09-21(8).

原”,游客利用手机百度 AR 可以对兵马俑二号坑的触发物进行扫描,从而能够呈现出“活起来”的文物,实现文物的动态展示①(见彩页图20)。2017 年 10 月 13 日,延安市与百度合作,构建了“梁家河数字博物馆”(见彩页图21),利用全景技术、VR 技术、AR 技术,实现了对梁家河全貌的展示,从而让人们可以真切地感受到村貌的不断发展②。在展示藏品的过程中,不仅可以基于视觉层面给观赏者震撼,同时还可以基于听、触、感等多种不同的层面实现对藏品的近距离接触③,为参观者提供美妙而深刻的观展体验,也充分挖掘了博物馆丰富的馆藏资源和鲜明特色。

(2)透彻感知的藏品价值传播。中华文化经历了五千年的发展历史,博物馆是历史文化的重要传播载体,凝聚了民族认同的根本基因。但是社会公众与传统博物馆之间存在一定的距离,弥合公众与博物馆的距离是很有必要的。智慧博物馆通过微博、微信、直播等新媒体方式将藏品信息与内涵实时推送到用户手持终端,最大化实现博物馆珍贵资源的分享与传播;观众可对博物馆参观感受、藏品信息、展览拍照、点评展览等进行“一键式分享”;这种博物馆与观众透彻的、深层次感知的分享为博物馆藏品提供了“病毒式”的传播途径。如广东省博物馆秉持“以观众为核心”的理念建立新媒体服务体系,在藏品价值传播方面,其智能服务平台 App——指尖粤博独具特色(见彩页图22),公众通过 App 不仅能够充分了解博物馆的藏品及藏品的文化内涵,同时根据观众的需求还能提供个性化的参观路线导航,把观众带到他想去的馆内目的地。观众在这个过程中可以随时随地方便、快捷地欣赏广东省博物馆藏品,主动地发现、认知、诠释展品及其文化,改变灌输式的藏品价值传递,充分发挥观众的主观能动性,以多维互动的方式,实现了博物馆、藏品、公众的相互沟通和完美融合。又如上海博物馆官网 2015 年改版上线,其中一大亮点就是推出“每月一珍”专栏介绍馆藏精品(见彩页图23),对其进行全方位、多媒体式地详细解读,以满足观众对于博物馆藏品深度了解的需

---

①③　温琳,赵争耀.秦陵博物院携手百度 用人工智能技术“唤醒”秦兵马俑军团[N].
三秦都市报,2017-05-19(A14).

②　李晓东.延安:梁家河数字博物馆上线“人工智能+”带你零距离穿越知青岁月
[N].延安日报,2017-10-13(1).

求。该栏目或聚焦重要文物如大克鼎、牺尊，或针对热点藏品如缂丝莲塘乳鸭图。在内容构成上，兼具学术性和通俗性，涉及藏品的流传经历、时代背景、使用方式、制作技法、文化背景、历史意义、美学特点等，充分利用网络平台，进行多角度大容量的全景式展示①。

（3）全面互动的藏品教育与研究。宣传教育一直是博物馆的重要职能之一，智慧博物馆的建设中发挥藏品的教育与研究功能自然是不容忽视的。随着人们精神文化需求的日益增强，博物馆除了采用各种方式丰富展览和提供体验服务之外，还应将藏品背后深厚的历史文化知识传递给大众。在教育与研究方面，博物馆利用藏品应从藏品资源的内容整理入手，巧妙结合新型展示与体验手段，利用系统挖掘、整理藏品各种价值信息，在此基础之上构建新型知识组织体系，实现研究与教育之间的良性互动，令博物馆与其平台成为学生的另一个教育领域。传统博物馆的展览生命力基本限于展览期，展览周期一过，则被撤展得无影无踪。智慧博物馆可以利用展厅内展示终端、网站虚拟漫游、数字博物馆、微博、微信公众号、App 客户端等方式较好地保持展览的持续性。"互联网+"使博物馆的社会职能得到了良好的拓展，不仅实现了博物馆与公众之间的亲密关联，同时，互联网的开放性和多样性将博物馆打造成了一个教育平台，最大化地发挥博物馆的教育作用。四川博物院的"大篷车"流动博物馆和内蒙古博物院流动数字博物馆（见彩页图24），突破时空限制，可将博物馆藏品的文化内涵传播到全国任何一个角落。甘肃省博物馆将历史寓教于新型展示的公众交互体验、四川博物院多媒体可视化系统以及金沙遗址博物馆的青少年教育实践（见彩页图25），为公众提供新颖的自导式、探索式教育，发挥了藏品的公共文化服务和社会教育功能②。

（4）创新多样的藏品纪念与回忆。让观众纪念和回忆博物馆藏品的最好方式是开发文化衍生产品，实现大众"将博物馆带回家"的需求。2015 年

---

① 文物保护领域物联网建设技术创新联盟.智慧博物馆案例（第一辑）［M］.北京：文物出版社,2017:70-93.

② 文物保护领域物联网建设技术创新联盟.智慧博物馆案例（第一辑）［M］.北京：文物出版社,2017:56-57.

《博物馆条例》指出,博物馆可进行相应的商业活动,对于博物馆的多元资金筹措方式以推动自身发展予以支持;2016 年一系列政策法规密集出台,鼓励文博创意产业发展。文创产品将"高冷"的博物馆藏品转化为"接地气"的物品,既让藏品的价值与内涵在产品中得到开发与传播,也让中国制造业有了新的内容和品牌。文创产品的开发应体现博物馆的历史文化特色和馆藏特色,让藏品以有深度多维度的形式呈现给大众,让博物馆的文化传承功能得到更好的拓展和延伸。2017 年故宫文创产品营业额达到了 15 亿,截至 2018 年12 月底,故宫文创产品达 11 936 种①,将故宫文化巧妙地融合到人民生活中。正如《故宫文创记》所述,文创产品的设计与规划,要让受众"看得上""买得起""带得走""用得着""学得到",让文物从故宫走向生活与社会,影响到更多的普通人。苏州博物馆将博物馆文创与电商合作,2016 年携手阿里巴巴集团旗下的团购网络之一聚划算开展"型走的历史"主题活动(见彩页图 26),将博物馆元素融入到服饰设计之中,开启一场现代与古典交融的T 台秀,给观众呈现一场时尚盛宴。通过"型走的历史"主题推广,苏州博物馆淘宝页面吸引了 80 多万的点击率,并达成 2000 多单订单。目前已有很多国外博物馆进驻电商平台天猫出售文创产品,如英国大英博物馆、俄罗斯艾尔米塔什博物馆、美国波士顿艺术博物馆、荷兰凡·高博物馆、法国国家博物馆联盟等,出现全球博物馆"集体上天猫潮"(见彩页图 27)。

　　智慧博物馆理念为博物馆创新发展提供了崭新思路,开辟了认识博物馆、发展博物馆的新视角。智慧博物馆的发展正在不断进行之中,目前还有诸多问题亟待进一步完善,未来还有很长的路要走②,当前还在探索阶段。除了采用高科技使博物馆高效运营,拉近与观众的距离,更好地进行文物保护等,博物馆还应该将智慧的理念贯穿观众的参观过程中,以人为本,满足观众的个性化需求,在博物馆的建设过程中引入人工智能的手段,从而令博物馆更加智能化。

---

①　蒋肖斌.故宫文创这些年有多火[N].中国青年报,2019-05-28(8).
②　穆颐.智慧博物馆概念下博物馆与观众的互动研究[D].西安:西北大学,2014:18.

6.2　人工智能时代的 AI 博物馆

智慧博物馆不断发展、大数据的应用等,令博物馆的各项服务、管理以及保护等都在实现智慧化的迁移,博物馆也令公众感受到了创新发展新形象。但是,基于人工智能立意的层面分析,博物馆目前的智能控制、自主学习等特征还没有真正体现出来。AI 时代博物馆已初步探索应用人工智能技术。AI 与博物馆之间的良好融合,可以有效地助力博物馆的全面发展,令观众与藏品可以实现彼此的轻松接触,推动博物馆管理的智能化,结合各种先进的技术,比如机器人技术、超级 AI 等,令博物馆的人工智能水平不断提升,可以认为人工智能博物馆是智慧博物馆的高级发展形式。

6.2.1　人工智能概述

"智能"包括了智慧和能力两个概念,"智慧"是基于感知、记忆再到思维的一系列活动并形成语言与行为,语言与行为的表达过程视为"能力",两者之间的良好结合,才称之为智能。人工智能主要是研究如何模拟人类智能活动的相关能力,从而实现人类智慧的延伸,它是针对人类智慧、能力进行有益探索和研究①。

(1)人工智能发展历史简述。2016 年以来,AlphaGo 打败了棋坛众多高手,在此情形之下,人工智能也被越来越多的人关注。实际上,早在 1956 年,人工智能的概念便在美国特茅斯大学召开的研讨会上被提出,在 60 多年的发展与探索的过程中,人工智能在医疗、金融等各行各业对我们的生活、工作、学习的环境形成了重要的影响。人工智能的发展可以划分为五个时期:①孕育时期,指 1956 年之前;②形成时期,指 1956—1970 年;③暗淡时期,指 1966—1974 年;④1970—1988 年,这一段时间里,各类知识层出不穷,进入至

---

① 林命彬.智能机器的哲学思考[D].长春:吉林大学,2017:1-3.

应用时代;⑤1986年之后,开始了集成发展①。在随后的发展中,人工智能多项领域的探索不断进步,取得骄人成绩,不断渗透、应用于其他学科。

（2）人工智能特征及发展阶段。人工智能最核心的特征体现在"智能"上。首先,智能可以实现对外部世界的感知,这是基础条件。其次,它可以实现记忆与思维,对于一些存储的信息可以快速记忆,并对信息进行处理。最后,具备学习、自适应、行为等高级能力②。人工智能属于计算机科学的一种,它可以实现对人类思维信息的模拟。

以发展水平为标准,将人工智能(AI)划分为三个阶段,并以此对应三个类型:第一个阶段,机器学习阶段,智能系统使用一系列算法从经验中进行学习,对应第一个类型——狭义人工智能或弱人工智能,例如苹果公司的Siri,属于聊天机器人;第二个阶段,是机器智能阶段,在这一时期里,它可以通过高级算法来实现自我学习,比如深度神经网络,对应第二个类型——通用人工智能或强人工智能,例如击败世界围棋冠军的AlphaGo、特拉斯自驾车、人工智能诊断设备IDx-DR;第三个阶段,属于意识阶段,在这一阶段里,不必有外部的数据,它便可以基于自我学习的形式来进行提升,这即为超级人工智能类型,它们已经超出了人类大脑的水平,可以实现社交、通识等多种功能③。基于当前人工智能的实际水平而言,弱人工智能已经实现,而强人工智能还在发展之中。

（3）人工智能研究领域。英国机器人专家Kevin Warwick在《人工智能》中将人工智能划分为几种类别:一是计算机视觉,比如图像处理等;二是自然语言处理,比如语音对话等;三是认知与推理,比如一些社会常识的处理等;四是机器人学,比如各种任务规划等操作;五是博弈伦理,比如机器人与社会的融合等;六是机器学习,比如各种计算与建模处理等④。人工智能的功能真正发挥价值是与其他各个领域之间实现了结合之后才体现出来的,比如工业4.0、无人驾驶、智能医疗等。将人工智能应用于博物馆藏品的利

①　蔡自兴,徐光祐.人工智能及其应用[M].4版.北京:清华大学出版社,2010:3-9.

②　韦淋元.人工智能发展的困境和出路[D].桂林:广西师范大学,2009:3.

③　傅平,邹小筑,吴丹,等.回顾与展望:人工智能在图书馆的应用[J].图书情报知识,2018(2):50-60.

④　Warwick K. Artificial Intelligence[M]. Hoboken:Taylar&amp,2011:13-59.

用之中,主要可以实现模式识别、智能检索、专家系统、机器学习等相关的功能,从而对藏品进行展示、管理、导览、鉴定、修复等环节的操作。

6.2.2　人工智能的发展政策与规划

近年来,世界多个国家都加强了对人工智能的重视力度,甚至将其视作为国家重点发展战略。谷歌和百度分别推出了"谷歌大脑""百度大脑",而微软也针对人工智能专门开辟了一个专项研究院。2012 年,英国在其国家发展战略中,将人工智能列为重点技术之一;2015 年,日本的《机器人战略》出台;2016 年美国发布 *Preparing for the Future of Artificial Intelligence*、*The National Artificial Intelligence Research and Development Strategic Plan* 两份重要报告,英国也发布了 *Artificial Intelligence：opportunities and implications for the future of decision making*（2016）等报告①。2015 年,国务院印发《中国制造 2025》,提出要以智能制造作为未来的发展方向。2016 年 3 月,《中华人民共和国国民经济和社会发展第十三个五年规划纲要》明确指出要重视人工智能的研发与发展,同年 5 月,《"互联网+"人工智能三年行动实施方案》出台。2017 年,在政府的工作报告中,强调了人工智能的发展,同年 7 月,《新一代人工智能发展规划》出台;同年 9 月,党的十九大报告中再次强调了人工智能发展;12 月,《促进新一代人工智能产业发展三年行动计划（2018—2020 年）》发布。习近平总书记也再三提到"人工智能"的发展②。2018 年,在政府的工作报告中,人工智能又一次被强调,2019 年更是频繁出台了关于人工智能的相关政策（如表 6-1）,由此可知国家对人工智能的重视力度。从当前我国人工智能发展现状来看,可以将我国人工智能政策的推出划分为三个不同的阶段:第一阶段,智能制造时代（2015—2016）;第二阶段,"互联网+"时期（2016—2017）;第三阶段,国家战略规划期（2017 年至今）,详见图 6-1。

---

①　黄晓斌,吴高.人工智能时代图书馆的发展机遇与变革趋势[J].图书与情报,2017(6):19-29.

②　王世伟.人工智能与图书馆的服务重塑[J].图书与情报,2017(6):6-18.

表6-1　截至2019年国家人工智能政策汇总

时间	政策名称	发布机构	备注
2015年5月	《中国制造2025》	国务院	基于信息物理系统的智能装备、智能工厂等智能制造正在引领制造方式变革,我国制造业转型升级、创新发展迎来重大机遇
2015年7月	《关于积极推进"互联网+"行动的指导意见》	国务院	明确了推进"互联网+"人工智能,依托互联网平台,提供人工智能公共创新服务;将人工智能列为十一项重点行动之一
2016年3月	《中华人民共和国国民经济和社会发展第十三个五年规划纲要》	十二届全国人大四次会议	加快信息网络新技术开发应用,重点突破大数据和云计算关键技术……新兴领域人工智能技术;人工智能写入"十三五"规划
2016年4月	《机器人产业发展规划(2016—2020)》	工业和信息化部、国家发展和改革委员会、财政部	推进我国机器人产业快速健康可持续发展
2016年5月	《"互联网+"人工智能三年行动实施方案》	国家发展和改革委员会、科技部、工业和信息化部、中央网信办	充分发挥人工智能技术创新的引领作用,支撑各行业领域"互联网+"创业创新、培育经济发展新动能;到2018年,打造人工智能基础资源与创新平台,人工智能产业体系基本建立
2016年7月	《"十三五"国家科技创新规划》	国务院	发展新一代信息技术,其中人工智能方面,重点发展大数据驱动的类人智能技术方法,在基于大数据分析的类人智能方向取得重要突破
2016年9月	《智能硬件产业创新发展专项行动(2016—2018年)》	工业和信息化部、国家发展和改革委员会	重点发展智能穿戴设备、智能车载设备、智能医疗健康设备、智能服务机器人、工业级智能硬件设备等
2016年11月	《"十三五"国家战略性新兴产业发展规划》	国务院	发展人工智能,培育人工智能产业生态,推动人工智能技术向各行业全面融合渗透

续表 6-1

时间	政策名称	发布机构	备注
2017 年 3 月	《2017 年国务院政府工作报告》	国务院	"人工智能"首次被写入全国政府工作报告。加快新材料、新能源、人工智能、集成电路、生物制药、第五代移动通信等技术研发和转化
2017 年 7 月	《新一代人工智能发展规划》	国务院	确定新一代人工智能发展三步走战略目标,人工智能上升为国家战略层面
2017 年 10 月	十九大报告	中国共产党第十九次全国代表大会	人工智能被写入十九大报告。将推动互联网、大数据、人工智能和实体经济深度融合
2017 年 11 月	《关于深化"互联网+先进制造业"发展工业互联网的指导意见》	国务院	打造人、机、物全面互联的新型网络基础设施,形成智能化发展的新兴业态和应用模式
2017 年 12 月	《促进新一代人工智能产业发展三年行动计划(2018—2020 年)》	工业和信息化部	为贯彻落实《中国制造 2025》和《新一代人工智能发展规划》,加快人工智能产业发展,推动人工智能和实体经济深度融合
2018 年 3 月	《2018 年国务院政府工作报告》	国务院	人工智能再次被列入政府工作报告。加强新一代人工智能研发应用;在医疗、养老、教育、文化、体育等多领域推进"互联网+";发展智能产业,拓展智能生活
2019 年 3 月	《2019 年国务院政府工作报告》	国务院	打造工业互联网平台,拓展"智能+",为制造业转型升级赋能,深化人工智能等研发应用,壮大数字经济
2019 年 3 月	《关于促进人工智能和实体经济深度融合的指导意见》	中央全面深化改革委员会	提出促进人工智能和实体经济深度融合;构建数据驱动、人机协同、跨界融合、共创分享的智能经济形态
2019 年 6 月	《新一代人工智能治理原则——发展负责任的人工智能》	科技部	突出了发展负责任的人工智能这一主题,强调了和谐友好、公平公正、包容共享、尊重隐私、安全可控、共担责任、开放协作、敏捷治理等八条原则

续表 6-1

时间	政策名称	发布机构	备注
2019 年 8 月	《国家新一代人工智能创新发展试验区建设工作指引》	科技部	到 2023 年,布局建设 20 个左右试验区,创新一批切实有效的政策工具,形成一批人工智能与经济社会发展深度融合的典型模式,积累一批可复制可推广的经验做法,打造一批具有重大引领带动作用的人工智能创新高地

第三阶段
国家战略规划期(2017年至今)

随着2017年7月国务院发布《新一代人工智能发展规划》,人工智能终于进入国家战略规划期,作为一项重要的国策,成为经济发展的大主题。人工智能对各个产业的推动能力也被重视,突破了仅仅和工业相结合的视角。同时人工智能技术、应用以及人才相关指导意见与落地政策纷纷颁布,各行各业也将与人工智能的结合作为发展的第一要务。

第二阶段
"互联网+"时期(2016-2017)

在这个时期,人工智能首次由发改委、科技部、工信部和网信办将工作规划提上章程,同时人工智能在"互联网+"、新兴产业科技创新等政策中所占比重越来越大,国家也越来越重视"人工智能"这一分支对智能制造的重要性。

第一阶段
智能制造时代(2015-2016)

其间,国家的重点在于将现有的工业系统与更新的信息化、智能化技术相结合,利用新的信息化网络技术,将原有的传统工业体系进行智能化扩展,也就是两化融合。

图 6-1　我国人工智能政策发展阶段①

6.2.3　人工智能(AI)目前在博物馆藏品利用中的应用

2017 年 12 月,世界互联网大会上,国家文物局与百度完成了战略合作协议的商讨与签订,共同推进"互联网+中华文明"的行动计划,助推文物百科网络的搭建,构建数字化博物馆,实现博物馆的智能化发展。2018 年 5 月 18 日,国家文物局与百度联合举办了主题为"超级连接的博物馆:新方法、新公众"的活动,与此同时,"用科技传承文明:AI 博物馆计划"也正式进入实

---

① 图片来源:http://www.sohu.com/a/292560106_100179411.

施阶段。"AI博物馆计划"实现了对多个不同的百度产品功能与技术的融合,比如智能搜索、图像识别、机器翻译、AI教育等,与此同时,结合百度地图、百度搜索等多个不同功能的百度产品,最终将其各项功能全面落实①。其实,在该计划还未启动之前,国内外已经在寻找博物馆藏品利用与人工智能技术之间的良好融合点,从而实现博物馆的智能化发展,拓展藏品利用方式,充分发挥博物馆的社会价值。

(1)为藏品展示所用。智能机械机器人在博物馆藏品展示中发挥独特的作用,能迅速抓住参观者的眼球,通过讲解、互动将参观者与藏品连接起来。2016年4月,西汉南越王博物馆"蓝蓝"被推出,她是博物馆研发出来的讲解机器人,在展厅里可以自由地移动,向游客讲解各个文物的知识,同时可以实现身体的调整,以拟人的形态与游客之间进行互动,观众如果有相关的藏品问题需要咨询,"蓝蓝"也可以为其进行解答,整体的趣味性大大提升②(见彩页图28)。2017年12月,金华市博物馆引进了机器人讲解,"艾米"被推出(见彩页图28),它可以对其周边的环境进行实时的探索,从而引导着游客对整个展览进行参观,起到了导览与解说的作用③。2018年,湖北省博物馆的"国宝讲解机器人"(见彩页图29)也正式与游客见面,它可以在展厅针对"元青花四爱图梅瓶"展开各个层面知识的详细讲解。基于交互设计的支撑,机器人通过知识的储备,在观众提出一些问题的时候,可以为其进行解答,让游客对于藏品有全面的认识。在元旦假期,它便完成了7000次以上的互动量,且获取了93%的游客满意度④。

(2)为藏品修复所用。藏品的修复需要极高的专业水平,而使用人工智能来进行操作,可有效降低其专业性。早在2013年,西班牙雷纳·索菲亚博物馆便尝试利用机器人完成极高精度照片的拍摄,从而辅助专业人员修复

① 陈灿. 百度与国家文物局启动"AI博物馆计划"用科技让文物活起来. 人民网. 2018-05-10.

② 许晓蕾. 机器人进博物馆 讲解汉代国宝[N].南方都市报,2016-04-19(GA08).

③ 金华市文物局. 市博物馆首次引进机器人讲解员推进"文物+科技"创新服务[EB/OL].金华市人民政府网.2017-12-07.

④ 孙亚慧.瞧!科技让博物馆"潮"起来[N].人民日报海外版,2019-05-18(8).

藏品①。机器人"帕布里托"对显微镜之下的大量照片进行了抓拍,基于红外线、紫外线等相关的技术,从而令其拍摄的精度达到了空前的水平,可以帮助修复专业工作人员更全面、更仔细地完成整个修复工作②(见彩页图30)。上海电影学院团队利用 Pytorch 深度学习平台,对老电影《地道战》同一个场景中单帧画面成功进行着色,赋予影片色彩③。新加坡团队 Colourise.sg,以数十万图片为基础,利用深度学习方法,建立在线网络着色模型,对照片的每个部分填充合适的内容,成功为一些黑白的、老旧的照片上色,利用人工智能还原了二战历史照片中的场景(见彩页图31)④。

(3)为藏品鉴定所用。在传统的藏品鉴定过程中,一般是以专家的经验辅助红外光谱、气相色谱等多种不同的途径实现测试,对其实施综合性的分析,从而完成鉴定工作,整个鉴定过程十分复杂。早在 2008 年,美国公共电视台与凡·高博物馆合作,推出"新星"项目,利用计算机建立工具分析笔触和识别赝品⑤。2011 年敦煌遗书研究专家方广锠与电脑软件工程师共同研发"中华古籍数字化整理"和"敦煌遗书专用检索软件"两套系统,鉴定"敦煌遗书"《成实论》卷二。宁夏大学也曾运用 AI 字符识别技术破解"天书"西夏文⑥。罗格斯大学的艾哈迈德·埃尔加马尔教授的团队研发了可以对画作真伪进行鉴定的 AI,该 AI 的系统将世界知名画家的画作进行了分解,从而形成了超过 8 万个单独的笔画,并通过对笔画数据的良好整合,完成对赝品的鉴定辅助功能。研发人员基于机器算法找到了这些作品中所具备的特征,比如画家在作画时的笔触轻重、线条特征等,从而实现了对赝品的识别,

---

①　胡梦音.机器人参与 名画修复[N].深圳特区报,2013-07-31(B02).

②　王位.西班牙:机器人参与名画修复[N].中国文化报,2013-07-30(10).

③　王腾飞,丁友东,陶奕骏.老电影彩色化背景下着色算法实现与潜在的问题[J].装饰,2020(9):92-94.

④　宋奇.有趣的 AI 上色[J].计算机与网络,2020,46(11):33.

⑤　布兰登·塞科,肖福寿.探索人工智能对博物馆的影响[J].中国博物馆,2018(2):25-29.

⑥　黄天然.科技揭开千年国宝"敦煌遗书"的神秘面纱!"AI 鉴宝"不再是玩笑[EB/OL].(2019-05-10)[2019-09-25].http://www.sohu.com/a/313188042_114930.

成功率高达 80%①,其中,对毕加索和埃贡·席勒的作品识别,可以实现100% 准确,对马蒂斯赝品可实现 95% 的准确率,具体数据参考图 6-2。在未来技术的不断发展过程中,藏品的鉴定将会更加简单、标准、可视,对于 AI 与藏品鉴定的进一步融合发展而言是一个新的途径。

Technique-Specific								
	Picasso-vs-All			Matiaae-vs-All			Schiele-vs-All		
Aggregation	Hand-crafted	GRU	Combined	Hand-crafted	GRU	Combined	Hand-crafted	GRU	Combined
Majority	72.41%	82.76%	81.38%	65.52%	78.62%	82.76%	81.25%	78.12%	81.25%
Posterior	72.41%	82.76%	81.38%	66.21%	79.31%	80.69%	84.38%	78.12%	81.25%
85%-certain	72.41%	82.76%	82.76%	69.66%	76.55%	80.69%	84.38%	78.12%	81.25%
Certainty-weighted	71.72%	82.76%	82.07%	69.66%	77.93%	80.00%	87.50%	78.12%	81.25%
Detection of Fake Drawings								
	Picasso-vs-All			Matiaae-vs-All			Schiele-vs-All		
Aggregation	Hand-crafted	GRU	Combined	Hand-crafted	GRU	Combined	Hand-crafted	GRU	Combined
Majority	100.00%	12.50%	16.67%	94.87%	100.00%	100.00%	100.00%	45.00%	55.00%
Posterior	100.00%	12.50%	16.67%	97.44%	100.00%	100.00%	100.00%	45.00%	55.00%
k-certain	100.00%	12.50%	20.83%	97.44%	100.00%	100.00%	100.00%	45.00%	60.00%
Certainty-weighted	100.00%	12.50%	20.83%	97.44%	100.00%	100.00%	100.00%	45.00%	60.00%

图 6-2   AI 鉴定名画赝品统计表

(4)为藏品咨询所用。在藏品咨询领域使用人工智能目前已经实现,使用的形式是软件机器人,"敦煌小冰"便是这样的客服,它可以通过自主知识学习技术,实现对自然语义的准确理解,同时,结合微软大数据的相关知识,对于互联网中大量的敦煌知识进行学习,甚至记忆了《敦煌学大辞典》,从而掌握了大量关于敦煌的专业知识,以 AI 客服的形式,在线完成对用户的询问回答,成了一个可以 24 小时不休息的专家。微软小冰推出的"AI HI"混合客服平台,可以针对不同的对话场景展开相应的甄别,从各种语境中来判断此时需要的是 AI 客服还是人工客服。如果判断到需要人工介入,人工客服便可以快速点对点地与用户实现无缝连接,提升服务效率,节省大量时间。敦煌小冰会对专家回复的内容进行记录与学习,从而拓展其知识库,在接下来出现类似场景时,可以自主作答(见彩页图 32)。人工智能与人类智能之间的完美结合,可以实现优势互补,提升整体的工作效率②。布鲁克林博物馆推出了"提问"这一人工智能工具,它可以借助于自然语言技术,针对观众的

---

① Elgammal A, Kang Y, MD Leeuw. Picasso, Matisse, or a Fake? Automated Analysis of Drawings at the Stroke Level for Attribution and Authentication [EB/OL]. (2017-11-13)[2019-09-25]. https://arxiv.org/pdf/1711.03536.pdf.

② 柳丝,范培坤,韩梁.人工智能革命:莫高窟"敦煌小冰"陪你聊天[EB/OL].新华社,2017-05-11.

不同的问题进行一一作答①。

（5）为文化创意产品所用。2011年，党的十七届六中全会指出要全面实现科技与文化之间的良好融合，这是当下以及未来文化产业发展的主要趋势，同时也是未来发展的主要模式。博物馆是重要的文化阵地，拥有着海量的文化因子，在博物馆文化创意发展的过程中，人工智能已有所运用，目前在音乐、新闻、视频、旅游等多个领域都有相关的应用。互联网企业结合各种先进的科技手段，一方面对文博机构的工作提供大量的帮助，比如做藏品鉴定与保护，文物与文化的宣传与传播；另一方面，还可以从这些大量的文化元素中提取出其中的一些传统元素，在此基础之上实现创新创造，与时下流行的动漫、影视等相结合，还可以制作成社交媒体上的表情包，如互联网企业研发的AI表情包生成器，这些生成的表情包传播十分广泛，对于历史文物等大量的文化的传播具有重要的推动意义，拉近当代受众与传统文化的距离，让文化的保护与传承在轻松的氛围下进行，潜移默化地影响着人们的意识②。

6.3　人工智能对博物馆藏品利用的影响

6.3.1　提高藏品利用效率

我国有大量的馆藏资源，但是目前对于这些藏品的利用效率却处于较低的水平，在当前的三千多万藏品资源中，大众了解、熟知的只是其中极少的部分。"21世纪，人工智能的不断发展会推动博物馆大规模数据的高效管

---

① 伊丽莎白·梅里特.美国博物馆趋势观察:2017[J].谢颖,编译.中国博物馆,2017(3):70-77.

② 周文林.文物保护,互联网有哪些作为？[EB/OL].新华网,2017-12-08.

理。"①从当前的实体博物馆发展现状来看,可以被展出的藏品较少,库房之中所保存的才是藏品的大部分。在传统的管理方式之下,档案人员需要对这些藏品进行管理与保存,到了信息时代,可以通过智能系统对其进行管理,从而提升对藏品的利用效率,确保可以实现藏品的价值。从利用广度层面来看,大数据平台成立之后,可以实现藏品资源共享机制的不断完善,而在不同的博物馆之间,也可以利用共享平台的衔接,通过共享互相交流,优化馆藏结构,大型博物馆将不符合本馆定位的藏品赠送给相关博物馆,或者将藏品"送出去"联合小型博物馆开展展览,如此提高大型博物馆和小型博物馆藏品的展出率。利用人工智能深度学习可以重新组合藏品,丰富利用藏品的类型,突破以钱币、古籍、档案文书、陶器、瓷器、铜器等藏品为主要展品的情况,以展览数量的增加引起展览更新的加快、展览周期缩短,藏品利用广度随之拓宽。对于利用深度而言,人工智能是模拟人类思维信息过程的科学,通过人工智能学习,深入挖掘藏品价值,并在展览、研究、教育、数字化、文创产品利用中深化藏品价值,在全面互动中提高藏品利用的深度。对于利用频率而言,随着利用广度和深度的提高,藏品利用的周转率提高,监控珍贵藏品利用的频率,在保护中利用,保持藏品价值的延续性,加强普通藏品的利用频率,让更多的藏品为观众服务。对于利用的真实性而言,人工智能所具备的对海量知识、信息的储存、学习和处理能力,可以一定程度上避免利用中存在的真实性问题。

6.3.2　拓展藏品利用手段

信息时代为藏品利用带来了更多的科技手段,博物馆与人工智能相结合,既不伤害藏品,又为观众带来精度高、交互性强的文化体验。人工智能机器人在藏品的利用中可以充分发挥其作用,从而有效地降低人工工作量,确保博物馆对于服务、创新等领域加大投入,节省管理的成本。随着技术的不断进步,未来的博物馆人工智能还可以实现从博物馆走出去,将这些藏品

---

① Berger Bennat. AI-enabled technologies could help museums survive the digital age [EB/OL]. (2017-11-06)[2019-09-25]. https://venturebeat.com/2017/11/06/ai-enabled-technologies-could-help-museums-survive-the-digital-age/.

展示给大众、社会。机器学习可以完成自动分析模型,并完成模型的构建,进而实现对数据的分析,在此过程中,基于数据迭代学习等算法,可以通过人工智能来探索深奥的知识[①]。博物馆中的海量数据需要人工智能的辅助才能发挥更大的价值,人工智能可以通过新的方式来分析藏品、物品和创造者,机器学习已被用于欧盟的文化遗产数字平台。机器视觉是计算机能处理它所观察到的东西的能力,哈佛艺术博物馆、挪威国家博物馆、明尼阿波利斯艺术博物馆使用机器视觉识别图像中描绘的主题和对象;机器识别对于提取书面文件中文本具有重要作用,使藏品更加易于检索和分类;对于艺术品的鉴定,机器识别技术可以利用计算机帮助从原创作品中区分伪造品。总之,"人工智能+博物馆"拓展了藏品利用的手段,高科技融入藏品利用,使藏品利用更加丰富、高效。

6.3.3 深化藏品利用领域

目前谈及藏品利用一般包括藏品研究、陈列展览、社会教育、数字化、文化传播、文化产品等方式,其实藏品修复、藏品鉴定、藏品咨询也是藏品利用的重要领域,只是囿于其专业性很强,一般的工作人员无法完成这些工作,需要经过大量的学习、训练,而博物馆行业这类专业人才较为缺乏。人工智能与藏品鉴定相结合,文物艺术品鉴定的传统模式将被颠覆,智能鉴定系统集合了大数据、云计算、计算机深度学习、物联网、光电子、人工智能等相关技术,结合传统的专业成果以及长期以来的考古经验等,基于百万级的数据,利用超算能力,从而对结果进行计算与预测,用户不需要过多的设备,仅仅依据智能手机等进行拍照上传,便可以对其展开分析,保证其分析结果的科学性、权威性、公正性,它可以模拟专家的功能,帮助用户完成评估、决策。在藏品修复领域,可利用人工智能技术采集高精度图像,快速分析处理成千上万张图片,进行3D建模和损毁检测,在此基础上进行数字化修复,助力实际修复工作,甚至代替员工进行修复,为修复节约时间、人力、物力和成本。人工智能技术应用于博物馆的管理之中,还可以让一些小型博物馆享受到

---

① 布兰登·塞科,肖福寿.探索人工智能对博物馆的影响[J].中国博物馆,2018(2):25-29.

各种专业的服务,同时解决他们无力承担专家薪酬的困境。总之,人工智能深化了藏品利用领域,从更深层次和专业化方向挖掘博物馆藏品资源价值,让藏品活化。

6.3.4　提升智能化互动性

　　国内博物馆数字化发展与建设目前已经获取了阶段性的成果,藏品的数字化展示初步实现,但是,目前数字博物馆仍然是单向信息的传递,还未实现"物—人""物—物""人—人"的协同与互动。在各种新技术的推动之下,智慧博物馆可以满足"人—物—数据"之间的信息交互发展①。智慧博物馆的智能性还未真正体现出来,人工智能技术可以帮助博物馆更好地服务于社会,可以令博物馆的发展越来越智能,实现"人—物—数据—机器"之间的良性互动。通过人工智能技术,实现对博物馆藏品资源的不断研究,提高藏品利用效率,实现博物馆藏品本体价值、情感价值、发展价值的充分发挥,以全面的互动性、深层的智能化构建智慧型藏品利用模式;另外,人工智能在不同的领域都在不断发挥其作用。在目前的部分领域里,机器已经完全实现了对人工的替代,甚至一些人工智能机器人能够脱离专家自行工作,在一些智能处理,比如数据处理与检索等方面,其能力是人类不能企及的。博物馆可以通过人工智能的各项优势,完成过去只有人类完成甚至未能完成的工作,随着机器学习与计算能力的不断提升,再加上人类对其展开必要的培训,机器人也可以完成博物馆的大量工作,充分利用人工智能技术,实现自动化、精准化,在人、藏品、数据、智能机器的互动中提升博物馆藏品利用的广度、深度、频率和真实性,使博物馆的藏品利用进一步智慧化、智能化。

---

① 邵小龙.以互联网思维推进智慧博物馆建设[J].中国博物馆,2015(3):78-81.

6.4　人工智能给博物馆藏品利用带来的机遇分析

6.4.1　国际趋势、国家战略是关键动力

分析近几年国际层面科技方面的实际发展,人工智能在各国的运用越来越多,随着其技术的不断发展,对于人类社会生活的影响也不断加强,这是人类技术进步与发展的表现,同时也是国际科技发展的潮流,将会成为技术革命的一个新的动力。基于国内层面来看,我国也对人工智能予以充分重视,人工智能已经上升至国家战略的高度,在政府的不断推动之下得到快速发展。博物馆藏品展示也开始朝着体验服务的方面演变;藏品鉴定不仅仅是依靠专家经验,而是更加精准、科学、高效、便捷的鉴定方式;藏品修复不仅仅是人工修复,而是 3D 建模、数字修复、机器修复等;藏品咨询不再是基础性知识层面,而是更专业的咨询回复和海量的知识内容;文创产品创新开发手段,让博物馆藏品价值更易走入寻常百姓家;以及随着人工智能技术的发展,在藏品利用的更多领域发挥其价值。当前,博物馆应借着各个领域对于人工智能重视的大好时机,加强促进“人工智能+博物馆”模式的不断发展,拓展人工智能在博物馆藏品利用方面更多的应用模式,让藏品活起来,让博物馆火起来;也加强理论研究,加速人工智能与博物馆理论的融合,为博物馆利用人工智能提高藏品利用效率打下坚实的理论基础。

6.4.2　促进博物馆事业发展是核心支撑

人工智能不只是技术,更是一种手段,博物馆通过人工智能技术的使用,有效地提升其内部藏品的利用效率,从而从多个层面提升博物馆的服务水平。在博物馆藏品利用过程中结合人工智能技术,既要研究如何服务藏品,提高其利用效率,还要提升对社会的服务能力,满足不同的观众需求,同时,关注人工智能的各项理论,并将其在博物馆的研究过程中发挥作用,推

动博物馆事业的进一步发展。

博物馆属于公益性的机构,它可以实现文化的传承,同时助推文化教育事业的发展,藏品利用与人工智能技术之间的结合,可以保证博物馆功能的充分实现,提升藏品利用的效率,降低馆员的工作压力,确保文化传承的高效性,同时也让观众在此可以体验到大量的智能化服务,在博物馆的发展中不断升华自己的精神,与此同时,结合人工智能与博物馆学,助推博物馆的高品质成长。"人工智能+博物馆"在"国家—人工智能—博物馆"的战略规划大背景下,借此机遇长足发展,从而为博物馆藏品利用注入新的活力,与此同时,还要构建一个"博物馆—人工智能—国家"的反向反馈机制,从博物馆藏品利用的实际情况出发,将博物馆的发展需求进行反馈;基于双向沟通,有效推动博物馆藏品利用与人工智能之间的高效融合,令博物馆藏品服务社会与公众的价值得到充分体现。

6.4.3　人工智能技术发展应用是外在推动因素

工业革命带动着社会的发展,人类经历的三次工业革命,让我们由蒸汽时代到电气时代再到信息技术时代,而人工智能、机器人等前沿技术,成为第四次工业革命的关键性技术。技术的每一次进步都会让人类社会发生巨大变化,人工智能与博物馆的结合,可以实现博物馆的技术革新,从而令博物馆的藏品利用可以朝着新的方向发展。国内外的互联网企业都在与不同领域进行合作,从而推出人工智能产品。

人工智能技术对于文化遗产活化等方面的优势无可比拟,可以让人们更好地了解博物馆,了解历史与文化。但是,当前博物馆与人工智能之间的融合还有待加强,一方面,博物馆未主动开发,另一方面,博物馆对于人工智能的各类技术不了解,导致了人工智能技术无法在藏品利用中充分发挥其功能,确保博物馆的实际需求可以得到满足。博物馆不能一直被动使用企业提供的人工智能,应抓住人工智能技术发展机遇,深入地参与发现人工智能技术与博物馆藏品利用的结合点,开发新技术。

6.4.4 理论研究、学科融合是有利保证

人工智能的实现不是某个独立学科、领域可以实现的,它是从某学科、领域的实际需求出发,实现多领域的协作融合,推动人工智能技术优势在各行各业发挥作用。博物馆属于跨学科的领域,它内部所保存、收藏的不仅仅是文物,更是人类文化的结晶。人工智能技术与博物馆藏品利用两者的结合还在不断探索,各类理论研究还不充分。博物馆要借助于人工智能技术发展各个领域,必须重视理论研究,以理论基础助推"人工智能+博物馆"的融合发展,打破传统的研究方法,对当前的先进理论与经验进行学习,加强对藏品的利用,充分发挥不同学科的优势,从而形成更多的研究成果,推动研究成果的转化。目前在博物馆藏品利用过程中使用的人工智能只是初级人工智能,只能进行检测、聊天、修复辅助等操作,而且没有得到广泛的运用。理论研究是技术实践的前提,在大量的积累之后获取质的飞跃。明确当前的技术现状,树立人工智能技术思维方式,并非仅仅是利用技术,更要将博物馆的实际诉求与人工智能的理论相结合,从而真正实现融合发展,博物馆本身便属于跨学科的一个行业,涉及大量文理工的学科,在博物馆藏品利用的研究过程中,也要基于跨界战略的高度,实现多层次、多角度、多学科的深度融合。在未来的发展中,更多的人工智能技术、机器人会在藏品利用中得到使用,影响博物馆研究的各个领域,充分发挥博物馆的社会价值。

6.5 本章小结

本章从"智慧"理念入手,以科技的视角探讨新时代藏品利用的策略。人工智能成为国际领域关注的热点技术,并且上升至国家战略的高度。2011年开始,深度学习成为研究热门,人工智能也进入至第三次研发阶段,并掀起一波应用高潮,在国际领域再次成为焦点。近几年,全球人工智能的理论研究、实践研发、技术创新等层出不穷,多个领域实现了跨越发展,"未

来 10 年,任何企业都将融入人工智能"①。进入 21 世纪之后,博物馆藏品的利用开始实现初级智慧化,随着人工智能时代的到来,博物馆应该跟上时代步伐抓住国内外政策利好的发展机遇,开展跨学科合作,推动人工智能技术在博物馆领域的发展,向人工智能博物馆方向升级转化,充分利用人工智能技术提高藏品利用效率、拓展藏品利用手段、深化藏品利用领域,并不断提升"人—藏品—数据—机器"互动性,构建智慧型藏品利用模式,为大众提供智能化的藏品研究、展示、传播等工作。

---

① 李开复,王咏刚.人工智能[M].北京:文化发展出版社,2017:232.

7

人工智能技术在藏品利用方面的个案探索

现代科学技术的发展推动着时代的进步,信息技术被广泛地应用于人们的生活和工作中,人们的生活方式发生了前所未有的改变,日常生活越来越便利。人工智能作为 21 世纪最尖端的信息技术,渗透到各个领域,在各领域的应用呈现爆发式增长,深刻地改变了各领域的工作方式,对整个社会产生极大的影响。如第 6 章所述,人工智能技术已成为国内外博物馆关注的重点,且国内外博物馆已以各种应用实践推动人工智能技术与博物馆领域的融合,并在提高博物馆藏品利用效率方面初步探索利用人工智能技术①。本章以三个实际案例探索人工智能技术在博物馆藏品利用中的应用设计,涉及人工智能技术领域的深度学习、神经网络、图像识别、算法分析、移动定位等技术,以期为人工智能技术在提高博物馆藏品利用效率方面提供技术性参考。

---

① 李姣.人工智能在博物馆文物资源管理方面的应用趋势探讨[J].文博,2019 (2):64—64.

7.1　一种基于人工智能的自动导览装置在藏品利用中的设计①

7.1.1　导览对于博物馆藏品的重要性

　　导览对于博物馆的重要性不言而喻,博物馆的藏品要让参观者深刻理解其蕴含的本体价值、情感价值、发展价值,需要通过导览传达出去,架起参观者与藏品的沟通桥梁。科学、高效、互动的导览可以让藏品价值最大化,以此提高藏品利用的广度、深度、频率和真实性。

　　首先,导览拓宽了藏品利用的广度。在线导览、App 导览不仅实现了对在展线上藏品的解说阐释,还可以对身处库房但已经数字化的藏品进行阐释;对于撤展展览进行在线导览可以延长藏品的利用时间;科学的导览可以拓展藏品利用的受众面,让更多的观众了解藏品的价值。

　　其次,导览拓展了藏品利用的深度。目前游客参观博物馆大多处于"走马观花"的模式,即使有讲解员、扫码导览等,游客对于藏品的认识深度也是很有限的,藏品价值挖掘不充分,利用程度也较浅,导览方式目前大都为单向式。科学有效的导览可以最大程度挖掘和传播藏品价值,提高藏品利用的深度。

　　再次,导览提高了藏品利用的频率。在线导览等既拓宽了利用广度,也提高了利用频率,以虚拟空间加速藏品利用的周转率,对于过度利用的珍品,科学的导览可以降低藏品展出的频率;对于未充分利用的普通藏品,则可通过科学的导览使更多的观众了解、欣赏到它。

　　最后,优质的导览保障了传递藏品内容的真实性。一般参观者都不具备藏品的专业知识,大都是靠导览了解藏品,如果在导览中传递出错误的藏

---

　　① 该部分内容主要来源于作者的实用新型专利。李姣,邓志钦,刘琪,程宁.一种博物馆自动导览讲解装置[P].中国专利:CN210896535U,2020-06-30.

品信息影响是巨大的,因为很难被纠正,因此导览对藏品利用传递内容的真实性有重要影响,应以科学的导览保证藏品利用的真实性。

7.1.2　人工智能技术在博物馆导览中应用的必要性

当下,大多数博物馆仍然是以传统的导览形式为主,在这种模式之下,讲解员利用固定的讲解词对橱窗里的展品进行相应的讲解,在国内极少数具有较高实力的博物馆中,虽然也可以实现语音导览、扫码导览等创新形式,但是几乎都无法实现良好的互动性、探索性、智能性等功能,多数游客的参观也只是对艺术品进行"看",对于艺术品背后所蕴含的文化与艺术魅力、背后的故事都不了解。而且,即使有新型导览模式,依然需要有大量的讲解人员对游客进行讲解,将人工智能技术应用于博物馆中,对导览方式的优化很有必要。已有文献对数字交互展示技术在博物馆中的应用进行研究[①],本书为了解决上述现有技术存在的问题,探析在博物馆导览中运用人工智能技术,开发自动导览装置,可在博物馆中的各个展览点进行实时讲解,分担工作人员的任务;在传统的导览模式之下,讲解是一对多的模式,而该装置可以实施一对一的精准导览;人工智能模块的加入可实现智能化的人机交互,提升互动性,另外多媒体信息模块可以输入关于博物馆、展览的多方面信息,并通过人工智能不断学习更新现有藏品知识,以满足不同游客的需求。

7.1.3　自动导览装置的模块设计

基于人工智能技术的一种博物馆自动导览讲解装置如图7-1所示,包括定位模块1、语音模块2、无线通信模块3、人工智能模块4、多媒体信息模块5、控制模块6以及交互模块7,语音模块2、定位模块1及交互模块7均与控制模块6电连接,控制模块6和多媒体信息模块5均与人工智能模块4电连接,无线通信模块3与多媒体信息模块5电连接,语音模块2与交互模块

---

① 李睿.数字交互展示技术在博物馆的应用研究[J].电脑知识与技术,2019(30):217-218.

7电连接[①]。

语音模块2不仅是语音功能,里面还设有存储单元,是用于存储有文物信息的数据库,语音模块2根据控制模块6的指令,调取数据库中对应文物的信息内容。

本装置同时还设计了开关与电源的模块,其中,开关模块与控制模块6之间相连,游客如果不再需要自动讲解,可利用开关传输相关指令,从而实现对各个模块工作的有效控制;

电源模块为定位模块1、语音模块2、无线通信模块3、人工智能模块4、多媒体信息模块5、控制模块6以及交互模块7提供用电。

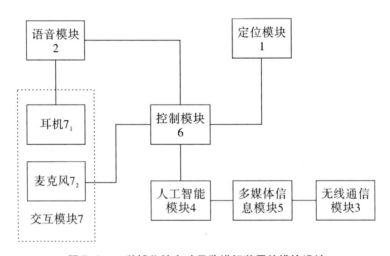

图7-1   一种博物馆自动导览讲解装置的模块设计

7.1.4   自动导览装置的工作方法

博物馆人工智能导览装置的工作方法见图7-2所示,详细操作步骤如下:

步骤一,触发开关模块。

步骤二,定位模块1将游客所在位置信息传输至控制模块6。

---

①   陈志威.博物馆讲解机器人的设计与实现[D].南京:南京邮电大学,2017:10-20.

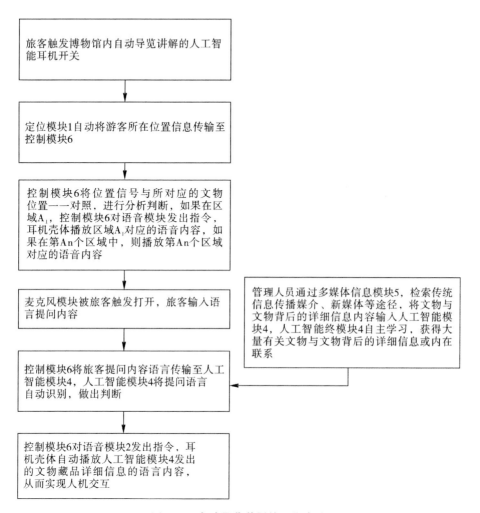

图7-2 自动导览装置的工作方法

步骤三,定位模块 1 将其位置信号发出之后,该信号会被控制模块 6 接收,并将其与文物逐个对应上,展开分析、判断;举例而言,在区域 A_1 时,控制模块 6 向语音模块 2 发出相应的指令,在接到指令之后,语音模块 2 在数据库内将 A_1 文物信息进行调取,并将其相对应的语音内容播放出来,同理,在 A_n 个区域中,则播放与其对应的语音;进一步地,步骤三中 A_n 的范围不大于博物馆的展览点数量。

步骤四,播放完毕并经过一段延时时间,耳机 7_1、麦克风 7_2 被游客触发打开,游客输入提问内容;控制模块 6 将游客提问内容语言传输至人工智能模块 4,人工智能模块 4 将提问语言自动识别,根据对博物馆馆藏及现阶段的文物知识进行整理,进行判断,控制模块 6 可以针对语音模块 2 发送指令,与此同时,耳机 7_1 开始将人工智能模块 4 所发出的语音进行自动播放,从而实现人机交互。

步骤五,管理人员通过多媒体信息模块 5,检索与游客提问的相关内容等,通过文字、图片、视频与音频等的整合,直观、形象地将文物与文物背后的详细信息内容输入人工智能模块 4,人工智能模块 4 自主学习,获得大量的有关文物与文物背后的详细信息或内在联系,以应对不同人群的需求。

该装置经过实际的开发可以实现不同语言如英语、法语、普通话,以及方言的语言讲解要求,还可以实现不同年龄层次和知识结构的人员,如青少年版、大众版、专家版的导览内容,并可以根据定位实现不同参观路线的导览,在固定导览内容的基础上还可以实现人机交互,打通参观者与藏品的交流通道,具有较高的互动性,最终在导览中实现博物馆藏品利用效率的提高。

7.2　一种基于 VR 技术的图像采集处理装置及其方法[①]

7.2.1　技术背景

图像采集是信息技术时代开展藏品利用的基础性工作,博物馆藏品种类繁多,青铜器、陶瓷器、书画、玉器、漆木器、钱币、金银器等,以往的藏品图

---

①　该部分内容主要来源于作者的实用新型专利。李姣,邓志钦,程宁,刘琪. 一种壁画图像采集装置[P]. 中国专利:CN211184092U,2020-08-04.

像采集大都是通过拍摄高清照片,或者以 3D 形式对藏品形态进行数字化保存。但是通过陈列展览的方式利用藏品时不仅仅展示藏品本体,还应让观众了解藏品进入博物馆之前的环境,尤其对于来源于墓葬、洞窟、遗址等处的藏品,在特定的环境中才能充分展示其价值,如一件来源于墓葬的藏品,如果能让观众"身临其境"地感受藏品在墓葬中的位置、地位以及藏品的内涵,那么在利用中才最大化地传播了藏品的价值,因此藏品图像采集方法显得尤为重要。本节设计一种基于 VR 技术的图像采集处理装置及其方法,不仅对于馆藏藏品的图像采集具有重要作用,而且对于博物馆之外的分布复杂多样的文物,提供具有启发价值的问题解决方法。解决单一平扫的采集方式不能满足图片的高清采集及体现文物整体风格的问题。因此,如何高清采集图片的同时,并将文物分布中的场景进行虚拟实现是一个重要的技术问题,该技术的实现对于图像的保存、修复及文化的传播发展十分重要。

7.2.2　模块设计

　　针对以上问题,为了解决当前技术的不足,本装置努力提供一种基于 VR 技术的可以多维空间采集文物图像,克服分布复杂多样的文物环境,同时将文物及其所在整体环境进行 3D 建模,实现实时动态的三维立体场景模拟的装置及其方法。为了实现上述目的,本图像采集装置如图 7-3 所示,其中涉及全景摄像与图像存储两大模块,两者进行连接,具体如图 7-4,全景摄像模块又包含了全景相机 1、方位调节组件 2 以及水平移动组件 3,全景相机 1 安装在方位调节组件 2 上,方位调节组件 2 安装在水平移动组件 3 上;全景相机 1 将拍摄到的图像传输给图像存储模块。

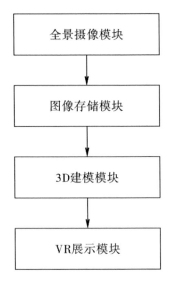

图7-3　一种基于VR技术的壁画图像采集处理

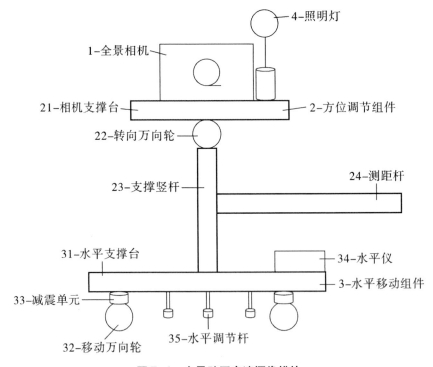

图7-4　全景壁画高清摄像模块

在此次设计的装置中,全景相机 1 使用的是像素在 5000 万以上的相机,利用这一结构,以水平移动组件 3 为依托,令全景相机 1 可以在各个位置进行水平移动。调控方位调节组件 2 可以保证相机从多个不同的角度对图像进行拍摄,进而将得到的图像进行处理与存储,再利用 VR 技术,将这些图片生成 VR 视频,最终完成了所有图像和其所在位置的三维高清动态模拟呈现。

方位调节组件 2 包括相机支撑台 21、转向万向轮 22 及可伸缩的支撑竖杆 23,全景相机 1 安装在相机支撑台 21 上,相机支撑台 21 的底部与支撑竖杆 23 的顶端通过转向万向轮 22 活动连接,支撑竖杆 23 的底端与水平移动组件 3 连接。转向万向轮 22 可以 360°旋转,与支撑竖杆 23 的伸缩相结合,对相机 1 的高度进行合理的调整,从而保证相机可以更多角度地完成拍摄。

方位调节组件中还有测距杆 24,在其上设计了测距仪,其一端与支撑竖杆 23 相连,而另一端抵接墙面。此次的装置选择使用电动马达的形式对测距杆 24 进行驱动,借助于墙面给予其形成的反作用力,保证全景摄像模块可以向后方移动,而相机 1 可以实现连续性的拍摄,并与测距仪相结合,对所有照片拍摄过程中与墙面的水平距离进行实时的测量与记录,从而保证拍摄到的照片是多层次、多角度的。

水平移动组件 3 包括水平支撑台 31、移动万向轮 32 及减震单元 33,水平支撑台 31 与移动万向轮 32 通过减震单元 33 缓冲连接,在支撑台 31 上,还有方位调节组件 2。利用万向轮 32 所具备的灵活移动功能,可以移动全景相机 1 到各个需要拍摄的位置,而减震单元 33 可在其移动的过程发挥作用,避免其出现颠簸问题。

水平支撑台 31 上设有水平仪 34,水平支撑台 31 的底部设有若干个可伸缩的水平调节杆 35,水平调节杆与地面抵接。利用水平仪 34 进行测量,对其水平调节杆进行合理的调整,确保水平支撑台 31 可以始终保持水平状态,确保全景相机 1 所拍摄的照片各个角度的信息都十分精准[①]。

由于要确定一个面必须要 3 个以上的点,因此,此次设计了 3 个水平调

节杆,且三个杆呈三角形设置,确保支撑台 31 可以拥有稳定的支撑,并且也方便通过水平仪 34 来调整水平面。本装置中减震单元优选为具有弹性的充气囊,可以为水平支撑台 31 提供有效的减震作用。

全景摄像模块中还具备了照明灯 4,它处于方位调节组件 2 中的相机支撑台 21 之上,可对其周遭的环境亮度进行合理的调节,确保其不同的场景拍摄有最佳光亮配合。

本装置还设计了 3D 建模模块以及 VR 展示模块,其中,3D 建模模块与图像存储模块电连接,而 VR 展示模块与 3D 建模模块电连接。当拍摄的图像传输进来之后,建模模块会对其展开整合,并利用 VR 算法,将其生成视频,利用 VR 展示模块装置对该文物所在环境和文物对应位置复现,准确采集高清图片的同时,实现文物的三维动态模拟。本装置中的 VR 算法采用 VR 技术领域的常规技术,即可实现生成 VR 视频。

7.2.3　图像存储模块的图像处理方法

图像处理方法只是为了阐述本装置的图像存储模块是如何工作的[①],设图像实际效果值为 $f(x)$,图像预设标准效果值为 Y;令 $f(x) = \sum\limits_{i=1}^{n} \mathrm{sgn}(x_i - a_i)$,其中 n 为图像的参数数目,x_i 为图像的实际参数值,包括明亮度 x_1、颜色准确度 x_2、像素值 x_3、分辨率 x_4 等;a_i 为图像参数预设的阈值,包括明亮度 a_1、颜色准确度 a_2、像素值 a_3、分辨率 a_4,函数 $\mathrm{sgn}(\cdot)$ 为符号函数,具体函数为

$$\mathrm{sgn}(x_i - a_i) = \begin{cases} 1 & x_i - a_i > 0 \\ 0 & x_i - a_i = 0 \\ -1 & x_i - a_i < 0 \end{cases}$$

一般来说参数 x_i 大于等于 a_i,则此参数值合格,反之则不合格;在获得输入图像后,即可判断该图像的实际效果值 $f(x)$;当 $f(x) \geqslant Y$ 时,判断该图像合格,然后储存到图像存储模块中。其中 Y 的取值范围为 1~4。

---

① 王欢,李清泉,邹勤.一种壁画图像修复处理方法、系统、装置及存储介质[P].中国专利:CN 109886887 A,2019-06-14;冯宏伟,张鸣飞,张敏,等.一种壁画图像修复模型建立及修复方法[P].中国专利:CN 110009576 A,2019-07-12.

7.2.4 具体工作流程

通过移动万向轮 32 使全景相机 1 移动到设定的位置,观察水平仪 34,调整水平调节杆 35 使水平支撑台 31 处于水平,再通过调整支撑竖杆 23 的伸缩,使全景相机 1 处于最佳拍摄高度,然后调整转向万向轮 32 以调整全景相机 1 的拍摄角度,拉伸测距杆 24,使全景相机 1 向后移动并连续拍摄,通过测距仪进行测量记录每张拍摄的相片与墙面的水平距离,获得多层次角度的照片;通过照明灯 4 调整亮度,以达到最佳的成像效果;全景相机 1 拍摄到的照片传输到图像存储模块中,利用本装置中的图像处理方法对图片进行处理,处理后的图像传输到 3D 建模模块,通过相应 VR 算法,生成 VR 视频,最后通过 VR 展示模块将所有文物及其对应位置复现,准确采集高清图片的同时,实现高清三维动态模拟。

7.3 一种基于人工智能技术的非结构性破损壁画修复方法[①]

7.3.1 研究背景

壁画分布区域较广泛,如岩石、墓室、洞窟、寺观等,具有大量、丰富的题材,同时还有神话传说、历史故事、生活场景等,它们传承着古代文化,不同时期的壁画,代表着当时的文化特征和审美取向。"革故鼎新,得宝而安",宝安历史悠久,是"深港文化之根",其原住民包括广府、客家两大民系,建筑

---

① 该部分内容主要来源于作者论文:Li Jiao, Wang Huan, Deng Zhiqin, et al. Restoration of non−structural damaged murals in Shenzhen Bao'an based on a generator − discriminator network[J]. Heritage Science,2021,9(1):6.

也极具岭南地域文化特点①,其中以广府民居的宗祠、寺庙、书室、私塾,客家民居的围屋、碉楼最具特色。这些建筑大多建于明、清直至民国时期,它们集建筑艺术、雕塑艺术、绘画艺术及哲学、伦理、风水、书法、民俗等诸多文化元素为一体,是宝贵的地方历史文化资源,可称之为当地"原生态的建筑文化博物馆"②。在这些建筑物外侧屋檐、内侧梁底、回廊、凹斗、门楣等处分布着独具特色的壁画,保存完好的有 1000 多幅,根据画作主题可分为山水、人物、花鸟、书法四大类。这些壁画同时也是岭南民间生活中存在的传统文化的一个缩影,是具有非常浓厚地方文化的一种艺术形式,也是当地人社会生活思想文化在不断发展过程中的沉淀,在岭南文化的研究过程中具有重要的意义,拥有重要的文化、艺术价值。因自然环境和人为因素等原因,导致许多古代壁画遭到不同程度的损坏,壁画的修复刻不容缓。

目前壁画的修复主要依靠的是科研修复工作者良好的描绘技术和丰富的经验,耗时良久,效果参差不齐。人工智能技术目前正经历着巨大的发展和革新,在数字化图像修复领域,已提出了深度学习、神经网络等强大的自主学习、自主思考的算法。应用这些算法可以帮助人们高效、准确地指导完成壁画等文物的修复。

基于此,笔者以宝安区壁画的保护和修复为例,通过生成对抗网络算法(神经网络算法的一种类型),将 137 幅保存相对完整的壁画作为训练模型和 22 幅保存较差的壁画作为修复对象,尝试将该人工智能技术用于宝安区古代壁画的图像修复。

7.3.2　生成对抗网络算法的介绍

本书探讨的模型为一种生成对抗网络的模型。其中生成网络(以下称Generator)部分基于 U-Net 模型改进而来。Generator 本质上是由编码器和解码器组成的一个自编码器,其中,多层下采样器组成编码器,多层上采样

---

①　赖瑛.珠江三角洲广府民系祠堂建筑研究[D].广州:华南理工大学,2010:18-30;吴翠明.深圳观澜贵湖塘老围调查研究:兼论客系陈氏宗族对宝安类型民居的改造[J].中国名城,2009(09):31-39.

②　深圳市宝安区文体旅游局.宝安历史建筑装饰艺术:壁画[M].郑州:中州古籍出版社,2015:1-5.

器组成解码器。破损壁画通过 Generator 生成修复图像。

随后,生成的图像被送至对抗网络(以下称 Discriminator),Discriminator 用于鉴别输入的图像是否为通过 Generator 生成,当鉴别器越发难以区分真实图像和 Generator 所生成的图像时,可以认为通过 Generator 生成的修复图像效果也越好。

对于非结构性破损的壁画,其损失点分布类似椒盐噪声(见彩页图 33)。本书采用了去除黑色点的椒盐噪声算法模拟壁画损失(见彩页图 34)。

整体修复流程:破损壁画图像通过生成网络得到修复图像,修复图像和破损图像通过拼接操作之后,输入到对抗网络,对抗网络判断输入图像是为模型生成或为真实拍摄图像(见彩页图 35)。

(1)生成网络结构。生成网络以一个修改版的 U-Net 模型为基础[①],分为编码器和解码器两部分。编码器和解码器直接通过残差网络进行连接(见彩页图 36)。

(2)编码器。编码器由 8 个编码单元组成,每个编码单元均为[Transposed Conv(卷积层)→ Batchnorm(批规范化层)→ Leaky ReLU(带泄露激活层)]结构,其中每层卷积网络固定 strides(步长)= 2,用于图像下采样。每一层的输入均会保留,用于残差连接,以保留更多的图像细节。输入为"batch_size(批尺寸),1024,1024,3"的图像数组(表 7-1)。

表 7-1　编码器结构 Conv2D

层	卷积层数目(Filters)	(长度)Size	步长(strides)	输出
1	64	4	2	(,512,512,64)
2	128	4	2	(,256,256,128)
3	256	4	2	(,128,128,256)
4	512	4	2	(,64,64,512)

---

① Ronneberger O, Fischer P, Brox T. U-Net: Convolutional Networks for Biomedical Image Segmentation [C]. Media Image Computing and Computer-Assisted Intervention-MICCAI 2015, Munich:234-241.

续表 7-1

层	卷积层数目（Filters）	（长度）Size	步长（strides）	输出
5	512	4	2	(,32,32,512)
6	512	4	2	(,16,16,512)
7	512	4	2	(,8,8,512)
8	512	4	2	(,4,4,512)
输入矩阵为(,1024,1024,3)				

（3）解码器。解码器由 8 个解码器单元组成，可与编码器的逆向过程进行类比，所有的解码器单元组成是一样的，即［TransposedConv（卷积层）→Batchnorm（批规范化层）→ReLU（激活层）］，用于重构图像，通过残差连接编码器网络作为输入，在解码器的前 3 层会添加 Dropout 层以增强稳健性。具体数据见表格 7-2。

表 7-2　解码器结构 Conv2D

层	卷积层数目（Filters）	（长度）Size	步长（strides）	输出	输入
1	512	4	2	(,8,8,1024)	编码器残差链接+上层输出
2	512	4	2	(,16,16,1024)	编码器残差链接+上层输出
3	512	4	2	(,32,32,1024)	编码器残差链接+上层输出
4	512	4	2	(,64,64,1024)	编码器残差链接+上层输出
5	256	4	2	(,128,128,512)	编码器残差链接+上层输出
6	128	4	2	(,256,256,256)	编码器残差链接+上层输出
7	64	4	2	(,512,512,128)	编码器残差链接+上层输出
8	3	4	2	(,1024,1024,3)	全链接

（4）对抗网络结构。对抗网络也是一种图像卷积网络，网络结构类似经典的图像分类网络，不同之处在于，经典图像分类网络输入为一张图片，输出为整张图片的一个分类；本书对抗网络输入使用两张图片拼接而成，且输出为一个 30×30 的矩阵，每个元素代表其所在区域的分类结果（0 或 1）。对于本书情景，0 表示对抗网络认为该区域为机器学习模型生成的修复壁画图

片,1 表示对抗网络认为该区域为真实拍摄的壁画图片。通过将拼接后的图像细分为 30×30 的区域,并在损失函数中按需要强调这部分损失,可以提高 Generator 生成图像的细节程度,获得更为满意的效果(见彩页图 36)。

具体结构上,本书首先使用 5 层编码器单元,将 1024×1024×3 的图像下采样到 32×32×256,此后接一层 ZeroPadding2D 层,将图像扩充至 34×34×256,随后通过 Conv2D 层,下采样至 31×31×256,进行批量归一化处理,重复以上步骤,最终得到 30×30×1 的矩阵。

7.3.3 损失函数

(1)生成网络损失函数。通过以上分析可以知道,衡量生成网络效果可以使用如下两个指标:A. 生成网络对于对抗网络的欺骗效果,B. 生成修复图像与实际图像之间的差异。

对于 A,本书采用 logloss 计算对抗网络输出与 30×30 全 1 矩阵之间的损失。

$$L_{Gen1} = logloss(ones, discriminator\_gen\_output)$$

其中,ones 为 30×30 且元素全为 1 的矩阵,discriminator_gen_output 为生成网络修复图片输入到对抗网络的输出。

对于 B,本书先计算拍摄图像矩阵与生成图像矩阵的差的绝对值,然后对行取平均值,得到 30×1 的矩阵,再对列取平均值(也即 reduce_mean 算法),最后的输出作为损失函数。

$$L_{Gen2} = reduce\_mean(|real\_image - gen\_ouput|)$$

其中,real_image 为真实拍摄图片的矩阵,gen_output 为生成网络生成的修复图像的矩阵。

总生成网络损失函数可以表示为:

$$L_{Gen} = L_{Gen1} + \lambda L_{Gen2}$$

为了让 L_{Gen1} 与 L_{Gen2} 的比值处在一个合理的范围,本书加入 λ 用于调节,通过调节 λ 可以控制对抗网络对于生成网络的影响,本书 λ 取值为 90。

(2)对抗网络损失函数。通过以上分析可以知道,衡量对抗网络效果可以使用如下两个指标:A. 对抗网络对于真实拍摄壁画图像的鉴别效果;B. 对抗网络对于生成网络生成修复图像的鉴别效果。

对于 A,本书采用 logloss 计算,当输入为真实拍摄壁画图像时对抗网络的输出与 30×30 全 1 矩阵之间的损失。

$$L_{Dis1} = \text{logloss}(ones, discriminator\_real\_output)$$

其中,ones 为 30×30 且元素全为 1 的矩阵,discriminator_real_output 为真实拍摄壁画图像与破损图像拼接后输入到对抗网络的输出。

对于 B,本书采用 logloss 计算输入为模型生成图片时对抗网络的输出与 30×30 全 0 矩阵之间的损失。

$$L_{Dis2} = \text{logloss}(zeros, discriminator\_gen\_output)$$

其中,zeros 为 30×30 且元素全为 0 的矩阵,discriminator_gen_output 为生成网络生成的壁画修复图像与破损图像拼接后输入到对抗网络的输出。

总对抗网络损失函数可以表示为:

$$L_{Dis} = L_{Dis1} + L_{Dis2}$$

7.3.4　修复壁画的结果

(1)对抗网络分辨率对于修复效果的影响。上文中采用了 1024×1024 的图像作为输入,对抗网络输出分辨率为 30×30 的矩阵,为了探究对抗网络分辨率对修复图像质量的影响,本研究选取了几种不同的分辨率进行实验。以下结果均为经过 150 轮相同训练集运算后,模型在验证集的输出,从左往右数起,对抗网络最终输出格式分别为:2×2、6×6、30×30、126×126,图片均没有经过压缩处理,可以放大查看(见彩页图 37)。

为了便于观察,本书分别从 2×2 图像组和 126×126 图像组选取两组图片进行对比,可以看出 126 组由于更高的分辨率,在人物脸部还原出了更多的细节,放大仔细观察,树枝枝干边缘也更为锐利;但同时,从叶子的对比可以看出来,126 组所产生的黑色噪点明显比 2 组的多,符合预期(见彩页图 38)。

(2)对抗网络用于真实壁画图像的修复效果。为了检验本书提出的算法对于真实的、非模拟损失的壁画修复效果,笔者挑选了 22 幅类似模拟损伤的弥散性、点状样破坏的壁画,用以观察算法对于壁画的修复作用。

如彩页图 39 所示,本实验同样采用了 512×512 的 22 幅图像作为输入,进行实验,图 39 左侧表示要修复的原始图像,右侧表示采用本算法修复后的图像,从图中可以看出,本算法对于弥散性、点状样破坏的壁画修复效果较好(图39第1行),渔翁的面部和手臂等都进行了修复;而对于结构性破坏严重的壁画,并不能较好地修复壁画图像的纹理,修复效果不佳(图39第2行),主要是样本量有限,如果有上万张图片进行训练学习,可能可以修复结构性破损壁画图像。

7.4 本章小结

本章以三个个案探索人工智能技术在藏品利用的应用方法,人工智能与博物馆领域的融合还处于初始起步阶段,在藏品利用中运用人工智能技术处于摸索状态。①第一个个案探索了一种基于人工智能的自动导览装置在藏品利用中的设计,陈列展览是目前我国博物馆利用藏品最主要的方式,导览是将展线上的藏品价值扩大化的有效手段,智能、科学、人性化的导览可以为展览增光添色,使藏品生动有趣,因此探索人工智能在博物馆导览中的应用至关重要。本章个案研究在设计了人工智能模块的基础上,实现了多媒体信息与导览的实时融合,该装置可以满足不同人群的导览需求,实现各种语言的灵活转化,增强"人—机器—藏品"的互动。②第二个个案探索了一种基于VR技术的图像采集处理装置及其方法,利用VR技术图像采集既是藏品利用前的资料积累,也是为藏品利用中的立体、多元化展示做准备。本个案中设计了全景图像高清摄像模块,通过图像储存模块智能判断,输出有效图像实现3D建模场景制作,最终实现藏品利用中的VR展示,让观众在博物馆可以拥有沉浸式的观展体验,对藏品有更深刻更形象的认识。③第三个个案是基于人工智能技术的壁画修复算法研究,是实现博物馆图像类藏品修复的新兴智能手段。壁画修复是专业技术很高的领域,对于经历了岁月严重磨损,但是并未有结构性信息丢失的壁画画像,本书通过生成网络+对抗网络的方式,能较好地还原出原始壁画图像,人工智能算法的引入使壁画修复更准确、更科学,也拓展了传统的藏品利用方式。

8
结论与展望

一、主要结论

本书通过文献资料整理和实地调研对我国博物馆藏品利用的基本方式进行了概述,结合数学建模和一系列统计学方法估算了我国博物馆藏品展出率及分析了与博物馆展览数量相关的因素,进一步探讨博物馆藏品利用效率低的表现和原因,从国际视野和科技视野提出提高博物馆藏品利用效率的策略,得出了以下结论。

第一,各层面的文化需求是博物馆藏品利用的导向。首先是国家层面的文化服务需求。21世纪以来,中华优秀传统文化的传承与弘扬越来越被重视,习近平总书记在不同的场合和会议中对此作出重要指示,"让文物活起来"日渐成为一个响亮的口号,也引导着我国文博事业的发展方向。国家政策层面也不断重视公共文化服务和完善对文物利用的规定,如2015年《关于加快构建现代公共文化服务体系的意见》、2016年《关于促进文物合理利用的若干意见》、2018年《关于加强文物保护利用改革的若干意见》等。其次,随着博物馆的不断发展,其本身也需要加强创新发展模式。国内的博物馆越来越多,目前已有5000余家,其中约90%实行免费开放。博物馆所存藏品具有独特的文化价值,思考如何对其进行深入挖掘,以藏品为载体,实现传统民族精神的传承与发扬,这也是当前博物馆全面可持续发展的关键问题。再次,公众精神文化需求。随着社会与经济的发展,人们的物质生活条件得到了良好的改善,对于生活的需求也在升级,不再仅限于物质条件,精神文化的需求逐渐提高,博物馆逐渐成为人民群众精神文化需求的重要领域之一。博物馆的发展需要公众的参与,了解公众需求,才能调动其参与性和积极性,而博物馆需要创新藏品利用方式,充分展示藏品魅力,才能满足公众需求。国家、博物馆以及公众等多个层次的需求三位一体,有效地推动着博物馆藏品利用的改革发展①。

第二,藏品价值是博物馆藏品利用的核心。博物馆藏品利用包括本体价值利用、情感价值利用以及发展价值利用。本体价值,是价值的本源和基础,情感价值和发展价值,是附属和延伸价值。对藏品的利用关键在于将藏品的价值体现出来,而实现的途径是相应的利用方式。本体价值是从藏品的物质实体出发,具体利用方式表现在陈列展示、科学研究、藏品复制仿制、藏品著书出版、藏品外借等;情感价值是基于西方建筑遗产提出的价值类型,引入藏品利用中,主要是体现在藏品教育、情感认同、宣传方面,具体利用方式表现在公众教育、配合学校教学、影视宣传、新媒体传播等;发展价值是基于可持续发展理念提出的价值类型,主要包含数字化利用、文创产品等相关的动态发展利用。藏品是文化精髓和时代价值的历史物证,需要广泛地传播,是构筑"中国精神、中国价值、中国力量"的堡垒。

第三,以藏品展出率为参照物审视我国博物馆藏品利用的基本情况。藏品利用的方式多种多样,就目前博物馆发展的实际情况而言,陈列展览无疑占据了核心地位,以展出率为参照物可以窥见我国博物馆藏品利用的基本状况。笔者利用数学模型,估算了不同级别博物馆、不同类型博物馆从2009 年到 2018 年十年的展出率,全国平均展出率为 10% 左右。并且十年来藏品展出率虽然有两个上升的点,但是总体来看仍是下降的。该部分主要以定量分析的方式,采用数学模型和统计学的方法来分析我国藏品的展出率。但是对于藏品展出而言,不仅仅是对数量有所要求,同时也要关注的是藏品展出的质量,例如藏品价值的挖掘与传递,藏品展出的频率是否恰当,展览中是否存在知识性错误。此外,笔者结合我国博物馆机构类型、隶属关系、所属地区、藏品数量、展览用房面积、人员、收入、展览数量的基本数据,采用 Lasso 回归、Logistics 回归、Spearman 和 Pearson 的统计学方法,研究这些

---

① 李姣,陈洪海."智慧"让文物活起来[N].光明日报,2019-01-14(12).

因素与藏品展出的相关性,得出展览面积、专业技术人员、GDP 排名与展览数量的相关系数分别为 0.89、0.81、-0.77,因此面积、人员、经费是影响博物馆展览数量最相关的因素,为剖析藏品利用效率低的原因和思考提高藏品利用效率的方式提供指导。

第四,通过剖析藏品利用效率低的表现和原因进行藏品利用效率分析。除了以展出率的定量分析来审视我国博物馆藏品利用的基本情况,还需要从定性分析的角度审视藏品利用效率低的表现,主要是广度问题、深度问题、频率问题、真实性问题四个方面,其原因包括内部和外部两个方面。广度是就藏品利用的覆盖面而言,是利用效率低的最直观表现,包括利用的数量、类型不广,更新周期长。深度是就藏品利用的内涵而言,包括藏品价值挖掘不充分、利用程度较浅、利用方式单一。频率是就藏品利用的次数而言,周转率低导致大量藏品沉睡于库房,无法被利用;两极分化的利用现象使被利用的藏品更趋集中,国宝级藏品过度利用,普通藏品未充分利用。真实性是就藏品利用的知识性错误而言,藏品蕴含着过去的历史,是了解认识过去的物证,如果在利用中未遵循历史事实,将对藏品利用造成不良影响。博物馆藏品的利用效率低是多种原因造成的,从内部来看,研究、场地、利用模式、利用思路、藏品重复性、人员是影响藏品利用的主要因素;从外部来看,法规政策、参与性、经费、互动交流是影响藏品利用的外部条件。

第五,国际经验为我国提高藏品利用效率提供了借鉴。在有限的人力、物力、财力等条件下,国外博物馆从藏品本体、场地、延伸利用及保障措施所做的努力和实践值得我国博物馆借鉴。藏品本体是藏品利用的根本,展览是藏品本体最直接的展示,策展人制度是国外博物馆保障藏品展出数量和质量的有效手段;文物登录制度是国外博物馆"摸清家底"的重要方式,为藏品利用与资源共享打下坚实基础;从西方博物馆起源开始,重视科学研究是国外博物馆一以贯之的行为,有深度的研究才能确保有深度的利用,才能保障利用方式的科学性、合理性、适度性。场地是影响博物馆展览数量的最相关因素,扩大场地是提高博物馆藏品利用效率的最有效方式之一,国外博物馆从开放博物馆内部空间——库房,拓展博物馆展厅空间——高密度陈列手法,开发博物馆外部空间实现了场地的多样化开发和利用。延伸利用方面,国外博物馆利用藏品开展教育服务,利用众包平台进行藏品数字化工作及文创产品开发对我国具有很好的借鉴意义,在教育中提高藏品利用效率,提高了藏品数字化的速度,拓宽了开发文创产品的思路。人员和经费是博物馆运行的重要保障,也是影响博物馆展览数量的最相关因素,对于藏品利用具有重要影响。国外博物馆多元化的人员构成和多渠道的经费来源为我国缓解经费和人员压力提供了借鉴。

第六,信息时代,科学技术是提高博物馆藏品利用效率的重要手段。"智慧"理念为提高藏品利用效率提供了新的思考方向,在新时代,应抓住人工智能的发展契机,将博物馆的发展与高科技相结合,探索利用科技提高藏品利用效率的具体方式和策略。在初级智慧博物馆阶段,藏品利用的实践应用表现在生动立体的藏品智慧展示、透彻感知的藏品价值传播、全面互动的藏品教育与研究、创新多样的藏品纪念与回忆。人工智能应用于博物馆的前期,国内外的博物馆纷纷研究藏品展示、修复、鉴定、咨询、文化创意产品与人工智能技术的结合,拓展藏品利用方式,充分发挥博物馆的社会价值。在进行初步理论分析之后,笔者对人工智能技术在藏品利用方面的三个个案进行探索,主要涉及博物馆的智能导览、博物馆藏品图像智能采集与修复,以期为人工智能技术在提高博物馆藏品利用效率方面提供技术性支持。

博物馆的藏品利用工作从本质上来看是对藏品蕴含价值的进一步挖掘与传承,这是最核心的,不会因为"智慧"的存在而有所改变。智慧博物馆是新时代博物馆发展与前进的方向,博物馆藏品利用要满足公众、博物馆以及国家等多个层面的实际文化需求,以藏品的本体价值、情感价值、发展价值等为基础,借助于现代先进手段,以传承为目的,创新发展藏品利用之路,探索智慧型藏品利用方式,让藏品活起来,乘科学技术之春风,助藏品利用与发展[①]。

二、不足之处

第一,收集的 670 个展览的代表性有限。如前文所述,行政级别低的小

---

① 李妓,陈洪海."智慧"让文物活起来[N].光明日报,2019-01-14(12).

规模博物馆占据我国博物馆的绝大多数,但由于公布数据少,采集难度大,最终笔者能搜集到的展览是我国优质展览的代表,这对博物馆展出率的估算具有一定的影响,博物馆的实际展出率会低于估算的展出率。

第二,《中国文化文物统计年鉴》采集的数据集具有局限性。笔者所利用的数据集的七个因素均来自历年公布的《中国文化文物统计年鉴》,只能从该年鉴中选择与本书主题相关的数据,但是影响博物馆展览数量的因素不仅限于这七个因素,在实际的博物馆工作中,应注意其他因素对博物馆展览的影响。并且该数据集是基于每个省博物馆总体情况而言的,构建的模型也只能代表某个省份的情况,不能反映单个博物馆的具体情况。另外,由于未能搜集到单个博物馆的具体数据,无法挑选不同层级、不同经济发达程度地区博物馆进行个案探讨,精心解剖几只"麻雀",只能利用公开的《中国文化文物统计年鉴》和其他相关数据进行宏观的观察。

第三,提高博物馆藏品利用效率策略的局限性。本书仅从国际视野和科技视野来思考提高博物馆藏品利用效率的具体策略,为解决实际问题提供参考,并未与第四章造成博物馆藏品利用效率低的原因做一一对应来探讨策略,例如并未对藏品同质化、法规政策尚待完善等进行解决策略的探索。在博物馆的实际运行中,如何提高博物馆藏品利用效率还可以从多方面着手提出策略。

第四,人工智能专业知识的局限性。在文中仅用三个实际案例探索人工智能技术在博物馆藏品利用中的应用设计,所做的应用设计只是"纸上谈兵",并未以实际可应用的产品来实现设计。囿于笔者对人工智能等计算机知识了解不深,所做的应用设计存在一些缺陷。

三、研究展望

博物馆藏品利用效率是一个现实性很强的课题,本书从"资料搜集—情况分析—发现问题—解决问题"的研究思路出发,建立"以文化需求为导向,以藏品价值为核心,以科学技术为手段,以价值传承为目的"的智慧型藏品利用方式。通过基础性研究,笔者对以后的研究展望如下:

第一,探索新时代人工智能与博物馆藏品利用的跨界融合。以人工智能技术为支撑,进行人工智能知识与理论的学习,探索人工智能在博物馆藏品利用方面更加完善的应用设计,为解决藏品利用中存在的实际问题提供科技支持。

第二,探索共享型、互动型、无人自助式、沉浸式博物馆藏品利用方式。随着科技的发展,人工智能技术已在医疗、汽车、智能家居等领域不断运用和发展,在博物馆领域也应积极探索更加智能化的博物馆发展模式和藏品利用形式。

第三,随着博物馆藏品、展品、展览及其他利用方式更为详尽、细致的数据的公布,通过资料搜集,更为准确、科学地揭示我国博物馆藏品利用的实际情况,也可以对单个博物馆的具体情况进行分析,根据不同博物馆的具体情况提出更有针对性的措施。

第四,藏品利用效率合理值范围问题。藏品利用效率不仅是一个数值问题,还涉及利用的效果,所以无法进行量化。如果从利用率来看,由于收集的数据有限,很多利用方式无法进行量化统计,所以确定利用率的合理范围是很难的,目前政策法规和前人研究都没有涉及该问题,本书不是着重界定利用效率的合理范围,无论利用效率高或者低,目前国家政策导向就是加强利用,说明就现状而言是需要加强利用的,本书主要是探讨哪些手段方式可以提高利用效率。在以后的研究中随着资料和数据的完善,可以对此问题进行探讨。

参考文献

[1]王宏钧.中国博物馆学基础[M].上海:上海古籍出版社,2016.

[2]中国博物馆协会.博物馆法律法规文件选编:北京市文物局颁布北京市博物馆条例[M].北京:科学出版社,2010.

[3]刘世锦.中国文化遗产事业发展报告[M].北京:社会科学文献出版社,2008.

[4]SUZANNE KEENE. Fragments of the world:Uses of Museum Collections[M].UK:Butterworthe-Heinemann Ltd,2005.

[5]BENJAMIN RICHARD ANDREWS. Museum of Education,Their history and ues[M]. New York:Harper Collins General Books,2012.

[6]庄孔韶.人类学概论[M],北京:中国人民大学出版社,2006.

[7]徐嵩龄.文化遗产的保护与经营:中国实践与理论进展[M].北京:社会科学文献出版社,2003.

[8]丁援.文化线路:有形与无形之间[M].南京:东南大学出版社,2011.

[9]陈平.里格尔与艺术科学[M].杭州:中国美术学院出版社,2002.

[10]B. M. FEILDEN. Conservation of Historic Buildings[M]. Princeton:Architectural Press,1982.

[11]普鲁金.建筑与历史环境[M].韩林飞,译.北京:社会科学文献出版社,2011.

[12]蒂莫西,博伊德.遗产旅游[M].程尽能,译.北京:旅游教育出版社,2007.

[13]戴维·思罗斯比.经济学与文化[M].王志标,张峥嵘,译.北京:中国人民大学出版社,2011.

[14]GILLMAN D. The Idea of Cultural Heritage[M]. New York:Cambridge University Press,2010.

[15]SMITH G,MESSENGER P M, SODERLAND H A. Heritage Values in Con-
temporary Society[M]. Calif:Left Coast Press Inc,2011.

[16]王宏钧.中国博物馆学基础[M].上海:上海古籍出版社,2001.

[17]文化部文物局.中国博物馆学概论[M].北京:文物出版社,1985.

[18]中华人民共和国文化部.中国文化文物统计年鉴 2017[M].北京:国
家图书馆出版社,2017.

[19]中华人民共和国文化和旅游部.中国文化文物统计年鉴 2018[M].北
京:国家图书馆出版社,2018.

[20]吉诺维斯,德烈.博物馆起源[M].路旦俊,译.南京:译林出版社,2014.

[21]国家文物局博物馆与社会文物司(科技司):博物馆陈列展览通览
(2016)[M].北京:当代中国出版社,2017.

[22]博伊兰.经营博物馆[M].国际博协中国国家委员会,中国博物馆学会,
译.南京:译林出版社,2010.

[23]纳坦恩伯格.期权波动率交易策略[M].大连商品交易所,译.北京:机
械工业出版社,2014.

[24]康瑞清.仪器与系统可靠性[M].北京:机械工业出版社,2013.

[25]周玉敏.SPSS 16.0 与统计数据分析 [M].成都:西南财经大学出版社,
2009.

[26]郭秀艳.实验心理学[M].北京:人民卫生出版社,2013.

[27]段勇.当代美国博物馆[M].北京:科学出版社,2003.

[28]单霁翔.从"文物保护"走向"文化遗产保护"[M].天津:天津大学出版
社,2008.

[29]中国博物馆协会登记著录专业委员会.中国智慧博物馆蓝皮书(2016)
[M].北京:红旗出版社,2016.

[30]文物保护领域物联网建设技术创新联盟.智慧博物馆案例(第一辑)
[M].北京:文物出版社,2017.

[31]蔡自兴,徐光祐.人工智能及其应用(第四版)[M].北京:清华大学出版
社,2010.

[32]李开复,王咏刚.人工智能[M].北京:文化发展出版社,2017.

[33]WARWICK K. Artificial Intelligence[M]. Hoboken:Taylar&amp,2011.

[34]单霁翔.浅谈博物馆陈列展览[M].北京:故宫出版社,2015.

[35]西蒙.参与式博物馆:迈入博物馆2.0时代[M].喻翔,译.杭州:浙江大学出版社,2018.

[36]倪婉,吴晓松.让可移动文物活起来[M].武汉:武汉大学出版社,2015.

[37]胡盈.世界博物馆导读[M].上海:华东师范大学出版社,2018.

[38]国家文物局博物馆与社会文物局.中国博物馆重要陈列展览年度记录(2011—2012)[M].南京:译林出版社,2013.

[39]中国文物报社.中国博物馆重要陈列展览年度记录2009—2010[M].北京:中国文物报社,2010.

[40]赵梅.中国博物馆100(上)[M].开封:河南大学出版社,2018.

[41]上海博物馆.全球百家博物馆[M].上海:上海博物馆,2003.

[42]黎先耀,罗哲文.中国博物馆[M].北京:五洲传播出版社,2010.

[43]徐玲.追求"广博":博物馆藏品概念的演变[J].东南文化,2011(6):96.

[44]单适,黄洋.基于提高藏品利用率开放博物馆库房的探索[J].博物院,2018(1):20-27.

[45]焦丽丹.如何让馆藏文物"活起来"[J].中国博物馆,2015(3):34.

[46]李姣.智慧博物馆与AI博物馆:人工智能时代博物馆发展新机遇[J].博物院,2019(4):67-74.

[47]张永民.解读智慧地球与智慧城市[J].中国信息界,2010(10):23-29.

[48]许晔,孟弘,程家瑜,等.IBM"智慧地球"战略与我国的对策[J].中国科技论坛,2010(4):20-23.

[49]彭卿云.关于文物"利用"的由来与衍变概述[J].中国文物科学研究,2014(1):19-25.

[50]黄哲京.论故宫博物院文物合理利用的原则和方法[J].故宫博物院院刊,2017(3):132-140,163.

[51]王静.国有文博机构文物藏品标本利用问题试析[J].中国文物科学研究,2018(1):45-47.

[52]许俊平.博物馆藏品利用存在的问题及对策[J].中原文物,2001(3):

78−80,85.

[53]殷华.博物馆藏品搜集、保护、利用的认识与建议[J].戏剧之家,2014
(10):256−257.

[54]田利芳.让馆藏文物活起来 让博物馆更接地气[J].人文天下,2015
(12):42−46.

[55]黄飞.博物馆文物藏品利用分析[J].东方藏品,2018(3):7.

[56]刘永卓.我国博物馆文物藏品利用研究[J].遗产与保护研究,2017(7):
76−77.

[57]李洋.博物馆库房藏品的管理和利用[J].文化创新比较研究,2017:
117−118.

[58]何宏,李湛.解读、传播与再创造:构建系统的博物馆藏品利用观[J].文
物世界,2016(4):67−70.

[59]崔岚,刘长友.高校综合类科技博物馆藏品的管理和利用[J].煤炭高等
教育,2010(6):65−67.

[60]许捷,胡凯云,毛若寒,等.激活博物馆藏品:从博物馆工作流的视角
[J].博物院,2018(2):76−86.

[61]于彦.博物馆藏品利用问题及对策研究[J].中国民族博览,2018(4):
226−227.

[62]王金梅.博物馆藏品利用率提升浅析:以山西博物院为例[J].文物世
界,2017(2):68−70.

[63]崔超.浅析博物馆文物藏品保护与利用策略[J].文物鉴定与鉴赏,2018
(8):110−111.

[64]SHANE J. MACFARLAN. A Consideration of Museum Education Collec-
tions:Theory and application[J]. Curator:The Museum Journal,2001,44
(2):166−178.

[65]CAESAR L G. Store Tours:Accessing Museums' Stored Collections[J]. Pa-
pers from the institute of archaeology,2007,18(S1):3−19.

[66]KIMBERLY ORCUTT. The open storage dilemma[J]. Journal of Museum
Education,2011,36(2):209−216.

[67]BARTON H. Starch residues on museum artifacts：implications for determining tool use[J]. Journal of Archaeological Science,2007,34(10):1752-1762.

[68]陈蔚,胡斌,何昕.当代我国历史文化遗产价值体系的构成[J].重庆建筑大学学报,2006,28(2):24.

[69]李新建,朱光亚.中国建筑遗产保护对策[J].新建筑,2003(4):38-40.

[70]叶周才仁.浅谈文博理论知识对博物馆工作人员的重要性[J].中国民族博览,2017(8):207-208.

[71]刘启振,王思明,胡以涛.略论农业文化遗产价值类型划分及评价体系[J].古今农业,2015(1):75-83.

[72]熊礼明,李映辉.农业文化遗产可持续发展价值与策略探讨[J].求索,2012(5):159-161.

[73]宋向光.博物馆陈列的性质与价值取向[J].中国博物馆,2005(2):52-56.

[74]侯静波.试论博物馆藏品经济价值评估[J].北方文物,2010(2):108-111.

[75]刘洪丽,张正模,郭青林.文物价值定量评估方法研究:以榆林窟为例[J].敦煌研究,2011(6):13-17.

[76]刘牧,邓静宜,王明明.文物价值的现象学分析:以敦煌莫高窟为例[J].敦煌研究,2015(6):114-121.

[77]宋峰,杨成.遗产本体价值的回归[J].文物世界,2009(1):43-44,63.

[78]葛承雍.中华文化遗产的历史形态与当代意义[J].中国文化研究,2011(2):26-31.

[79]蔡靖泉.文化遗产价值论析[J].三峡大学学报(人文社会科学版),2010,32(1):76-86.

[80]余佳.文化遗产价值探讨[J].科协论坛,2011(3):185-186;.

[81]段清波.论考古学学科目标和文化遗产的核心价值[J].中原文化研究,2016(3):87-94;.

[82]秦红岭.基于城市设计视角的建筑遗产文化价值构成及评估[J].中国

名城,2017(1):11-16.

[83]单霁翔.关于博物馆的社会职能[J].中国文化遗产,2011(1):14.

[84]单霁翔.解读博物馆陈列展览的思想性与观赏性[J].南方文物,2013(3):1-8.

[85]吕军,张力月,袁函琳,等.历届全国博物馆"十大陈列展览精品"入选项目的类型与区域分布[J].中国博物馆,2018(1):90-101.

[86]周晓陆.寻根与创新:文物与复仿制问题略谈[J].收藏,2013(13):172-174.

[87]石俊会.《珠联璧合——泛珠三角文物精品集》出版[J].四川文物,2005(3):65.

[88]边吉.《内蒙古珍宝——内蒙古自治区精品文物图鉴》一书出版[J].内蒙古大学学报(哲学社会科学版),2008(3):64.

[89]夏雨.《金沙淘珍——成都市金沙村遗址出土文物》出版发行[J].考古,2002(10):30.

[90]戴定九.《晋国奇珍——山西晋侯墓群出土文物精品》出版[J].美术之友,2002(5):64-67.

[91]乐俏俏.基于信息视角的博物馆藏品在教育活动中的应用探析[J].中国博物馆,2015(1):73-76.

[92]李姣.关于如何"让文物活起来":以《国家宝藏》节目为例[J].文物世界,2019(5):60-63,49.

[93]张琳笛.浅谈国内文博电视节目与受众需求[J].群文天地,2012(7):194-195,197.

[94]李依凡.浅析文博类电视节目的走红及传播意义[J].新闻研究导刊,2018(24):108,110.

[95]李姣.新媒体时代提升博物馆公共文化服务水平研究[J].文物世界,2018(5):65-68.

[96]李姣."互联网+"背景下博物馆文创产品营销创新策略[J].文物世界,2017(2):64-67.

[97]金海涛.博物馆文创产品的演变类型与开发策略研究[J].新西部,2019

(11):96-97.

[98]单霁翔.试论博物馆陈列展览的丰富性与实效性[J].南方文物,2013
    (4):1.

[99]赵俊琴,王彤,王慧,等.Lasso-惩罚计分检验在小样本回归模型自变量
    筛选与统计推断中的应用[J].中华疾病控制杂志,2015(5):507-509.

[100]庞素琳.Logistic回归模型在信用风险分析中的应用[J].数学的实践
    与认识,2006(9):129-137.

[101]KANG L,CHEN W,PETRICK NICHOLAS A,et al. Comparing two corre-
    lated C indices with right-censored survival outcome:a one-shot nonpara-
    metric approach[J]. Statistics in Medicine,2015,V34(04):685-703.

[102]姜杨.博物馆陈列展览工作的探讨[J].才智,2019(10):232.

[103]翟鑫.新媒体环境下博物馆微信公众平台服务发展现状及对策:以省
    级博物馆为例[J].文物春秋,2016(Z1):63-69.

[104]张昕."真实性"原则在文化遗产保护中的价值与意义[J].湖北美术学
    院学报,2006(4):11-12.

[105]萧兴华.中国音乐文化文明九千年:试论河南舞阳贾湖骨笛的发掘及
    其意义[J].音乐研究,2000(1):3-14.

[106]宣文.对内因与外因关系的再思考[J].电子科技大学学报(社科版),
    2005(4):63.

[107]焦迪.研究对提升博物馆水平的作用和意义[J].经济研究导刊,2011
    (20):299-300.

[108]牛文静.试论博物馆陈列设计艺术中的"展品密度"[J].文物鉴定与鉴
    赏,2016(7):100-101.

[109]张凯.浅议展品密度理论在我国现代科技馆建设中的应用[J].自然科
    学博物馆研究,2017(S1):85-89.

[110]林翘.地方博物馆藏品收藏的困境及出路[J].博物馆研究,2014(1):
    28-34.

[111]毕洪亮.如何挖掘博物馆自身优势开发文化创意产品[J].文物鉴定与
    鉴赏,2019(7):98-99.

[112]王铭,黄瑶,黄珊.世界一流大学跨学科人才培养路径研究[J].高教探索,2019(4):61-67.

[113]尚东光,段鹏.我国公共博物馆资金来源渠道多元化探析[J].科教文汇(下旬刊),2008(3):133.

[114]杨茜.上海博物馆和大都会艺术博物馆之临时展览比较研究[J].中国博物馆,2013(1):104-108.

[115]段晓明.中国博物馆策展人制度本土化的历程与发展[J].东南文化,2018(5):101-106.

[116]张松,胡天蕾.澳大利亚遗产登录制度的特征及其借鉴意义[J].城市建筑,2012(8):30-33.

[117]魏寒宾,边兰春.文化遗产的保护与可持续发展:以英、日、韩三国文化遗产登录制度为例[J].科技导报,2019,37(8):40-48.

[118]中国农业博物馆考察组.关于日本、韩国博物馆的启示和思考[J].中国博物馆,2003(1):22-23.

[119]王金梅.博物馆藏品利用率提升浅析:以山西博物院为例[J].文物世界,2017(2):68-70.

[120]陈怡萱.参加开放式典藏库文物维护工作坊学员之学习经验[J].科技博物,2012(1):171-198.

[121]ROBIN HOLGATE. Case study:collection centres[J]. Museum Association,2002(19):56-58.

[122]Caesar L G. Store Tours:Accessing Museums' Stored Collections[J]. Papers from the institute of archaeology,2007,18(S1):3-19.

[123]JAVIER PES. The move towards open storage[J]. Museum Association,2002(19):50-52.

[124]丁三,沈平.高密度陈列的实践和理论探讨[J].中国博物馆,1998(4):27.

[125]邢照华.浅议陈列设计中的展品密度问题[J].北方文物,2003(3):98-100.

[126]章开元.酒店就像博物馆[J].饭店现代化,2006(9):70.

[127]千洵."酒店式博物馆"中的奇石艺术:记"大美海淀·奇石文化艺术展"[J].中关村,2012(8):111.

[128]高茜,邵子航.国外场馆教育实践探索与启示:以美国自然历史博物馆为例[J].开放学习研究,2017(5):28.

[129]刘文杰."互联网+"在数字化博物馆建设中的应用:以大英博物馆"众包模式"完成藏品数字化工作为例[J].博物馆研究,2017(1):21-28.

[130]李姣.人工智能在博物馆文物资源管理方面的应用趋势探讨[J].文博,2019(2):86-90.

[131]王春山.中国与西方博物馆文化创意产品开发比较研究[J].自然科学博物馆研究,2017(1):62-68.

[132]王春慧.博物馆文化衍生产品开发思路探析:以大英博物馆为例[J].中国港口,2018(S1):96.

[133]钱雪元.简析美国科技博物馆的资金来源[J].科普研究,2011(4):68.

[134]马健.美国非营利艺术机构的债券筹资:以大都会艺术博物馆为例[J].美术观察,2016(4):146.

[135]周静.现代博物馆管理模式探析[J].东南文化,2009(4):96.

[136]钱雪元.简析美国科技博物馆的资金来源[J].科普研究,2011(4):71.

[137]侯珂.从大英博物馆的筹款经验看我国博物馆的筹款[J].文化学刊,2012(1):136.

[138]狐爱民.美国博物馆资金来源研究[J].商业会计,2015(5):52.

[139]陆建松.博物馆学研究的新视野与新成果:《世界博物馆最新发展译丛》书评[J].东南文化,2017(2):126.

[140]刘鹏,陈娅.大都会艺术博物馆志愿者运作模式对国内美术馆的借鉴[J].美育学刊,2016(4):56.

[141]卢永琇.中外博物馆志愿者培训与管理机制探讨[J].博物院,2018(3):109.

[142]云思.博物馆的"智慧化生存"[J].上海信息化,2016(3):59-62.

[143]傅平,邹小筑,吴丹,等.回顾与展望:人工智能在图书馆的应用[J].图书情报知识,2018(2):50-60.

[144] 黄晓斌,吴高.人工智能时代图书馆的发展机遇与变革趋势[J].图书与情报,2017(6):19-29.

[145] 王世伟.人工智能与图书馆的服务重塑[J].图书与情报,2017(6):6-18.

[146] 塞科,肖福寿.探索人工智能对博物馆的影响[J].中国博物馆,2018(2):25-29.

[147] 邵小龙.以互联网思维推进智慧博物馆建设[J].中国博物馆,2015(3):78-81.

[148] 伊丽莎白·梅里特,谢颖.美国博物馆趋势观察:2017[J].中国博物馆,2017(3):70-77.

[149] 李睿.数字交互展示技术在博物馆的应用研究[J].电脑知识与技术,2019(30):217-218.

[150] 彭湘炜.铁笔柔豪写春秋:记故宫博物院书法篆刻家刘玉[J].文物天地,2011(1):48-51.

[151] 娄悠猷.基于情境学习理论的博物馆教育活动开发框架:以上海自然博物馆"奇特的千足百喙"活动为例[J].科学教育与博物馆,2018(3):177-182.

[152] 王腾飞,丁友东,陶奕骏.老电影彩色化背景下着色算法实现与潜在的问题[J].装饰,2020(9):92-94.

[153] 宋奇.有趣的 AI 上色[J].计算机与网络,2020,46(11):33.

[154] 赵俊琴.基于 Lasso 的高维数据线性回归模型统计推断方法比较[D].太原:山西医科大学,2015.

[155] 魏巍.博物馆文物藏品利用研究[D].济南:山东大学,2015.

[156] 张佳佳.市场经济条件下博物馆藏品开发与利用[D].长春:吉林大学,2007.

[157] 刘翔.文化遗产的价值及其评估体系:以工业遗产为例[D].长春:吉林大学,2009.

[158] 黄明玉.文化遗产的价值评估及记录建档[D].上海:复旦大学,2009.

[159] 潘国刚.文物社会价值的实现与文物保护规划[D].昆明:昆明理工大

学,2008.

[160]陈蔚.我国建筑遗产保护理论和方法研究[D].重庆:重庆大学,2006.

[161]丛桂芹.价值建构与阐释:基于传播理念的文化遗产保护[D].北京:
清华大学,2013.

[162]孟庆金.现代博物馆功能演变研究[D].大连:大连理工大学,2010.

[163]侯雅静.博物馆陈列展览空间设计研究[D].广州:华南理工大学,
2012.

[164]李雨芊.我国国有馆藏文物利用的法律规制[D].北京:首都经济贸易
大学,2018.

[165]李晨聪.关于我国博物馆创收问题研究[D].长春:吉林大学,2007.

[166]魏亚明.中国博物馆合作发展研究[D].开封:河南大学,2016.

[167]卫艳.论美国博物馆中"Curator 负责制"[D].北京:中央美术学院,
2009.

[168]田甜.论中国博物馆"策展人负责制"的建立[D].南京:南京艺术学
院,2012.

[169]杨颖.我国可移动文物登录制度研究[D].济南:山东大学,2017.

[170]杨海燕.中西方博物馆比较研究[D].济南:山东大学,2009.

[171]张斯齐.跨界融合:民族博物馆文化主题酒店可行性分析[D].北京:
中央民族大学,2013.

[172]葛偲毅.国外博物馆文化产品开发与营销对我国的启示[D].上海:复
旦大学,2012.

[173]刘洋.澳大利亚博物馆资金结构的初步分析[D].长春:吉林大学,
2009.

[174]裴佳丽.博物馆志愿者管理研究[D].郑州:郑州大学,2013.

[175]彭玮.我国博物馆志愿者管理研究:从心理契约角度谈起[D].北京:
中央美术学院,2014.

[176]黄建国.美国"博物馆之友"内涵和职能初探[D].重庆:重庆师范大
学,2009.

[177]穆顿.智慧博物馆概念下博物馆与观众的互动研究[D].西安:西北大

学,2014.

[178]林命彬.智能机器的哲学思考[D].长春:吉林大学,2017.

[179]韦淋元.人工智能发展的困境和出路[D].桂林:广西师范大学,2009.

[180]陈志威.博物馆讲解机器人的设计与实现[D].南京:南京邮电大学,
　　　2017.

[181]潘郁生.博物馆免费开放与提高馆藏品利用率的思考[A].吴伟峰,黄
　　　启善,谢日万.博物馆免费开放的思考:广西博物馆首届学术研讨会论
　　　文集[C].南宁:广西科学技术出版社,2009:49-59.

[182]汪培梓,李萍.当前馆藏文物展示与利用相关问题探析:兼谈如何让文
　　　物"活起来"[A].中国博物馆协会城市博物馆专业委员会,郑州博物
　　　馆.城市博物馆规划与建设:中国博物馆协会城市博物馆专业委员会
　　　第九届学术年会论文集(2017·郑州)[C].郑州:中州古籍出版社,
　　　2017:255-265.

[183]耿然.浅谈博物馆文物藏品的科学管理与利用[A].博物馆发展论坛
　　　组委会.博物馆发展论丛[C].北京:北京联合出版公司,2017:237-
　　　246.

[184]殷清.博物馆藏品利用的管理与保护[A].北京博物馆学会.博物馆藏
　　　品保管学术论文集:北京博物馆学会保管专业第四—八届学术研讨会
　　　论文选编[C].北京:中国林业出版社,2009:100-102.

[185]吴力群.藏品在利用中的保护[A].贾文忠.中国文物修复通讯(第18
　　　期)[C].北京:中国文物学会文物修复专业委员会,2000:10-11.

[186]乔玲梅.浅谈近现代文物藏品在利用中的保护问题[A].北京博物馆
　　　学会保管专业委员会.博物馆藏品保管学术论文集[C].北京:北京燕
　　　山出版社,2004:372-380.

[187]秦素银.试论现代藏品保管与藏品利用[A].北京博物馆学会.博物馆
　　　藏品保管学术论文集:北京博物馆学会保管专业第四—八届学术研讨
　　　会论文选编[C].北京:中国林业出版社,2009:123-127.

[188]谭小荣.博物馆藏品库房面向社会开放的几点思考:来自大庆博物馆
　　　"展厅晒库房"的启示[A].广西博物馆协会,广西壮族自治区博物馆.

博物馆藏品架起沟通的桥梁:广西博物馆协会首届学术研讨会暨广西壮族自治区博物馆第七届学术研讨会论文集[C].南京:广西科学技术出版社,2014:54-63.

[189]温思琦.浅谈藏品数字化与文物资源利用[M]//北京数字科普协会.数字博物馆发展新趋势.北京:中国传媒大学出版社,2014:139-144.

[190]郝士伯.中小型博物馆信息化时代下藏品的利用方式解析:以淮安市博物馆为例[A].江苏省博物馆学会.江苏省博物馆学会2014年度论文研讨会论文集[C].北京:文物出版社,2015:113-117.

[191]苏卉,占绍文.文化遗产资源的价值认知及其变迁[A].上海交通大学国家文化产业创新与发展研究基地.中国文化产业评论[C].上海:上海人民出版社,2015(2):223-225.

[192]李卫平.限制的空间:博物馆展厅的平面布局[A].中国博物馆协会博物馆学专业委员会.中国博物馆协会博物馆学专业委员会2013年"博物馆建筑与功能"学术研讨会论文集[C].北京:中国书店,2014:165-171.

[193]蒋昌宁,贾一亮.博物馆馆际交流之我见[A].上海中国航海博物馆."文化力量与博物馆的挑战"上海中国航海博物馆第四届国际学术研讨会[C].上海:上海古籍出版社,2013:83-87.

[194]孙亚晶.浅谈博物馆的馆际交流[A].吉林省博物馆协会,吉林省博物院.格物集:吉林省博物馆协会第三届学术研讨会论文选编(2014—2015)[C].长春:吉林人民出版社,2016-03-10:17-20.

[195]隋永琦.公众参与:博物馆可持续发展的助推器[A].陈浩.中国博物馆协会博物馆学专业委员会2015年"致力于社会可持续发展的博物馆"学术研讨会论文集[C].北京:中国书店,2016:249-255.

[196]孙珂.关于中国博物馆推行"策展人制度"的思考[A].安来顺.中国博物馆通讯[C].北京:中国博物馆协会,2015-03-10:27.

[197]陈刚.从数字博物馆到智慧博物馆的发展趋势与挑战[A].北京数字科普协会.融合·创新·发展:数字博物馆推动文化强国建设:2013年北京数字博物馆研讨会论文集[C].北京:中国传媒大学出版社,2014:

281-287.

[198]杨瑾.加快藏品的展品化[N].中国文物报,2017-12-19(6).

[199]李姣,陈洪海."智慧"让文物活起来[N].光明日报,2019-01-14(12).

[200]王歧峰.国内馆藏文物腐蚀率超50%[N].联合日报,2014-02-14(4).

[201]涂晓庞.加快国有美术收藏 提高藏品利用率[N].中国文化报,2014-02-16(3).

[202]李晓东.略论文物核心价值体系[N].中国文物报,2008-06-02(3).

[203]陆建松.文化遗产岂能"贴现"[N].解放日报,2003-06-30(6).

[204]国家文物局.博物馆管理办法[N].中国文物报,2005-12-28(3).

[205]国家文物局.博物馆条例[N].中国文物报,2015-03-03(2).

[206]国家文物局.第一次全国可移动文物普查数据公报[N].中国文物报,2017-04-08(3).

[207]谢雨婷.博物馆学视野下的藏品研究不能忽视[N].中国文物报,2018-08-14(6).

[208]田丽媛.到世界找敦煌:敦煌流散海外精品文物复制展精品选[N].甘肃日报,2018-10-04(4).

[209]国家文物局.2016年度全国文化遗产十佳图书[N].中国文物报,2017-06-13(6-7).

[210]张明春.《国家宝藏》讲述"曾侯乙编钟"今生故事[N].大连晚报,2017-12-10(A09).

[211]陈鹰.被文创带红的博物馆:要做"知时雨"不搞"一阵风"[N].中国经济导报,2019-07-04(6).

[212]陆敏.让更多博物馆成"网红"[N].经济日报,2019-03-09(11).

[213]倪伟.故宫北院区有望2022年整体开放[N].新京报,2018-10-11(A08).

[214]刘玮.《国家宝藏》挑宝物先看有没有故事[N].新京报,2017-12-15(C06).

[215]张星云.《国家宝藏》火爆背后,博物馆与综艺娱乐[N].三联生活周刊,2018-01-01(1).

[216]本刊编辑部.文博行业自己的专业学位教育[N].中国文物报,2011-10-07(5).

[217]仲亚松.新时代创新人才的内涵是什么[N].社会科学报,2019-05-23(5).

[218]傅斌.重识文化遗产本体与价值:兼谈文化人类学视角与文化遗产学建构[N].中国文物报,2014-12-12(3).

[219]吕舟.基于价值认识的世界遗产事业发展趋势[N].中国文物报,2012-02-13(5).

[220]徐小青,穆森.文物复仿制品急需新法规[N].国际新闻报(鉴赏中国),2010-11-16(1-2).

[221]唐仲明.文物的合理利用需要法规保障[N].中国文化报,2014-07-10(8).

[222]高素娜,王春辰.国内美术馆系统尚未建立策展人制度[N].中国文化报,2013-03-24(3).

[223]张颖岚.博物馆策展人制度及策展人才培养[N].中国文物报,2015-04-28(6).

[224]黄洋.从幕后到台前:让博物馆库房的文物"活"起来[N].中国文物报,2016-10-25(7).

[225]倪伟,浦峰.故宫打开家具仓库 南大库"仓储式"展示明清宫廷家具[N].新京报,2018-09-20(A10).

[226]王晓易.购物中心+博物馆 是机场更是休闲天堂[N].东方今报,2013-07-04(A05).

[227]李瑜.启蒙"公民科学"[N].中国科学报,2014-01-03(1).

[228]张舜玺.法国博物馆运营的资金来源[N].学习时报,2016-02-18(2).

[229]刘修兵.现代博物馆离不开志愿者[N].中国文化报,2010-12-01(2).

[230]刘政.旧金山亚洲艺术博物馆志愿者工作机制考察[N].中国文物报,2016-08-02(6).

[231] 宋新潮.智慧博物馆的体系建设[N].中国文物报,2014-10-17(5).

[232] 连晓芳.博物馆如何"+科技"[N].中国文化报,2017-09-21(8).

[233] 温琳,赵争耀.秦陵博物院携手百度 用人工智能技术"唤醒"秦兵马俑军团[N].三秦都市报,2017-05-19(A14).

[234] 李晓东.延安:梁家河数字博物馆上线 "人工智能+"带你零距离穿越知青岁月[N].延安日报,2017-10-13(1).

[235] 蒋肖斌.故宫文创这些年有多火[N].中国青年报,2019-05-28(8).

[236] 许晓蕾.机器人进博物馆 讲解汉代国宝[N].南方都市报,2016-04-19(GA08).

[237] 孙亚慧.瞧!科技让博物馆"潮"起来[N].人民日报海外版,2019-05-18(8).

[238] 胡梦音.机器人参与 名画修复[N].深圳特区报,2013-07-31(B02).

[239] 王位.西班牙:机器人参与名画修复[N].中国文化报,2013-07-30(10).

[240] 中华人民共和国国务院.博物馆条例[N].中国文物报,2015-03-03(002).

[241] 彭颖.购物中心转型 热衷建博物馆[N].南方日报,2018-05-30(ZB03).

[242] 屈畅.在美兵马俑拇指被盗 陕西要求严惩肇事者[N].北京青年报,2018-02-18(A04).

[243] 付有旭,李胜强,杨金礼.一种修复古代壁画的弹簧受力支顶架[P].中国专利:CN 206801091 U,2017-12-26.

[244] 王欢,李清泉,邹勤.一种壁画图像修复处理方法、系统、装置及存储介质[P].中国专利:CN 109886887 A,2019-06-14.

[245] 冯宏伟,张鸣飞,张敏,等.一种壁画图像修复模型建立及修复方法[P].中国专利:CN 110009576 A,2019-07-12.

附录一
彩页图说明

图1、2、3、7、8、9、19、20、22、23、27-35,为自制图片、截图,或经过处理的拍摄图像。

图4　　　　广东省博物馆官网,http://www.gdmuseum.com/webphone/index/ybxw84/519597/index.html

图5　　　　故宫博物院官网,https://www.dpm.org.cn/classify_detail/249269.html

图6　　　　科普行全国版官网,http://www.kexing365.com/news/show.php? itemid=14064

图10　　　国家文物局网站,http://www.ncha.gov.cn/art/2018/3/11/art_2063_147614.html

图11　　　国家文物局网站,http://www.ncha.gov.cn/art/2018/3/11/art_2063_147614.html

图12-17　大英博物馆官网截图,https://www.britishmuseum.org/

图18　　　中国新闻网,https://www.chinanews.com/cul/2017/10-16/8353620.shtml

图21　　　内蒙古自治区文化和旅游厅,https://wlt.nmg.gov.cn/zfxxgk/zfxxglzl/fdzdgknr/zdlyxx/whycbh/202403/t20240329_2487488.html

图24　　　温州新闻网,https://news.66wz.com/system/2016/04/19/104802275.shtml;金华新闻客户端,https://www.sohu.com/a/208497133_784225

图25　　　荆楚网,https://www.sohu.com/a/224825980_99904027

图26　　　中国文艺网,http://www.cflac.org.cn/yssc/hwkx/201307/t20130730_209789.html

附表 1　第十五届、第十六届、第十七届全国博物馆十大陈列展览

届别	奖项/数量	展览类型（数量）	展览名称	举办单位
第十五届（2017年）	精品奖（10个）	古代历史类（6）	大辽契丹——辽代历史文化陈列	内蒙古博物院
			文明的阶梯——科举文化专题展	南京科举博物馆
			动·境——中华古代体育文物展	天津博物馆
			长安丝路东西风	陕西历史博物馆
			南溟泛舸——南海海洋文明陈列	海南省博物馆
			惊世大发现——南昌汉代海昏侯国考古成果展	江西省博物馆
		近现代革命建设类（2）	南昌起义 伟大开端	南昌八一起义纪念馆
			圆梦——从北洋铁甲到航母舰队	大连现代博物馆
		艺术类（2）	明月入怀·中国团扇文化印象展	杭州工艺美术博物馆
			淮调清管度新声——丝绸之路音乐文物展	河南博物院，洛阳博物馆
	优胜奖（11个）	古代历史类（3）	湘江北去·中流击水——长沙历史文化陈列	长沙市博物馆
			美·好·中华——近一千年考古成果展	首都博物馆
			CHINA与世界——海上丝绸之路沉船与贸易瓷器大展	南京市博物总馆
		近现代革命建设类（3）	寻找致远舰——2015年度全国十大考古新发现	北京大学赛克勒考古与艺术博物馆
			黑龙江俄侨文化文物展	黑龙江省博物馆
			铸魂——延安时期的从严治党	延安革命纪念馆

续附表 1

届别	奖项/数量	展览类型（数量）	展览名称	举办单位
第十五届（2017年）	优胜奖（11个）	艺术类(2)	艺术涅槃——大足石刻艺术展	大足石刻博物馆
			靖江遗韵——桂林出土明代梅瓶陈列	桂林博物馆
		科学技术类(1)	古道新知——丝绸之路文化遗产保护科技成果展	中国丝绸博物馆
		自然历史类(1)	如何复活一只恐龙	上海科技馆
		综合类(1)	家和万事兴——家教家风主题展	中国妇女儿童博物馆
	国际及港澳台合作(2个)	古代历史类(2)	大英博物馆百物展：浓缩的世界史	上海博物馆
			绵亘万里：世界遗产丝绸之路	陕西省文物交流中心
	国际及港澳台合作入围奖(2个)	古代历史类(1)	东西汇流——13至17世纪上海上丝绸之路	广东省博物馆
		艺术类(1)	现代之路——法国现当代绘画艺术展	成都博物馆
第十六届（2018年）	特别奖（2个）	近现代革命建设类(2)	大潮起珠江——广东改革开放40周年展览	深圳博物馆
			向往——"我"与安徽改革开放四十年展	安徽博物院
	精品奖（10个）	古代历史类(7)	湖南省博物馆基本陈列	湖南博物院
			花重锦官城——成都历史文化篇	成都博物馆
			陕西古代文明陈列	陕西历史博物馆
			"良渚遗址是实证中华五千年文明史的圣地"陈列	良渚古城博物院
			天骄蒙古——蒙古族历史文化陈列	内蒙古博物院
			盛筵——见证《史记》中的大西南展	重庆中国三峡博物馆
			南海人文历史陈列	中国（海南）南海博物馆
		近现代革命建设类(1)	华侨旗帜 民族光辉——百国百侨百物展	福建博物院
		艺术类(1)	山语——庐山历代石刻陈列	庐山博物馆
		通史类(1)	上海市历史博物馆（上海革命历史博物馆）基本陈列	上海市历史博物馆

续附表 1

届别	奖项/数量	展览类型(数量)	展览名称	举办单位
第十六届(2018 年)	优胜奖(13 个)	古代历史类(5)	八朝古都 千载京华——开封古代历史文化展	开封市博物馆
			越地宝藏——100 件文物讲述浙江故事展	浙江省博物馆
			瓯骆遗珍 壮美效歌——壮族历史文化展	崇左市壮族博物馆
			天路文华——西藏历史文化展	首都博物馆
			旷世宏编 文献大成——国家图书馆藏《永乐大典》文献展	国家典籍博物馆
		近现代革命建设类(4)	南京大屠杀史实展	侵华日军南京大屠杀遇难同胞纪念馆
			人民总理周恩来陈列	周恩来纪念馆
			黑土英魂——东北抗日战争和解放战争时期烈士事迹陈列	东北烈士纪念馆
			唤醒历史记忆 塑造科学精神——北疆博物院旧址(南楼)复原陈列	天津自然博物馆
		科学技术类(2)	大河之旅 生命之歌——武汉自然博物馆常设展览	武汉自然博物馆
			"太空探索"常设展览	中国科学技术馆
		艺术类(2)	丹青宝筏——董其昌书画艺术大展	上海博物馆
			行山——中国传统文化的当代形塑展览	河北博物院
	国际及港澳合作(2 个)	古代历史类(2 个)	金字塔·不朽之宫展	河南博物院
			《秦始皇和兵马俑》展	陕西省文物交流中心
	国际及港澳合作入围奖(2 个)	艺术类(2 个)	金漆辉映:潮州木雕展览	广东省博物馆
			平山郁夫的丝绸世界——平山郁夫丝绸之路美术馆文物展	敦煌研究院
第十七届(2019 年)	特别奖(3 个)	古代历史类(1)	大美亚细亚——亚洲文明展	中国文物交流中心
		近现代革命建设类(2)	为新中国奠基——中共中央在香山	香山革命纪念馆
			纪律建设永远在路上——中国共产党纪律建设历史陈列	武汉革命博物馆

续附表 1

届别	奖项/数量	展览类型（数量）	展览名称	举办单位
第十七届（2019 年）	精品奖（10 个）	古代历史类（5）	多彩贵州——民族文化陈列	贵州省博物馆
			"和合承德"清盛世民族团结展	承德博物馆
			江汉泱泱 商邑煌煌——盘龙城遗址陈列	盘龙城遗址博物院
			平天下——秦的统一	秦始皇帝陵博物院
			华夏第一王都——二里头夏都遗址博物馆基本陈列	二里头夏都遗址博物馆
		近现代革命建设类（2）	传媒行业与传媒教育发展历程展	中国传媒大学传媒博物馆
			百年风华——重庆工业发展史	重庆工业博物馆
		自然历史类（1）	浙江自然博物院安吉馆基本陈列	浙江省博物院
		艺术类（1）	画屏:传统与未来	苏州博物馆
		通史类（1）	瓷业高峰是此都——景德镇陶瓷器、瓷业与城市发展史陈列	景德镇中国陶瓷博物馆
	优胜奖（12 个）	古代历史类（6）	大哉孔子	孔子博物馆
			大海道——"南海Ⅰ号"沉船与南宋海贸	广东省博物馆
			山宗·水源·路之冲——一带一路中的青海	青海省博物馆
			又见大唐	辽宁省博物院
			湖湘文化专题陈列	湖南省博物院
			江河源人类史前文明	青海柳湾彩陶博物馆
		近现代革命建设类（1）	伟大长征 辉煌史诗——纪念中国工农红军长征胜利 80 周年展览	延安革命纪念馆
		自然历史类（2）	天津国家海洋博物馆基本陈列	天津国家海洋博物馆
			熊猫时代——揭秘大熊猫的前世今生	重庆自然博物馆
		通史类（1）	朔色长天——宁夏通史陈列	宁夏回族自治区博物馆

续附表 1

届别	奖项/数量	展览类型（数量）	展览名称	举办单位
第十七届（2019 年）	优胜奖（12 个）	艺术类（2）	灼烁重现——十五世纪中期景德镇瓷器大展	上海博物馆
			海市蜃楼——17 至 20 世纪中国外销装饰艺术展	杭州工艺美术博物馆
	国际及港澳合作（2 个）	古代历史类（2 个）	世界巨匠——意大利文艺复兴三杰	南京博物院
			三星堆:人与神的世界——四川古蜀文明特展	四川广汉三星堆博物馆
	国际及港澳合作入围奖（2 个）	艺术类（2 个）	秦始皇——中国第一个皇帝与兵马俑	陕西历史博物馆
			丝绸之路上的文化交流——吐蕃时期艺术珍品展	敦煌研究院

备注:共 83 个展览,第十五届（2017 年度）,公布时间为 2018 年 5 月 18 日;第十六届（2018 年度）,公布时间为 2019 年 5 月 18 日;第十七届（2019 年度）,公布时间为 2020 年 5 月 18 日。

附表 2　2009—2018 年各地区博物馆专著和图录数量

省（自治区、直辖市）	2009 年	2010 年	2011 年	2012 年	2013 年	2014 年	2015 年	2016 年	2017 年	2018 年
总计	12 530	13820	1356	1827	882	924	885	1022	7401	1117
北京	58	22	32	26	32	35	31	21	45	186
天津	2	1	*	2	2	1	2	2	16	22
河北	19	2527	24	26	3	9	6	5	21	17
山西	10	13	19	18	15	16	13	9	19	11
内蒙古	44	42	68	55	10	15	12	6	10	11
辽宁	27	40	4	11	4	23	24	17	46	24
吉林	8013	8	5	4	9	*	11	11	8	7
黑龙江	4	8	18	28	31	23	24	18	22	18
上海	2005	1525	21	51	62	80	64	78	78	74
江苏	80	3058	65	281	104	102	82	95	114	81
浙江	58	43	267	89	97	110	92	151	144	128
安徽	7	8	22	27	14	25	26	22	13	5
福建	18	12	194	24	43	14	23	19	32	31
江西	2012	6	18	207	15	11	18	4	13	6
山东	6	8	22	38	45	59	46	65	283	78
河南	29	13	16	23	32	37	54	38	55	30

续附表 2

省（自治区、直辖市）	2009 年	2010 年	2011 年	2012 年	2013 年	2014 年	2015 年	2016 年	2017 年	2018 年
湖北	11	11	30	45	33	29	14	32	33	36
湖南	11	16	8	17	18	27	22	33	27	26
广东	33	55	63	254	33	45	49	63	71	58
广西	10	6	18	29	22	22	17	16	10	17
海南	*	3200	5	5	4	3	1	*	8	3
重庆	9	12	34	22	17	21	25	17	29	26
四川	6	10	83	190	23	37	35	69	88	86
贵州	1	7	6	14	5	6	13	7	6009	5
云南	21	8	7	9	9	11	6	10	17	9
西藏	1	*	*	*	*	1	1	3	2	1
陕西	19	29	28	18	73	54	72	83	70	68
甘肃	10	3	165	2	6	19	19	37	36	42
青海	*	*	*	1	1	1	*	*	*	0
宁夏	4	11	13	1	6	1	2	1	6	10
新疆	2	3004	9	1	7	4	2	2	6	1

注：＊表示《中国文化文物统计年鉴》里未收录数据。

附表3　随机搜集展览的基本信息表①

序号	展览名称	主办单位	主办博物馆级别（一级/二级/三级）	主办博物馆行政级别（中央/省级/市级/区级）	主办博物馆类型（历史类/艺术类/科学与技术类/综合类）	主办博物馆类别（文博系统博物馆/行业类/民办博物馆）	主办博物馆所在地区	展览时间	展览题材（古代历史类/近现代革命建设类/通史类/自然历史类/艺术类/科技类/综合类）	展览类型（基本陈列/临时展览）	展品数量
1	近代深圳	深圳博物馆	一级	市级	综合类	文物	广东	2008年	近现代革命建设类	基本陈列	260
2	凤舞九天——楚文化特展	湖南博物院	一级	省级	综合类	文物	湖南	2009年	古代历史类	基本陈列	270
3	淮海战役纪念馆基本陈列	淮海战役纪念馆	无级别	市级	历史类	行业	江苏	2009年	近现代革命建设类	基本陈列	2633
4	五岭农歌——五岭农耕文明实物展	资兴市五岭农耕文明博物馆	无级别	市级	历史类	文物	湖南	2009年	古代历史类	基本陈列	674
5	粤山秀水丰物南——广东省自然资源展	广东省博物馆	一级	省级	综合类	文物	广东	2009年	自然历史类	基本陈列	1615
6	铁肩担道义——纪念中国共产党建党90周年主题展览	乐亭县李大钊纪念馆	二级	县级	历史类	文物	河北	2009年10月29日	近现代革命建设类	基本陈列	311

① 因篇幅所限，此处仅展示50个随机搜集展览的基本信息，笔者实际搜集了700个展览。

续附表 3

序号	展览名称	主办单位	主办博物馆级别（一级/二级/三级）	主办博物馆行政级别（中央级/省级/市级/区级）	主办博物馆类型（历史类/艺术类/科学与技术类/综合类）	主办博物馆类别（文博系统博物馆/行业类/民办博物馆）	主办博物馆所在地区	展览时间	展览题材（古代历史类/近现代革命建设类/通史类/自然历史类/艺术类/科学技术类/综合类）	展览类型（基本陈列/临时展览）	展品数量
7	北朝神韵——诸城市城佛教造像艺术陈列	诸城市博物馆	二级	市级	综合类	文物	山东	2010年	艺术类	基本陈列	145
8	丝绸之路——大西北遗珍	陕西历史博物馆	一级	省级	综合类	文物	陕西	2010年7月—9月	古代历史类	临时展览	251
9	赤峰博物馆文物精品展	赤峰博物馆	二级	市级	综合类	文物	内蒙古	2010年8月8日	古代历史类	基本陈列	1316
10	抗美援朝战争	中国人民革命军事博物馆	一级	中央	历史类	行业	北京	2010年8月10日	近现代革命建设类	基本陈列	855
11	"千秋红岩"——中共中央南方局历史暨文物陈列	重庆红岩革命历史博物馆	一级	省级	历史类	文物	重庆	2010年9月3日	近现代革命建设类	基本陈列	700
12	虎门销烟	鸦片战争纪念馆	二级	市级	历史类	文物	广东省	2011年	近现代革命建设类	基本陈列	210
13	伟大的探索者 卓越的领导人——刘少奇同志生平业绩展	刘少奇同志纪念馆	一级	市级	历史类	文物	湖南	2011年	近现代革命建设类	基本陈列	459

续附表 3

序号	展览名称	主办单位	主办博物馆级别（一级/二级/三级）	主办博物馆行政级别（中央/省级/市级/区级）	主办博物馆类型（历史类/艺术类/科学与技术类/综合类）	主办博物馆类别（文博系统博物馆/行业类/民办博物馆）	主办博物馆所在地区	展览时间	展览题材（古代历史类/近现代革命建设类/通史类/自然历史类/艺术类/科学技术类/综合类）	展览类型（基本陈列/临时展览）	展品数量
14	中国铁路发展史陈列	中国铁道博物馆	二级	中央	历史类	行业	北京	2011 年	近现代革命建设类	基本陈列	1066
15	净月澄华——辽宁省博物馆藏历代铜镜展	辽宁省博物馆	一级	省级	综合类	文物	辽宁	2011 年 1 月 1 日—3 月 25 日	艺术类	临时展览	232
16	洪学智生平事迹陈列展览	金寨县革命博物馆	三级	县级	历史类	文物	安徽	2012 年	近现代革命建设类	基本陈列	809
17	山东蓬莱古船博物馆基本陈列	蓬莱古船博物馆	三级	市级	历史类	文物	山东	2012 年	古代历史类	基本陈列	1004
18	纸蕴文明	耒阳市纸博物馆	无级别	市级	历史类	文物	湖南	2012 年	通史类	基本陈列	300
19	中华百年看天津	天津博物馆	一级	省级	综合类	文物	天津	2012 年	近现代革命建设类	基本陈列	1058
20	庆祝中国共产党十八大胜利闭幕，《中国历代壁画》（摹本）暨山水书法展	陕西历史博物馆	一级	省级	综合类	文物	陕西	2012 年 11 月 27 日—12 月 6 日	艺术类	临时展览	580

续附表 3

序号	展览名称	主办单位	主办博物馆级别（一级/二级/三级）	主办博物馆行政级别（中央级/省级/市级/区级）	主办博物馆类型（历史类/艺术类/科学与技术类/综合类）	主办博物馆类别（文博系统博物馆/行业类/民办博物馆）	主办博物馆所在地区	展览时间	展览题材（古代历史类/近现代通史类/近现代革命建设类/自然历史类/艺术类/科学技术类/综合类）	展览类型（基本陈列/临时展览）	展品数量
21	永远的旗帜——中共一大至十八大专题展	山西博物院	一级	省级	综合类	文物	山西	2012年12月20日	近现代革命建设类	临时展览	391
22	"近代大连"陈列	大连现代博物馆	一级	市级	历史类	文物	辽宁	2013年	近现代革命建设类	基本陈列	1131
23	衡山仰止——吴门画派之文征明特展	苏州博物馆	一级	市级	综合类	文物	江苏	2013年	艺术类	临时展览	217
24	鼎盛中华——中国鼎文化展览	河南博物院	一级	省级	综合类	文物	河南	2013年9月27日—2014年1月5日	古代历史类	临时展览	356
25	生命·超越——中原文化中的动物映像	浙江自然博物馆	一级	省级	科技类	文物	浙江	2015年9月23日—2016年1月5日	自然历史类	临时展览	285
26	国泰民安——秦安历史文化陈列	秦安市博物馆	三级	市级	综合类	文物	甘肃	2016年	古代历史类	基本陈列	150
27	丝路帆远——海上丝绸之路文物精品七省联展	海南省博物馆	一级	省级	综合类	文物	海南	2016年	古代历史类	临时展览	250

续附表 3

序号	展览名称	主办单位	主办博物馆级别（一级/二级/三级）	主办博物馆行政级别（中央/省级/市级/区级）	主办博物馆类型（历史类/艺术类/科学与技术类/综合类）	主办博物馆类别（文博系统博物馆/行业类/民办博物馆）	主办博物馆所在地区	展览时间	展览题材（古代历史类/近现代革命建设类/通史类/艺术类/自然科学类/综合类）	展览类型（基本陈列/临时展览）	展品数量
28	胡风东来——宁夏固原丝绸之路文物精品展	晋祠博物馆	二级	市级	历史类	文物	山西	2016年1月19日—3月8日	古代历史类	临时展览	100
29	"古风雅韵"盐湖八八迎春国画展	盐湖区博物馆	三级	区级	综合类	文物	山西	2016年2月5日—2月22日	艺术类	临时展览	120
30	梦幻契丹	内蒙古博物院	一级	省级	综合类	文物	内蒙古	2016年5月18日—2017年5月31日	古代历史类	临时展览	83
31	风华重现——陕西历史博物馆新人藏壁画暨保护修复成果展	陕西历史博物馆	一级	省级	综合类	文物	陕西	2016年6月21日—8月20日	艺术类	临时展览	20
32	红旗漫卷——宁夏回族革命文物展	宁夏回族自治区博物馆	一级	省级	综合类	文物	宁夏	2016年7月1日	近现代革命建设类	基本陈列	300
33	东方戏圣汤显祖	抚州市汤显祖纪念馆	无级别	市级	历史类	文物	江西	2016年9月1日	艺术类	基本陈列	500

续附表 3

序号	展览名称	主办单位	主办博物馆级别（一级/二级/三级）	主办博物馆行政级别（中央/省级/市级/区级）	主办博物馆类型（历史类/艺术类/科学与技术类/综合类）	主办博物馆类别（文博系统博物馆/行业类/民办博物馆）	主办博物馆所在地区	展览时间	展览题材（古代历史类/近现代革命建设类/自然历史类/科学技术类/综合类）	展览类型（基本陈列/临时展览）	展品数量
34	荟雅南州——明代广东文人的艺术生活	广东省博物馆	一级	省级	综合类	文物	广东	2016 年 9 月 9 日—2017 年 4 月 4 日	古代历史类	临时展览	158
35	浴火重生——红军长征过桂北特别展览	广西壮族自治区博物馆	一级	省级	综合类	文物	广西	2016 年 10 月 21 日—2017 年 1 月 21 日	近现代革命建设类	临时展览	453
36	曾在盛京——沈阳故宫南迁文物特展	沈阳故宫博物院	一级	省级	艺术类	文物	辽宁	2016 年 11 月 16 日—2017 年 1 月 15 日	古代历史类	临时展览	90
37	恐龙蛋·诞恐龙	北京自然博物馆	一级	省级	科技类	行业	北京	2016 年 12 月 6 日—2017 年 3 月 5 日	科技类	临时展览	138
38	烟云四合——清代苏州顾氏的收藏	苏州博物馆	一级	市级	综合类	文物	江苏	2016 年 12 月 13 日—2017 年 3 月 12 日	艺术类	临时展览	84

续附表 3

序号	展览名称	主办单位	主办博物馆级别（一级/二级/三级）	主办博物馆行政级别（中央/省级/市级/区级）	主办博物馆类型（历史类/艺术类/科学与技术类/综合类）	主办博物馆类别（文物系统博物馆/行业类/民办博物馆）	主办博物馆所在地区	展览时间	展览题材（古代历史类/近现代革命建设类/通史类/艺术类/自然历史类/科学技术类/综合类）	展览类型（基本陈列/临时展览）	展品数量
39	重彩华章——广彩300年精华展	天津博物馆	一级	省级	综合类	文物	天津	2017年3月16日—2017年5月18日	艺术类	临时展览	200
40	天禄永昌——故宫博物院藏瑞鹿文物特展	故宫博物院	一级	中央	艺术类	文物	北京	2017年9月26日—2018年2月	艺术类	临时展览	78
41	周恩来生平业绩展	四渡赤水纪念馆	二级	市级	历史类	文物	贵州	2018年5月1日	近现代革命建设类	临时展览	200
42	江口沉银——四川彭山江口古战场遗址考古成果展	中国国家博物馆	一级	中央	综合类	文物	北京	2018年6月26日—9月26日	古代历史类	临时展览	500
43	波澜壮阔·三秦华章——陕西改革开放40周年成就展	陕西历史博物馆	一级	省级	综合类	文物	陕西	2018年12月12日	近现代革命建设类	临时展览	105
44	翰墨丹青500年·馆藏明清书画展	平阴县博物馆	无级别	县级	综合类	文物	河南	2019年1月1日	艺术类	临时展览	60

续附表 3

序号	展览名称	主办单位	主办博物馆级别（一级/二级/三级）	主办博物馆行政级别（中央/省级/市级/区级）	主办博物馆类型（历史类/艺术类/科学与技术类/综合类）	主办博物馆类别（文博系统博物馆/行业类/民办博物馆）	主办博物馆所在地区	展览时间	展览题材（古代历史类/近现代革命建设类/通史类/自然类/艺术类/科学技术类/综合类）	展览类型（基本陈列/临时展览）	展品数量
45	园韵文心——苏州园林文化巡展	固原博物馆	一级	市级	综合类	文物	宁夏	2019年6月12日—7月25日	古代历史类	临时展览	200
46	相看两相宜——扬州与广州的雕刻之美	扬州博物馆	一级	市级	综合类	文物	江苏	2019年7月6日—9月3日	艺术类	临时展览	140
47	考古成都——新世纪成都地区考古成果展	成都金沙遗址博物馆	一级	市级	历史类	文物	四川	2019年7月25日—2019年10月27日	古代历史类	临时展览	300
48	海上蒸汽时代——上海中国航海博物馆藏西方航海仪器展	中国（海南）南海博物馆	无级别	省级	历史类	文物	海南	2019年8月1日	科技类	临时展览	160
49	断肠明志——陈树湘生平事迹陈列展	永州市博物馆	三级	市级	综合类	文物	湖南	2019年9月10日—10月30日	近现代革命建设类	临时展览	211
50	读书与远方——章安庆文化旅游藏品展	黄山区博物馆	三级	区级	综合类	文物	安徽	2019年10月1日	综合类	临时展览	800

附表4 2018年全国博物馆基本情况①

	机构数（个）	基本陈列（个）	举办陈列、展览（个）	参观人次（万人次）	藏品（件/套）	本年从有关部门接收文物数（件/套）	本年藏品征集数（件/套）	科研成果：专著或图录（册）	本年支出合计（千元）	实际使用房屋建筑面积（万平方米）	展览用房面积（万平方米）
总计	4918	12 723	13 623	104 404	37 540 740	188 377	354 955	1117	30 845 847	2790.935	1304.536
其中：免费开放	4169	10 883	12 288	84 348	29 509 604	185 066	286 736	865	22 484 449	2248.176	1038.001
按机构类型分											
综合类	1772	5122	7083	34 617	16 387 457	165 708	128 314	432	13 006 256	1347.838	550.698
历史类	1709	3796	3534	51 169	8 864 766	17 409	78 001	328	10 898 717	801.023	394.246
艺术类	482	1133	1368	5056	2 389 777	402	10 404	159	2 138 928	157.031	85.949
自然科技类	187	572	372	4805	3 780 872	253	68 479	70	1 767 103	156.763	102.998
其他	773	2100	1266	8758	6 117 868	4605	69 757	128	3 034 843	328.297	170.646
按隶属关系分											
中央	3	20	115	2638	330 3701	1625	1567	127	1 727 947	48.45	9.572
省区市	146	514	1018	12 432	9 909 371	124 089	28 638	279	6 547 531	275.101	100.924
地市	1078	2978	4606	33 005	7 656 078	28 849	115 962	341	9 012 034	810.032	381.314
县市	3691	9211	7884	56 328	16 671 590	33 814	208 788	370	13 558 355	1657.37	812.727
按系统分类											
文物系统	3374	8737	11 229	84 436	27 729 926	186 555	210 746	862	25 171 164	2013.78	944.024
非文物系统	551	1489	927	12 698	2 559 461	1 246	27 808	104	3 714 618	327.907	171.763
私人	993	2497	1467	7270	7 251 353	576	116 401	151	1 960 065	449.266	188.75

① 该数据来源于《中国文化文物统计年鉴》，此处仅展示2018年博物馆基本情况的相关数据，笔者实际搜集2009—2018年的数据。

附表 5　2018 年各地区博物馆相关数据统计①

序号	省（自治区、直辖市）	博物馆数量	展览数量	地区经济发展水平（GDP 总量排名）	地区人均GDP 排名	藏品数量（件/套）	展览用房面积（万平方米）	从业人员（个）	专业技术人员（个）	收入合计（万元）
1	北京	85	651	12	1	5 324 582	52.314	6835	2783	372 097.9
2	天津	65	437	19	3	704 279	15.807	1473	616	38 887.1
3	河北	134	784	9	22	390 913	44.286	4016	1271	71 524.2
4	山西	152	518	23	25	1 382 097	35.428	4506	1355	120 505.2
5	内蒙古	109	525	21	9	9 120 78	35.942	1782	908	60 305.2
6	辽宁	65	363	14	13	523 463	22.986	1994	948	53 269.1
7	吉林	107	559	24	14	624 402	23.277	1548	833	36 640.1
8	黑龙江	191	945	22	26	971 658	40.755	2691	1170	37 699
9	上海	100	826	11	2	2 010 506	34.928	3036	1673	189 055.5
10	江苏	329	2095	2	4	1 853 112	118.938	6923	2453	232 229.3
11	浙江	337	2275	4	5	1 353 210	76.555	5724	1890	163 660.3
12	安徽	201	930	13	21	787 699	40.787	2995	1229	52 926.1
13	福建	128	1135	10	6	670 838	30.891	2642	971	57 414.5
14	江西	144	673	16	24	444 241	34.232	3418	1206	65 283
15	山东	517	2725	3	8	3 569 646	141.808	8059	2984	162 006.9
16	河南	334	1402	5	18	1 019 373	62.923	6959	1948	91 536.5

① 资料来源于《2018 全国文物业统计资料》。

续附表 5

序号	省（自治区、直辖市）	博物馆数量	展览数量	地区经济发展水平（GDP总量排名）	地区人均GDP排名	藏品数量（件/套）	展览用房面积（万平方米）	从业人员（个）	专业技术人员（个）	收入合计（万元）
17	湖北	200	1003	7	10	1 694 265	93.683	4032	1807	121 794.8
18	湖南	121	461	8	16	617 645	27.905	3056	913	88 537.8
19	广东	184	1655	1	7	1 038 580	50.03	3670	1926	176 126.2
20	广西	131	552	18	28	305 269	26.852	2255	915	53 224.4
21	海南	19	145	28	17	162529	3.952	526	151	19 219.8
22	重庆	100	586	17	11	540 005	35.561	2738	887	69 983.3
23	四川	252	1216	6	20	4 026 271	69.592	6201	1579	147 423.2
24	贵州	91	278	25	29	163 996	17.366	1636	461	27 182.4
25	云南	137	867	20	30	1 412 696	27.552	1719	950	40 521.4
26	西藏	7	9	31	27	67 636	0.58	204	66	25 093
27	陕西	294	1163	15	12	3 810 089	60.752	9354	2283	292 278.8
28	甘肃	215	1040	27	31	509 469	38.75	5017	1386	114 747.7
29	青海	24	71	30	23	74 491	5.065	366	172	20 004
30	宁夏	54	200	29	15	363 981	14.745	812	235	18 169.8
31	新疆	91	257	26	19	211 721	20.297	1319	358	23 835.3

后记

我总相信，每个人生命中都有一段难以忘怀的路程，或许是友情的海角天涯，或许是爱情的撕心裂肺，或许是生命的终结或开始，而我要说的这一程是永放光芒的教育之情。奉献给读者的这本专著，贯穿作者的博士求学之路，是在作者博士论文基础上修改而来。作为一名文博工作人员，希望本书为提升博物馆藏品利用效率提供新的思路和方案。虽然本书还不太成熟，仍大胆地将它呈现出来。

林夕说过：我们都是风雪中的赶路人，因相遇摩擦，融化了彼此肩头的雪花。恩师洪海，更似寒风中的一把焰火，在本书稿撰写过程中多有相助，有幸在恩师门下求学四载，恩师知识渊博，总在默默地灌溉我们这群微小的种子，塑造着我们一批批青年学子的灵魂。本书的选题、构思、资料收集、撰写修改等都凝聚着恩师的心血。恩师的鼓励、教诲和引导，让我沉下心并坚持不懈地完成了论文，从中体会到知识和研究的乐趣。

太白校区，是追梦伊始之地。感谢在本书成书过程中指点迷津的徐卫民老师、刘军民老师、段清波老师、赵丛苍老师、王建新老师、钱耀鹏老师、冉万里老师、马健老师、温睿老师、梁云老师、王丽琴老师、孙满丽老师、豆海峰老师、陈靓老师、朱之勇老师、刘成老师。本书还得到了山西大学王炜林教授、复旦大学魏峻教授、陕西历史博物馆研究馆员庞雅妮副馆长、艺术学院尹夏清教授提出的宝贵建议和帮助，在此致以深深的谢意。

博物馆藏品利用效率是一个仍需深入研究的现实性课题，尽管本书在章节编写、文字表述、资料整理、插图使用等进行了反复修改，花费了大量心血，但由于时间仓促，水平有限，难免有错漏之处，有待方家匡正。

山一程,水一程,身向长安那畔行,求学问路有相逢。

风一更,雪一更,但求读书无遗力,公诚勤朴唯此声。

李姣

2023 年 8 月